EARLY CHILDHOOD TEACHING METHODOLOGY

영유아교수 방법론

김은나 김미정 김성환 김순란 윤영순 윤은정 현혜정 공저

양 성 원

머리말

유아교사가 유아교육기관에서 수행해야 되는 과업 중에서 가장 핵심적인 것은 교수학습지도에 관한 일이다. 따라서 교수학습지도에 관련하여 유아교사는 항상 유아들에게 무엇을 가르칠 것인가? 하는 교육내용과 선정된 교육내용을 어떻게 가르칠 것인가? 하는 교수학습방법에 대하여 늘 고심을 하게 된다. 유아교육의 질은 유아교사에게 달려 있다. 이것은 교사가 영유아의 등원부터 하원까지 하루 동안 일상생활, 놀이 지원, 대 · 소집단 활동을 어떻게 계획하고, 준비하고 역동적인 상호작용을 했느냐에 따라 영유아 행동의 변화나 인지적, 사회적 · 정서적 발달 등에 많은 영향을 미칠 수 있다는 것이다.

그러나 교사의 모든 가르침이 영유아에게 효과적일 수는 없다. 따라서 교사는 영유아의 발달특성, 흥미 등을 고려하여 영유아가 외부의 압력이나 영향 없이 자기 내부의 원인과 힘에 의하여 학습이 이루어지고, 영유아와 교사 간에 역동적인 상호작용 속에서 다채로운 학습이 일어나도록 해야 한다. 이에 교사는 영유아의 전인적 성장과 발달을 도울 수 있는 교육내용을 선정하고 효과적인 교수학습방법으로 운영할 수 있는 능력을 갖추어야 한다.

따라서 본 교재는 「2019 개정 누리과정」과 「제4차 어린이집 표준보육과정」에서 추구하는 유아 · 놀이중심교육을 실행할 수 있는 교수학습방법을 제시하고자 총5부 13장으로 구성하였다.

구체적으로 제1부 영유아교수학습방법의 이해는 2개의 장으로 구성하였는데, 1장 영유아발달과 교수학습에서는 영유아교수학습의 개념, 영유아교수학습의 이론과 역사 및 영유아교수학습의 원리에 대해 소개하였고, 2장 영유아교수학습방법의 유형에서는 교수중심 교수법과 아동중심 교수법에 대해 기술하였다.

제2부 영유아 상호작용 및 발문법은 2개의 장으로 구성하였는데, 3장 보육교사와 영유아의 상호작용에서는 보육교사의 자질과 역할, 유아-교사 간 상호작용에 대해 소개하였고, 4장 보육교사의 발문법에서는 발문의 이해 및 발문의 실제에 대해 기술하였다.

제3부 영유아교수학습 운영 및 환경에서는 4개의 장으로 구성하였는데, 5장 교수학습활동계획에서는 교수학습활동계획의 이해, 영아 교수학습계획하기 및 유아 교수학습계획하기에 대해 소개하였으며, 6장 교수학습활동실행에서는 영아 교수학습실행하기와 유아 교수학습실행하기에 대해 기술하였으며, 7장 교수학습 활동평가에서는 평가에 대한 이해, 평가의 방법, 교육과정의 평가, 교육기관의 평가 및 평가를 위한 교사의 역할에 대해 소개하였고, 8장 교수학습 환경에서는 교수학습 환경의 중요성 및 구성원리, 실내·외 교수학습의 환경에 대해 기술하였다.

제4부 영아 교수학습활동의 실제는 2개의 장으로 구성하였는데, 9장 영아 일상생활지도에서는 영아 일상생활지도와 기본생활지도에 대해 소개하였고, 10장 0~2세 실내·외 자유놀이 지도에서는 0~2세 실내·외 자유놀이 지도와 주의집중 활동에 대해 기술하였다.

제5부 유아 교수학습활동의 실제는 3개의 장으로 구성하였는데, 11장 유아 일상생활지도에서는 영유아 일상생활 지도의 이론적 의미와 영유아 일상생활 지도의 실제적 의미에 대해 소개하였고, 12장 실내·외 자유놀이 지도에서는 놀이의 이론적 의미와 놀이의 실제적 의미를 기술하였으며, 13장 대·소집단활동 지도에서는 이야기나누기, 게임활동, 과학활동, 미술활동, 동극활동, 신체활동, 현장학습 및 전이활동에 대해 실제적인 영유아교수방법을 습득할 수 있도록 사례를 통해 제시하였다.

본 책이 영유아교육·보육을 전공하는 학생들에게 교사로서 전문적인 역량을 습득하는데 조그마한 도움이라도 되길 희망해보며, 영유아의 교실 현장에서 아이들과 상호작용하는 교사들에게도 유용한 자료가 되길 바랍니다.

끝으로 본 책이 출판되기까지 고생해주신 양성원 직원분들과 사장님께도 깊은 감사를 드립니다.

2024년 2월

저자 일동

차례

1

PART

영유아교수학습방법의 이해

01
Chapter

영유아발달과 교수학습

배울내용

1. 영유아교수학습의 개념
2. 영유아교수학습의 이론과 역사
3. 영유아교수학습의 원리

학습목표

1. 영유아교수학습의 개념을 익힌다.
2. 영유아교수학습의 이론과 역사를 파악한다.
3. 영유아교수학습의 원리를 설명할 수 있다.

교육은 생각하고 배우고자 하는 생득적인 특성을 가진 인간의 행동을 변화시키는 과정이다. 보다 구체적으로 설명하면 교육은 인간의 행동을 바람직한 방향으로 변화시키기 위해 교육목표를 설정하고, 이를 성취하기 위한 교육내용을 선정하여 학습자가 가장 잘 학습할 수 있는 방법을 통해 경험되어진 영유아의 학습경험을 평가하는 일련의 과정이라고 할 수 있다. 일반적으로 영유아의 경험의 질을 결정하고 효과적인 발달 성취를 이끌어내는 것은 교사의 교수행위에 달려 있다. 즉, 교수행위 과정에서 학습이 역동적으로 일어난다고 보기 때문에 교수와 학습을 따로 분리해서 이해할 수 없다.

1. 영유아교수학습의 개념

1) 교수학습의 개념

최근 교수학습에 대한 이해는 잘 가르치고 잘 배우는 결과론적 행위를 넘어서, 가르침과 배움의 복잡한 상호작용 과정에 주목하고 있다. 이와 같은 교수학습의 의미를 알아보기 위하여 교수와 학습의 정의 및 교수학습의 역동적인 관계에 대해서 살펴보면 다음과 같다.

(1) 교수의 정의

교수(敎授, teaching)는 교사가 정해진 교육내용을 '가르치는 것'으로 '어떤 특정한 조건 아래서 특정한 행동을 습득하거나 배제하고 혹은 특수한 상황에 대해 반응을 하거나 학습이 일어날 수 있도록 개인의 환경을 계획적으로 조작하는 전 과정'이라고 정의할 수 있다(Corey, 1971). 이처럼 교수를 '환경을 계획적으로 조작하는 과정'으로 정의할 때, 교사는 의도적으로 마련된 학습환경 속에서 교육내용을 신중히 선정하여 적합한 교재 · 교구와 교수방법을 통해 계획하고 이를 교실현장에서 구현해낸다. 그러나 이러한 교사의 의도적이고 계획적인 교수과정이 일어났다고 해서 학습자 모두 만족스러운 경험을 하는 것은 아니다. 왜냐하면 학습자의 생활, 경험, 흥미의 측면에서 맥락의 다양성을 배제한 교수과정은 필요하다고 간주되는 지식과 교육내용을 수직적으로 전달하는 전수의 과정으로 그치기 때문이다. 따라서 최근 논의되고 있는 '교수'의 관점을 살펴보면 다음과 같다.

첫째, 교수란 공동 주체들 간의 만남이다. 가르친다는 것은 학습자와 교사를 이분법적으로 보지 않고 학습의 과정에서 함께 관계 맺고 탐구하는 공동의 탐구 주체로 보고 있다. 학습자와 교사 모두 교육의 주체로서 맺게 되는 관계적인 만남 속에서 발생하는 교육적 경험을 강조한다.

둘째, 교수란 놀이와 배움을 지원하는 것이다. 영유아와 놀이의 존재 가치에 대한 새로운 관점을 통해 일방향적으로 이루어지던 가르침에서 영유아의 놀이와 배움이 중심이 되는 지원의 성격이 강조되고 있다(Davies et al., 2017). 이에 따라 교수는 놀이 속에서 나타나는 영유아의 다양한 언어에 귀 기울이고 변화하는 놀이를 관찰하는 것에서 시작되며 학습자가 능동적으로 배워나갈 수 있도록 그 속에서 일어나는 역동적인 배움의 과정을 살펴보고 물질적, 환경적, 언어적, 정서적으로 지원해주는 것이 필요하다.

(2) 학습의 정의

학습(學習, learning)은 환경과의 접촉으로 개인에게 일어나는 비교적 지속적이며 바람직한 변화를 의미하며, 개인이 사회의 일원으로 여러 가지 능력을 기르게 되는 복합적이고 다면적인 과정이다(이순복 외, 2022). 이러한 학습은 성숙에 의한 변화, 즉 시간의 흐름과 발달에 따른 자연 발생적인 변화와는 차이가 있다.

결국 학습이란 학습자가 학습목표의 달성을 위해 환경과의 상호작용을 통해 개인의 지식, 행동, 태도가 지속적으로 변화하는 것을 의미한다. 이때 상호작용이란 제공된 교육내용이나 환경 속에서 학습자가 보고, 듣고, 말하고, 느끼고, 생각하는 등의 모든 활동을 포함한다. 학습은 조직화된 교육환경과 제공된 교육내용을 경험하면서 발생하게 되는 변화이지만, 교사의 의도나 목적 없이도 이루어지며 바람직한 변화뿐만 아니라 바람직하지 않는 변화까지도 포함한다. 동일한 학습환경이라고 할지라도 학습자가 경험하는 것과 학습자에게 일어나는 변화의 정도와 성격은 매우 다양하다는 의미로 이는 학습자마다 발달특성과 내적 조건이 동일하지 않기 때문이다.

이러한 관점에서 최근에는 학습자의 삶과 경험 안에서 학습자 스스로 배우고 지식을 구성하는 능동적인 측면을 강조하고 있다. 즉, 학습은 '배움'이라는 관점에서 학습자의 삶이 되며 교실 속의 배움과 교실 속의 가르침은 하나의 삶으로 통합되어 나타나는 것이다. 배움을 학습자의 직접적인 삶과 경험 안에서 이뤄지는 능동적인 지식 구성의 과정에서 바라보는 관점에 따르면, 첫째, 배움은 삶의 과정, 즉 개별적으로 경험되어지는 삶의 맥락 속에서 일어나는 것으로, 학습자는 경험을 통해 세계를 온몸으로 만나고, 그 과정에서 배움이 발생한다(Lenz Taguchi, 2018).

둘째, 배움은 기존에 이미 있는 고정된 내용을 '발견'하는 결과가 아닌, 삶 속에서 능동적으로 세상을 이해하는 방식을 경험하는 일이다. 2019 개정 누리과정은 유아를 놀이를 통해 자신의 경험을 재구성하며 자신과 주변, 그리고 세상에 대한 이해를 넓혀 나가는 존재로 본다(교육부, 보건복지부, 2019). 즉, 영유아는 타고난 학습자로서 스스로 생각하고 실험하며 적극적으로 탐구하는 과정에서 배워감을 의미한다.

2) 영유아교수학습의 개념

능동적으로 배움을 이어가는 영유아를 위한 교수학습은 교사가 선정한 교육내용을 학습자에게 일방적으로 전달하는 과정이 아니며 가르침의 결과로 학습이 일어나고 학습을 위해 가르치는 선형적인 관계도 아니다. 따라서 영유아를 위한 교수학습은 교사의 가르침, 학습자의 배움, 교사가 전문적 신념과 교육과정에 대한 이해를 토대로 학습자의 흥미에 귀를 기울이고, 관찰하며 그들의 배움을 지원하는 실천과정이라고 할 수 있다. 다시 말해 교사가 특정한 기술이나 방법을 활용하여 활동을 진행하거나 수업하는 것을 넘어서 학습자의 놀이 속에서 일어나는 흥미와 배움에 귀를 기울이고 삶 속에서 다양한 배움을 경험할 수 있도록 지원하는 행위이다.

특히 영유아교사는 제4차 어린이집 표준보육과정과 2019 개정 누리과정 안에서 가르치고 배우는 과정을 고려할 때, 교육의 역동성과 다면성을 인정하며 경직된 구조주의적 패러다임에서 벗어날 필요가 있다. 영유아의 배움이 있는 수업은 교육 이론과 교육과정이 살아나는 역동적 과정이자 교실의 시·공간을 다차원적으로 점유하는 순간임을 이해하는 것이다(임부연 외, 2023).

2. 영유아교수학습의 이론과 역사

교사는 영유아가 긍정적인 방향으로 발달하여 궁극적으로 건강하고 행복하게 자랄 수 있기를 기대하며 교육과정을 구성하고 실행한다. 이러한 교수 행위 실제에 영향을 주는 요인 중 하나는 교사의 '교육신념'이다. 교사의 교육신념은 교수행동을 북돋우는 사고체계이자 교수학습활동을 인식하는 방식으로, 교사의 의사결정과 행동의 기초가 되는 교육신념에 따라 영유아에게 제공되는 경험의 내용과 방법이 달라질 수 있기 때문이다(안민정, 2021).

영유아교육의 경우 초·중등학교와 다르게 형식적인 교재를 사용하지 않으며, 교사의 계획에 따라 교육내용, 방법 및 교재·교구 등이 선정된다. 영유아교사의 신념은 영유아 존재에 대한 인식에서부터 출발하여 발달, 교수학습과정 그리고 이에 따른 교사의 역할 등에 이르기까지 교사의 판단, 계획 및 교육과정 실행에 더욱 중요한 요인이 된다고 할 수 있다.

교사의 교육신념을 인간의 발달과 학습을 바라보는 관점에 따라 성숙주의, 행동주의, 구성주의로 나누어 볼 수 있다. 이들은 인간발달에 있어서 유전과 환경 중 어떠한 요인에 의해 결정되는지, 인간의 학습에 있어서 내면과 외현적 행동 변화 중 무엇에 초점을 두는지에 대한 발달이론들이다. 이러한 이론들은 교사가 영유아의 행동과 발달을 이해하고, 교육과정 계획에서부터 평가에 이르기까지 중요한 영향을 미친다.

1) 발달이론과 교수학습

(1) 성숙주의

성숙주의 이론은 인간의 성장과 발달은 태어날 때 생물학적 특성에 의해서 이미 순서가 정해져 있으며, 그 정해진 순서에 따라 발달이 이루어진다고 본다. 발달은 내부 구조가 성숙된 결과이며 환경이 영향을 줄 수는 있으나 발달을 초래하지는 않는다는 입장으로 루소(Rousseau)의 철학과 게젤(Gesell)의 심리학에 기반하여 체계화되었으며 닐의 서머힐 학교에서 실제로 적용되었다. 성숙주의의 주요개념, 교수학습방법 및 교사의 역할에 대해 구체적으로 살펴보면 〈표 1-1〉, 〈표 1-2〉, 〈표 1-3〉과 같다.

장 자크 루소
(Jean Jacques Rousseau)

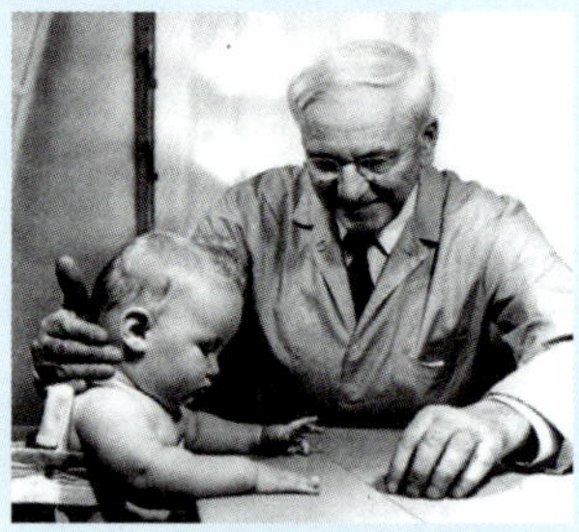

게젤(Gesell)

Rousseau는 잘못된 조기교육을 비판하며 발달 초기의 교육은 외부로부터 강제로 주입식 교육을 하는 것이 아니라, 이미 내적으로 계획되어 있는 성장모형(growth matrix)에 따라 발달이 이루어지는 것으로 보았다(김이영 외, 2023). Gesell은 발달과정의 방향을 결정짓는 내적인 힘의 기제를 '성숙(maturation)'으로 보고, 이를 바탕으로 인간은 생이 수정되는 순간부터 예정된 발달 순서에 따라 성장하는 발달예정론을 주장하였다. 게젤은 교육도 개별 영유아의 발달 수준과 속도를 반영해야 한다고 하면서 개별 영유아에게 '준비도'를 넘어서는 지나친 기대와 성취를 강요하지 말 것을 지적하였다.

표 1-1. 성숙주의의 주요개념

구분	내용
성숙	성숙(maturation)은 경험과 환경적 요인에 상관없이 내재화된 발달 규칙에 따라 나타나고 변화되는 것이다. 형태학적 발달이 이루어짐에 따라 유아가 새로운 기능을 할 수 있게 되고, 이로 인해 자연스럽게 행동 변화가 나타나는 것을 의미한다.
학습준비도	학습준비도(learning readiness)는 특정 영역에 대한 학습이 가능한 시기가 되었다는 것을 의미한다. 즉, 영유아의 내적 상태가 준비될 때까지 교사는 기다려야 한다는 학습의 시기에 관한 개념으로 성인의 관점이 아닌 영유아가 준비가 되었을 때가 학습의 적기라는 점을 시사한다.

표 1-2. 성숙주의 접근에서의 교수학습방법

- 사회적으로 허용되는 범위 안에서 개별 영유아의 흥미와 요구에 반응하는 개별화 교육을 실행한다.
- 영유아의 흥미에 따라 선택한 활동을 지지하고 격려하는 허용적이고 안정된 환경을 제공한다.
- 교사는 세심한 관찰을 통해 영유아의 요구와 필요를 파악하고 이를 지원해준다.
- 집단 구성 시 학습준비도가 유사한 영유아들로 구성한다.

표 1-3. 성숙주의 접근에서의 교사의 역할

구분	내용
안내자	영유아의 성장발달 단계를 잘 따라갈 수 있도록 안내하고 조력한다.
환경구성자	영유아의 관심과 흥미에 기반하여 연령별로 적절한 교재 · 교구를 제공한다.
관찰자	영유아가 학습준비도와 내적 동기를 세심하게 살펴서 필요를 충족시켜 준다.

(2) 행동주의

행동주의 이론은 유전적 요인보다는 환경적 요인이 인간의 발달이나 학습에 미치는 영향을 강조하며, 발달은 자극과 반응, 행동반응을 지속시키는 강화에 의해 이루어진다고 본다. 학습은 인간의 성숙에 따른 자연스러운 결과가 아니라, 인간에게 적절한 외적 경험을 제공함으로써 바람직한 방향으로 이끌어간다는 입장으로 로크(Locke)의 철학과 파블로프(Pavlov), 스키너(Skinner) 및 반두라(Bandura)의 심리학에 토대를 두고 있다.

존 로크(John Locke)

파블로프(Pavlov)

스키너(Skinner)

반두라(Bandura)

Locke는 백지설(tabula rasa)을 토대로 인간은 태어날 때 아무것도 가지고 있지 않은 하얀 도화지와 같은 존재이며, 성장 과정에서의 외부 환경과 경험을 통해 특성이 구성된다고 보았다. Pavlov는 훈련을 통해 무조건 자극이 없어도 조건 자극에 의한 조건 반응을 획득한다는 고전적 조건화 원리를 설명하였다. 즉, 배고픈 개에게 먹이를 주면 자동적으로 타액을 분비하는데 이때 먹이는 '무조건 자극(Unconditioned Stimulus: US)'이 되고, 타액의 분비는 '무조건 반응(Unconditioned Response: UR)'이 된다. 그런데 개에게 먹이를 줄 때 지속적으로 종소리도 함께 들려주었더니 처음에는 종소리에 어떠한 반응도 보이지 않던 개가 종소리만 들어도 타액을 분비한다. 즉, '중성 자극(Neutral Stimulus: NS)'이었던 종소리는 먹이라는 '무조건 자극'과 연합이 되어 '조건 자극(Conditioned Stimulus: CS)'이 되면서 타액을 분비하는 '조건 반응(Conditioned Response: CR)'이 일어나는 것이다. 이처럼 중성 자극이 무조건 자극과 연합되어 조건 반응을 유발하는 과정을 조건화 과정이라고 한다〈그림 1-1〉. Pavlov의 고전적 조건화는 학습자의 의지와 상관없이 자극과 반응의 수동적인 연합을 설명하는 데 그쳤으며, 조건형성의 대상이 선천적인 반응을 유발하는 자극에 국한된다는 점에서 한계를 가진다.

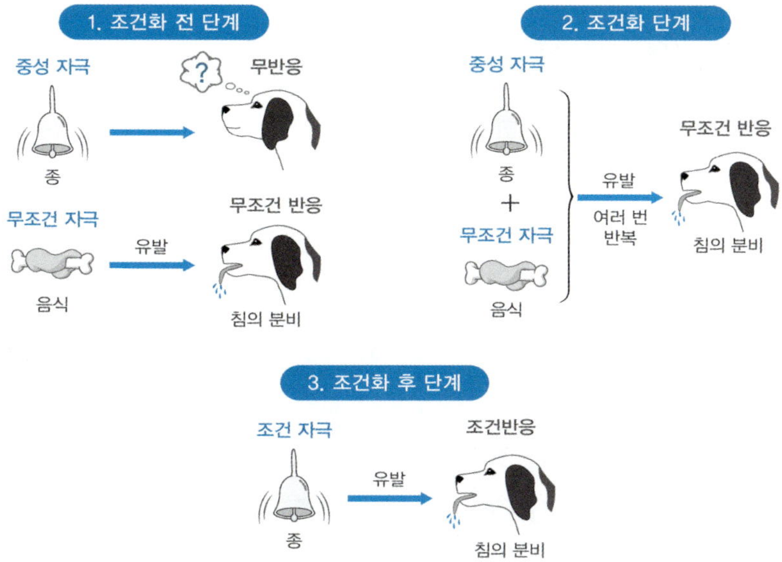

그림 1-1. 파블로프의 고전적 조건화 절차 예시

이와 달리 Skinner는 외적 자극(종소리나 먹이)보다는 학습자 내면의 수의적이고 능동적인 노력에 의해 환경에 반응한다는 것을 주장하였다. 즉, 인간의 행동에는 고전적 조건형성으로 설명되는 음식물의 타액 분비나 큰 소리에 놀라는 것과 같은 수동적이고 기계적인 반응행동만 있는 것이 아니라 유기체 스스로 행동을 일으키고 환경을 통제하는 자발적인 조작행동이 더 많다고 보았다. '스키너 상자' 실험을 통해 상자 안에 든 쥐가 우연히 지렛대를 건드리면 먹이가 나오는 과정에서 지렛대를 누르는 행위와 먹이와의 관계를 학습하게 된다〈그림 1-2〉. 만약에 계속 지렛대를 건드렸으나 강화물인 먹이를 얻지 못하였다면, 지렛대를 누르는 행동을 다시 할 확률은 낮아지고 소거되고 말 것이다.

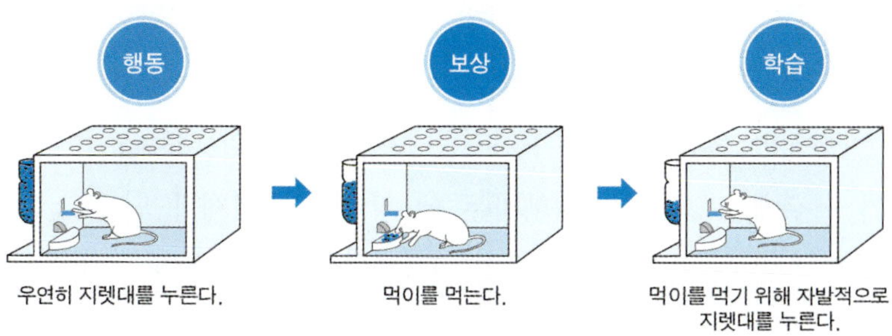

그림 1-2. 스키너 상자 실험

출처: 박찬옥 외(2022). 영유아교수방법론.

Skinner의 이론은 고전적 조건형성의 한계를 극복하고 학습이론의 범위를 넓혔다는 평가를 받고 있다. 그러나 인간의 행동발달에 있어서 연령에 따른 변화나 개인차 등을 명확하게 설명하지 못하고 외현적으로 관찰 가능한 행동에만 주의를 기울임으로써 인간의 행동과 발달을 충분히 설명하지 못한다는 한계를 가지고 있다.

Bandura는 동물 실험에서 얻어낸 결과를 인간의 학습에 적용했다는 점을 비판하면서 인간을 대상으로 연구를 통해 사회적 상황 속에서 인간은 타인의 행동을 보고 들으면서 모방을 통해 많은 것을 학습한다는 관찰학습이론을 제시하였다. 그는 보보(Bobo)인형 실험을 통하여, 직접적 강화가 없어도 타인의 행동을 관찰하고 모방하는 과정에서 학습이 된다는 것을 입증하였다. Bandura는 새로운 행동이 관찰을 통해 모방되고 학습되는 것은 주의집중과정, 보존과정, 운동재생과정 그리고 동기과정의 절차가 필요하다고 주장한다. 즉, 사회학습이 이루어지기 위해서는 인지적으로 주의를 기울이고, 기억하며, 재현하고, 동기유발하는 과정이 요구된다는 것이다.

첫째, 주의집중과정(attentional process)이다. 모델의 행동을 주의 깊게 집중하여 관찰하는 과정이다. 이 과정에서 모델의 두드러진 특징이나 뚜렷한 단서를 획득할 수 있게 된다.

둘째, 보존과정(retention process)이다. 모델의 행동을 보고 즉각적으로 반응을 보이기보다는 자신이 주의 깊게 관찰한 정보를 장기간 보존하는 것이다. 이 과정은 나중에 모델의 두드러진 특징이나 뚜렷한 단서를 기억해낼 때 활용될 수 있다.

셋째, 운동재생과정(motor reproduction process)이다. 주의를 기울였던 모델의 행동을 보유했다가 얼마 후 같은 행동을 하는 것을 말한다. 이 과정에서 모델의 상징적 표상을 잘 수행하기 위해서는 지속적으로 리허설하는 과정이 요구된다.

넷째, 동기과정(motivational process)이다. 모델의 행동을 모방했을 때 보상이 주어지면 이를 가치 있는 것으로 인식하고 그 행동을 반복해서 수행할 가능성이 높아진다. 즉, 바람직한 행동에 대해 주어지는 보상은 모델의 행동을 좀 더 집중해서 기억했다가 이후에 그 행동을 수행하는 데 강력한 촉진제가 되는 것이다.

행동주의의 주요개념과 교수학습방법 및 교사의 역할에 대해 구체적으로 살펴보면, 〈표 1-4〉, 〈표 1-5〉, 〈표 1-6〉과 같다.

표 1-4. 행동주의의 주요개념

구분	내용
강화	강화(reinforcement)란 주어진 조건에 대한 학습자의 반응 중에서 의도된 행동의 빈도를 증가시키기 위한 것으로, 어떤 반응에 대해 긍정적 보상이 있으면 그 반응이 더 자주 나타나게 된다.
모델링	모델링(modeling)은 다른 사람의 행동을 관찰함으로써 새로운 행동을 학습하고 억제하기도 하는 것을 말한다. 간접적으로 이루어진다고 하여 대리학습, 또는 모방을 통해 이루어진다고 하여 모방학습이라고도 한다.

표 1-5. 행동주의 접근에서의 교수학습방법

- 영유아가 습득해야 할 바람직한 행동의 구체적인 목표를 설정한다.
- 학습내용을 위계화 · 순서화하여 영유아가 경험할 수 있도록 단계적으로 제시한다.
- 영유아가 보이는 바람직한 행동에는 적절한 보상과 강화를 통해 그 행동이 더 잘 일어나도록 하고, 부정적인 행동은 소거한다.
- 미디어와 매체도 영유아의 발달과 학습에 영향을 미치는 요인임을 인지하고 영유아의 주변 환경에 주의를 기울인다.

표 1-6. 행동주의 접근에서의 교사의 역할

구분	내용
관찰자	영유아의 행동을 지속적으로 관찰하고 개입한다.
계획자	영유아가 바람직한 행동을 학습할 수 있도록 적절한 보상과 강화를 계획한다.
시범자	일상생활 속에서 영유아에게 바람직한 행동과 말을 함으로써 좋은 모델이 된다.

(3) 구성주의

구성주의 이론은 인간의 발달을 유전적 요인과 환경과의 상호작용의 결과로 보고, 영유아는 환경과의 상호작용을 통해서 능동적으로 지식을 구성해가는 존재로 본다. 구성주의 이론은 행동주의와 정신분석이론에 가려져 관심받지 못하다가 1960년대 이후 피아제(Piaget), 비고츠키(Vygotsky)에 의해 많은 영향을 받으면서 영유아의 인지적 과정, 즉 자신의 경험을 조직하고, 구조화하며 재구성해 나가는 일련의 과정을 설명한다.

피아제(Piaget)

비고츠키(Vygotsky)

Piaget에 따르면 영유아는 자율적이고 자기조절이 가능한 능동적 존재로, 자신을 둘러싼 주변 세계를 관찰하고, 실험하며 기존에 자신이 가지고 있던 개념, 즉 도식(schema)을 이용하여 세상에 대한 이해의 틀을 구성해 나간다. 도식은 빨기반사와 같은 생득적이고 감각운동적인 반사 도식에서 점차 변화되어 개념적 도식으로 확장되어 간다. Piaget는 영유아가 자신이 가진 주도성을 바탕으로 직접 실물을 조작하고 체험하는 등의 적극적인 탐구 과정을 통해 지식을 구성해가는 과정을 강조한다는 점에서 인지적 구성주의라고 한다.

Piaget의 인지적 구성주의는 영유아 내부의 인지 발달과정과 환경과의 상호작용을 바탕으로 지식의 구성에 관심을 두었다면, Vygotsky는 영유아를 둘러싼 사회·문화적 맥락의 중요성을 강조한다. 영유아가 속한 사회문화가 어떠한가에 따라 그들이 구성하는 지식의 양과 질이 달라진다는 것이다. 즉, Vygotsky는 영유아가 다른 사람들과의 사회적 상호작용을 통해 지식을 구성하기 때문에 영유아를 이해하기 위해서는 사회·문화적 맥락도 함께 고려해야 함을 강조한다는 점에서 사회적 구성주의라고 한다.

Vygotsky는 지식을 인간의 외부에 존재하는 외적인 것으로 보고, 지식을 구성하는 과정은 다른 사람들과의 상호작용을 통해 배우는 것과 내적 언어를 통해 내면화하는 두 과정으로 이루어진다고 하였다(강민정 외, 2021). 인간은 고유한 문화적·행동적 양식이 존재하는 특정 사회에서 태어나 자라면서 그가 속한 사회의 사고와 문화를 습득한다. 따라서 영유아가 그 사회의 누적된 역사적·문화적 형태의 지식을 흡수하고 내면화할 수 있도록 환경적 도움을 제안하는데 이를 근접발달영역

(Zone of Proximal Development: ZPD)으로 설명한다. Vygotsky의 근접발달영역(ZPD) 이론은 사회적 구성주의의 핵심 원칙, 즉 "지식은 사회적 상호작용을 통해 구성된다"는 전제를 잘 보여준다.

Piaget와 Vygotsky는 지식이 어떻게 구성되는가를 바라보는 관점과 강조하는 바에는 다소 차이가 있지만, 그들은 모두 지식이 유기체의 내적 활동과 유기체를 둘러싼 주변의 인적·물적 환경과의 상호작용을 통해 형성된다고 보았다. 따라서 구성주의 관점에서는 영유아가 자신의 인지적 구조를 활용하여 경험해 볼 수 있도록 학습 경험을 제공하는 것이 강조된다. 구성주의의 주요개념, 교수학습방법 및 교사의 역할을 구체적으로 살펴보면, 〈표 1-7〉, 〈표 1-8〉, 〈표 1-9〉와 같다.

표 1-7. 구성주의의 주요개념

구분	내용
동화와 조절	인간은 환경 자극에 대한 적응이 필요하며 동화와 조절의 상호작용에 의해 일어난다. 동화(assimilation)는 기존에 가지고 있는 인지도식을 사용해 새로운 자극을 이해하는 과정을 의미하며, 조절(accommodation)은 기존의 인지도식으로는 새로운 자극이나 정보를 이해할 수 없을 때, 기존 도식의 구조나 내용을 변경하거나 새로운 도식을 형성하는 것을 의미한다.
평형화	동화와 조절의 과정 중에서 어느 하나가 우세하지 않고 사고의 평형을 유지하는 인지적 균형 상태를 의미한다. 평형화(equilibration) 상태에서 새로운 자극이 주어졌을 때 기존의 사고체계로 해결되지 않으면 인지적 갈등을 경험하게 되며 다시 동화와 조절의 과정이 요구된다.
근접발달영역	영유아가 스스로 문제를 해결할 수 있는 '실제적 발달수준'과 교사 또는 유능한 또래에게 도움을 받아 문제를 해결할 수 있는 '잠재적 발달수준' 사이의 중간 영역이 근접발달영역(Zone of Proximal Development: ZPD)이 된다.
비계	영유아의 수행능력에 따라 협력자가 도움을 통해 스스로 할 수 있는 능력이 증가하게 되며 이렇게 제공되는 다양한 도움을 비계(scaffolding)라고 한다. 비계설정은 영유아의 독립적인 문제해결을 위해 협력자가 도움의 종류나 양을 조절하는 것으로 과제에 대한 두 주체 간의 이해가 공유되는 상호주관성을 가지는 것이 중요하다.

표 1-8. 구성주의 접근에서의 교수학습방법

- 영유아가 흥미에 따라 자유롭게 놀이를 선택하고 실제와 같은 복합적·역동적 상황을 통해 의미 있는 경험으로 이어질 수 있도록 허용적인 학습환경을 제공한다.
- 영유아의 요구를 수용하며 조심스럽게 토의하고 질문하며 학습과정을 안내한다.
- 영유아가 협동학습을 통해 자신의 근접발달영역을 확장할 수 있도록 또래, 교사와의 상호작용 기회를 제공한다.

표 1-9. 구성주의 접근에서의 교사 역할

구분	내용
촉진자	영유아의 사회적 상호작용을 촉진하여 의미있는 배움으로 이어지도록 한다.
환경구성자	영유아가 다양한 분야의 인지적 갈등을 경험할 수 있도록 도전적인 탐구 과제를 제공하고 풍부한 학습환경을 구성한다.
협력자	교사는 동료 학습자로서 영유아와 함께 문제를 해결하고 배움의 과정을 구성한다.

3. 영유아교수학습의 원리

영유아를 위한 교수학습은 교육내용을 잘 가르치려는 교사와 잘 배우기 위한 영유아 간의 역동적인 상호작용 과정이다. 영유아기는 그 시기만의 독특한 발달적 특징을 지니고 있다. 이처럼 같은 연령대의 영유아라고 하더라도 개개인마다 성장과 발달의 속도는 차이가 있으며 영유아 주변의 물리적, 인적, 사회문화적 환경은 개별 영유아의 개인차에 영향을 주는 요인이 된다.

2019 개정 누리과정과 제4차 어린이집 표준보육과정은 영유아 심신의 건강과 조화로운 발달을 도모하고, 자율성과 창의성의 신장을 추구하여, 바른 인성과 민주시민의 기초를 형성하도록 돕는 것을 목표로 하고 있다. 따라서 보육과 교육은 영유아들이 자신의 환경을 적극적으로 탐색하며 일상에서의 다양한 문제를 해결하기 위해 정보를 선택하고 바르게 활용하는 경험들이 수반되어야 한다. 이에 따라 영유아발달에 기초한 교수학습의 원리와 영유아 교육·보육과정에 기초한 교수학습의 원리를 구체적으로 살펴보면 다음과 같다.

1) 영유아발달에 기초한 교수학습의 원리

영유아발달에 기초한 교수학습의 원리로는 자발성의 원리, 개별화의 원리, 구체성의 원리 및 통합의 원리로 구분할 수 있다.

(1) 자발성의 원리

자발성은 학습자 내부에서 나오는 힘으로, 능동적으로 스스로를 활동시키는 흥미와 욕구, 능력과 같은 것이다(이순복 외, 2022). 따라서 자발성의 원리란 명령이나 지식에 의하기보다, 학습자가 스스로 선택하여 적극적으로 활동에 참여할 때 유의미한 학습(meaningful learning)으로 이어짐을 의미한다.

영유아기는 자발적으로 자신의 신체와 모든 감각기관을 동원하여 만지고 보고 듣고 냄새 맡는 등 주변을 끊임없이 관찰하고 탐색하고 수정해 나가면서 자기발견의 기회를 만드는 자발성이 매우 강한 시기에 해당한다. 따라서 영유아는 자신의 욕구와 호기심을 충족시키는 탐색과 자발성의 발현을 통해 효과적으로 배우고 학습한다. 학습자가 배우고자 하는 능동적인 동기가 유발되었을 때, 의욕이 북돋아지고 배움으로 이어질 가능성이 크기 때문에 자발성의 원리는 교수학습의 원리에서 가장 먼저 고려되어야 하는 원리이다. 자발성의 원리를 실천하기 위해 교사가 고려해야 할 점은 〈표 1-10〉과 같다(이순복 외, 2022).

표 1-10. 자발성 원리의 실천을 위해 교사가 고려해야 할 점

- 영유아의 발달 수준에 맞는 놀이와 활동 및 매력적이고 흥미있는 환경을 제공해야 한다.
- 영유아 스스로 선택하고 참여할 수 있는 허용적이고 개방적인 교실 분위기를 조성한다.
- 교사는 교수학습 과정에서 영유아의 노력을 인정해주고 구체적인 칭찬을 한다.

(2) 개별화의 원리

영유아는 같은 연령이라고 하더라도 발달 속도, 흥미와 관심, 지적 능력, 성격 등 다양한 측면에서 각기 차이가 있다. 이러한 개별 영유아의 독특한 요구와 발달적 특성을 개인차라고 하며 개별화의 원리는 학습자가 가지고 있는 개인차를 존중하며 학습활동을 경험하는 것을 의미한다. 즉, 개별화의 원리는 영유아의 발달 상태나 능력에 의한 개인차를 고려하며 개인의 특성을 존중하면서 학습내용이나 가르치는 방법을 다양하게 안내하는 활동의 기회가 주어져야 함을 강조한다.

영유아의 기질, 성숙의 정도, 발달 특징, 흥미와 요구, 가정의 생활양식, 부모의 양육방식 등 다양한 측면에서 개인차가 나타날 수 있다. 같은 교실에서 생활하는 동일 연령의 영유아라 할지라도 개인적 차이가 있으므로 개별 유아의 수준과 능력을 고려한 교수학습 설계가 요구된다. 이와 관련하여 미국유아교육협회(NAEYC)는 '발달에 적합한 실제(developmentally appropriate practice)'를 제안하며 연령 적합성, 개별 적합성, 사회 · 문화적 적합성을 고려한 교수학습을 전개할 것을 강조한다. 구체적으로 연령 적합성(age appropriateness)은 영유아기의 발달 수준과 특징을 고려하는 것을 의미한다. 인간의 성장과 발달은 보편적이고 예측 가능한 순서로 진행되므로 영유아의 연령 범주에 속하는 발달 수준에 적합한 교육적 경험과 자극을 제공해야 한다는 것으로 발달의 원리에서 '순차성'과 관련이 있다. 개인 적합성(individual appropriateness)은 모든 영유아의 기질, 신체조건, 성장 속도 등은 서로 다를 뿐 아니라 학습양식과 학습속도는 서로 다르기 때문에 각 개인의 특성을 고려한 교수학습이 이루어져야 한다는 것으로 발달의 원리 중 '개별성'과 관련이 있다. 마지막으로 사회 · 문화적 적합성(cultural appropriateness)은 발달과 학습이 다양한 사회 · 문화적 맥락 안에서 일어나며 영유아는 가정환경, 사회의 관습과 규범, 기대 등의 요인에 의해 영향을 받는 존재임을 인정하는 것으로 발달의 원리에서 '맥락성'과 관련이 있다. 개별화의 원리를 실천하기 위해 교사가 고려해야 할 점은 〈표 1-11〉과 같다.

표 1-11. 개별화 원리의 실천을 위해 교사가 고려해야 할 점

- 영유아의 흥미와 요구가 다른 개별적인 존재임을 이해하고 존중해야 한다.
- 영유아가 자신의 학습양식과 학습속도에 맞는 활동을 선택할 수 있도록 다양한 접근방식과 난이도를 고려한 활동을 제공한다.
- 영유아가 자신만의 방법을 발견하고 배움의 과정을 즐길 수 있도록 자유로운 활동 선택의 기회와 시간을 제공한다.
- 다양한 가족구조, 장애에 대한 독특성을 인정하고 수용할 수 있는 반편견 교육과 돌봄을 제공한다.

(3) 구체성의 원리

영유아는 발달 특성상 자신을 둘러싼 다양한 대상이나 현상에 관심을 가지고 끊임없이 상호작용하며 학습한다. 이때의 학습은 감각기관을 통하여 실물 자료를 직접 탐색하고 조작하면서 외부 세계에 대한 다양한 도식을 수정하고 조직화하는 과정이 된다. 영유아기는 발달적으로 감각운동기 및 전조작기에 해당되므로 이 시기에 구체적 사물이나 현상을 오감을 통해 탐색하고 경험하는 것은 이후에 추상적이거나 상징적인 것을 이해하는 데 도움이 된다.

구체성의 원리는 영유아기에 지금-여기(now and here)에서 일어나는 일들을 구체적인 사물, 그림, 모형 등을 통해 직접 경험할 때 관련된 지식이나 개념이 구체적으로 형성된다는 점에서 직관의 원리라고도 한다. 근대 교수 이론가인 Comenius와 Pestalozzi 역시 실물교육과 노작교육을 제안하면서 그 개념이 강조되었으며 이는 Kostelnik 등에 의해 단계적 학습의 이론적 토대가 되었다. 미국유아교육학회(NAEYC)는 유아를 위한 교수학습 전략으로 유아의 구체적인 조작 없이 워크북, 색칠공부, 미술활동 및 성인이 만든 모델을 모방하는 것은 바람직하지 않다고 지적하고 있다(위영희 외, 2022).

단계적 학습은 단순한 것에서 시작되어 복잡한 것으로, 익숙한 것에서 낯선 것으로, 자신에게 관련된 것에서 타인에게 관련된 것으로, 전체에서 부분으로, 구체적인 것에서 추상적인 것으로, 행동적 학습에서 상징적 학습으로, 탐색적 학습에서 목표지향적 학습으로, 부정확한 학습에서 보다 정확한 학습으로, 충동적 학습에서 자기통제적 학습으로 이루어지는 것을 의미한다. 구체성의 원리를 실천하기 위해 교사가 고려해야 할 점은 〈표 1-12〉와 같다.

표 1-12. 구체성 원리의 실천을 위해 교사가 고려해야 할 점

- 영유아를 위한 학습활동과 교재·교구는 구체적이며 실제적이어야 한다.
- 영유아기 학습의 경험은 매일의 생활 속에서 일어나는 일상적 경험에서부터 시작되는 것이 효과적이다.
- 새로운 개념이나 현상에 대해 학습할 때는 구체물, 동영상, 사진, 그림 등 시청각 자료를 활용하고 직접적인 신체표현이나 동화구연 등 지각적 인상이 강한 방법을 사용한다.

(4) 통합의 원리

통합성은 영유아교육기관에서 전개되는 모든 활동이 영유아의 지적, 정의적, 신체적 영역의 전인적 발달을 도모해야 함을 의미한다. 영유아기의 발달은 인지, 신체, 정서, 사회성 등 발달 영역별로 분리되어 이루어지지 않는다. 또한 영유아는 분절된 교과를 통해 분리된 개념을 학습하기보다는 일상생활과 관련하여 친근한 것에서부터 통합된 전체 경험으로 배우게 된다. 즉, 통합의 원리는 영유아발달 영역의 통합, 영역별 활동들 간의 통합, 영유아교육기관과 지역사회와의 연계성 있는 경험을 통해 교육내용들이 통합적으루 경험되어지면서 영유아의 생활과 교육이 분리되지 않고 일관성 있게 연결되어야 함을 뜻한다.

먼저 영유아발달 영역의 통합은 신체, 언어, 인지, 정서, 사회성의 발달이 한 활동 속에 골고루 조화를 이루며 과거의 경험과 놀이를 통한 새로운 경험을 통합하여 전인적으로 성장·발달해 간다. 이를 위해 발달 영역들 간의 조화, 활동 영역 간의 연계, 교육내용들 간의 연결 속에서 통합성이 유지될 수 있도록 교수학습을 계획해야 한다. 영역별 활동들 간의 통합 역시 영유아의 기본생활, 신체운동, 사회관계, 의사소통, 자연탐구, 예술경험 등 여러 영역이 분절되지 않고 서로 연결되어 통합되는 것을 뜻한다. 마지막으로 교육기관과 지역사회와의 통합은 견학 또는 지역 내 인사초청, 병원놀이, 가게놀이 등과 같이 지역사회 다양한 인적·물적 환경을 활용하여 교육기관 안팎의 경험들이 서로 통합되어 이루어져야 함을 뜻한다. 이와 더불어 보다 효과적인 통합을 위해서는 가정과 영유아교육기관에서의 생활 경험의 통합, 영유아 과거의 경험과 현재의 경험뿐만 아니라 흥미와 관심의 통합, 그리고 다양한 문화적 경험의 통합이 이루어져야 한다. 통합성의 원리를 실천하기 위해 교사가 고려해야 할 점은 〈표 1-13〉과 같다(교육부, 보건복지부, 2019).

표 1-13. 통합성 원리의 실천을 위해 교사가 고려해야 할 점

- 영유아가 교실에서 마주하는 다양한 상황이나 물건 또는 주제에 대해 흥미를 가지는 경우, 이를 중심으로 놀이나 활동 등을 활용하여 통합적 교수학습을 실행할 수 있다.
- 영유아가 관심있는 주제에 대하여 분절된 영역 중심 활동이나 단일 경험을 제시하기보다는 다른 영역과 통합하거나 이전 경험과 통합하는 방법으로 학습경험을 제시한다.
- 영유아가 몰입하면서 전개하는 놀이는 자연스럽게 5개 영역의 통합을 가능하게 하므로, 교사는

미리 정해진 주제에 얽매이기보다는 놀이에서 나타나는 주제, 그림책, 사물을 활용해서 유아의 관심과 흥미를 중심으로 통합적으로 전개한다.

2) 영유아교육 · 보육과정에 기초한 교수학습의 원리

영유아교육 · 보육과정에 기초한 교수학습의 원리로는 놀이중심의 원리, 기회의 원리 및 생활중심의 원리로 구분할 수 있다.

(1) 놀이중심의 원리

놀이중심의 원리는 영유아가 자신의 흥미와 관심에 따라 자발적으로 참여하고 몰입한 놀이를 통해 의미있는 배움이 일어나는 과정을 의미한다. 놀이는 영유아교육에서 핵심가치로 가장 자연스럽게 개인적인 흥미, 요구, 관심을 드러낼 수 있게 하는 자기표현의 수단이자 주변 사물을 탐색하고 영유아를 둘러싼 세계에 대한 이해를 넓힐 수 있는 자기교수의 기회가 된다(위영희 외, 2021; 이미화, 2020). 또한 놀이 상황에서 발생하는 또래와의 다양한 상호작용을 통해 타인과의 관계에 대한 경험의 폭을 넓히게 된다. 이처럼 교사의 의도적인 학습 계획을 하지 않아도 영유아는 놀이를 통해 다양한 교육적 가치와 자기해소의 기회를 경험하게 된다. 놀이중심의 원리를 실천하기 위해 교사가 고려해야 할 점은 〈표 1-14〉와 같다(양옥승 외, 2022; 지성애, 2019).

표 1-14. 놀이중심의 원리의 실천을 위해 교사가 고려해야 할 점

- 자유놀이(free play) 혹은 안내된 놀이(guided play) 모두에서 놀이의 방향성에 대한 주도권은 유아가 가지도록 한다.
- 영유아의 발달에 적합한 놀잇감과 환경을 구성하고 현재의 놀이가 심화되고 확장될 수 있도록 놀이 관찰에 근거하여 환경 구성을 고려한다.
- 교사는 영유아가 방해받지 않고 자신의 놀이에 몰입할 수 있도록 하루 일과 운영시간과 교육기관의 공간을 유연하게 운영한다.

(2) 기회의 원리

기회의 원리는 유아가 실제 생활에서 직접적으로 경험할 수 있는 기회가 충분히 제공되어야 함을 의미한다. 영유아는 주변의 인적 · 물적 혹은 사회 · 문화적 환경을 직접적으로 탐색하고 상호작용하며 능동적으로 지식을 구성한다. 따라서 효과적인 영유아학습을 위해 일상생활 속에서 문제를 발견하고 이를 해결하기 위해 탐색 및 탐구를 통해 체험할 수 있는 기회를 계획하는 것이 필요하다. 기회의 원리를 실천하기 위해 교사가 고려해야 할 점은 〈표 1-15〉와 같다.

표 1-15. 기회의 원리의 실천을 위해 교사가 고려해야 할 점

- 영유아가 자신의 흥미와 관심에 따라 다양한 경험을 할 수 있도록 물리적 환경을 구성한다.
- 영유아가 도전적 자극, 언어적 유희, 신체적 활동과 모험, 사회적 협력, 긍정적 정서가 수반될 수 있는 경험을 제공한다.
- 영유아가 다양한 탐색 및 문제해결과정에 참여할 수 있도록 구성원 간 상호작용의 기회를 격려한다.

(3) 생활중심의 원리

생활중심의 원리란 영유아의 실제 생활환경 및 일상의 경험을 통해 주변 세계에 대한 지식과 태도, 다양한 기술을 습득하도록 하는 원리이다. 영유아는 외부에서 일방적으로 주어지는 경험보다는 자신의 친숙한 일상과 연계된 구체적이고 직접적인 경험을 할 때 보다 능동적인 학습자가 된다. 따라서 영유아기 배움의 기회는 일상생활과 별개의 것이 아니라 영유아교육기관 밖에서의 경험과 기관 내에서의 경험이 자연스럽게 연결되거나 확장될 필요가 있다. 생활중심의 원리를 실천하기 위해 교사가 고려해야 할 점은 〈표 1-16〉과 같다.

표 1-16. 생활중심의 원리의 실천을 위해 교사가 고려해야 할 점

- 영유아에게 실제적이고 유의미한 학습의 출발은 영유아의 '지금-여기', 즉 일상생활과 경험임을 인식한다.
- 영유아의 실생활과 주변에서 일어나는 다양한 사건, 경험 등이 놀이 및 활동에 반영되도록 지원한다.
- 교육적 의도를 가지고 활동을 제공할 때 활동 계획에 국한하여 교수학습을 운영하기 보다는 영유아의 놀이 속 흐름이나 아이디어를 적극 반영한다.

02
Chapter

영유아교수학습방법의 유형

배울내용

1. 교수중심 교수법
2. 아동중심 교수법

학습목표

1. 교수중심 교수법의 유형을 파악하고 구체적인 기술을 습득한다.
2. 아동중심 교수법의 유형을 파악하고 구체적인 기술을 습득한다.

1. 교사중심 교수법

교사중심 교수법은 교사가 가르쳐야 할 내용을 의도적으로 계획하고 지식이나 정보를 영유아에게 전달함으로써 수업을 주도하는 교수법으로 우리나라 학교체제에서 가장 많이 활용되는 교수법이다. 교수중심 교수법으로 가장 대표적인 설명법과 개념학습법을 중심으로 살펴보면 다음과 같다.

1) 설명법

설명법은 교사중심 교수법의 대표적인 방법이며, 가장 오랜 역사를 가지고 있는 교수법이기도 하다. 놀이중심 · 아동중심 교육을 강조하는 영유아교육에서는 설명법이 교사중심이라고 하여 비효과적인 교수법으로 여겨지기도 한다. 그러나 모든 교수방법은 각각의 특성을 가지고 있으므로 교육내용과 활동에 따라 설명법을 적절하게 활용한다면 오히려 더 효과적이다(양옥승 외, 2022).

설명법은 영유아가 새로운 용어, 전략 및 규칙 등을 배우는 데 적용하면 효과적이다. 예를 들어, '손 씻기'와 관련하여 손 씻는 방법을 배우기에 앞서 교사는 적절하게 손 씻는 습관과 질병 예방과의 관계에 대해 직접적으로 설명하거나 관련 정보를 제공할 수 있다.

설명법을 주장한 대표적 학자인 오수벨(Ausubel)은 학습하게 될 중요한 내용이 영유아의 기존의 인지구조와 연관성이 있을 때 보다 더 효과적으로 학습하게 된다고 하였다. Ausubel에 따르면, 설명법을 적용하는 수업을 진행할 때 학습자는 수동적으로 교사의 설명을 받아들이는 것처럼 보이지만 실제로 학습자 내부에서는 새로운 정보와 지식을 받아들이기 위해 기존의 인지구조와 연결지으려는 인지과정이 활발하게 일어나고 있다는 것이다. 이러한 과정을 거쳐 새로운 학습내용이 기존의 인지구조에 수용되거나 또는 인지구조가 재조직화하기도 하는데, 이를 '유의미학습'으로 보았다(김재춘 외, 2007).

이때 교사는 새로운 학습과제의 중요한 내용에 관심을 기울이도록 유도하며 학습할 개념 간의 관계를 형성하게 하며 기존의 인지구조와 관련지을 수 있도록 선행조직자(advanced organizer)를 활용할 수 있다. 즉, 선행조직자는 학습 전에 제시되는 정보로서 학습자는 선행조직자 정보를 통해 학습하게 될 내용에 관심을 가지고 이해의 망을 구축하게 된다.

설명법은 단시간에 다량의 지식을 체계적으로 전달하는 데 효과적이며 수업시간, 학습량을 교사가 조절하기에는 용이하지만 교사의 언어적 설명만으로 영유아를 이해시키고 그들의 흥미를 지속시키는 것에는 한계가 있다. 따라서 교사는 먼저 영유아에게 사물이나 현상에 대해 충분히 탐색할 시간을 제공한 후 설명법을 적용하여 새로운 정보와 지식을 제공한다면 영유아의 보다 능동적인 학습경험을 기대할 수 있다.

2) 개념학습법

개념학습법은 인지심리학을 바탕으로 한 대표적인 교수학습방법으로 영유아의 개념 이해를 돕고 가설검증의 기회를 통해 분석적 사고 기술을 갖추도록 돕는다. 개념이란 대상이나 사건에 대하여 사고를 형성해 가는 가장 기본적인 생각으로 개념학습법은 '어떤 개념을 명확하게 이해한다면 이를 적용하여 많은 사례와 자료들이 가진 속성과 의미를 분석하고, 나아가 새로운 개념으로 확장해 갈 수 있다'는 것을 전제로 하고 있다(박찬옥 외, 2022).

따라서 개념학습은 다양한 지식과 상식을 습득하게 하며 개념발달이 급속히 이루어지는 영유아기에 유연한 사고의 확장을 연습할 수 있는 기회를 제공하는 교수법이다. 개념학습법의 대표적 학자인 Taba는 어떤 개념에 대한 명확한 이해는 많은 사례와 자료들이 가진 속성과 의미를 분석하고 이를 바탕으로 새로운 개념으로 확장하는 것을 돕는다는 점에서 개념형성(concept formation)이 중요함을 강조하였다.

특히 귀납적 사고학습은 개별적이고 구체적인 사실이나 관찰로부터 그것들을 묶어 설명 가능한 보편적인 법칙이나 결론으로 도달하는 과정(Johnson-Laird, 2000)이며, 이를 통해 다른 사례에 적용할 수 있도록 하기 때문에 영유아의 놀이 및 경험중심의 교수법과 연결지을 수 있다. 영유아기는 추상적 지식이나 개념으로 학습하기보다는 감각과 구체적 경험에 기반하여 배우는 특성을 가지므로 또래, 또는 소집단 활동을 통해 논리·수학적이고 추상적인 개념들을 조직화하는 데 개념학습법이 적절하게 활용될 수 있다. 예를 들어, 영유아는 놀이 속 다양한 구체물을 활용하면서 자연스럽게 수학적 상황을 경험하게 되고 이러한 풍부한 경험적 접근을 통해 길이와 넓이의 측정, 모양을 시작으로 분류, 패턴 인식과 자료의 이해 측면과 같은 논리·수학적 지식을 발견해 나간다. 이 지식은 일상 속 다른 문제 상황에도 적용되며, 이를 해결하는 과정에서 영유아의 인지발달은 자연스럽게 이루어진다.

따라서 교사는 영유아가 경험한 세계를 개념화하여 인지구조를 재구성하기 위해서는 직접 보고 만질 수 있는 구체물을 제공하고, 충분한 탐색의 시간을 격려하는 것이 필요하다. 또한 실제적 사례를 조직하고 분류하기 위해서는 변별이 쉬운 사물에서 점점 어려운 것으로 순차적으로 진행하고, 이 과정에서 영유아가 자신의 생각과 추론과정을 다양한 방식으로 표현할 수 있도록 격려한다.

2. 아동중심 교수법

영유아교육에서 교수학습은 영유아를 타고난 학습자로 바라보는 관점에 따라 영유아가 주도적인 역할을 하도록 하는 간접 교수 유형이 강조되면서 다양한 아동중심 교수법이 적용되고 있다. 다양한 교실 현장을 고려하여 적용할 수 있는 아동중심 교수법을 탐구학습법, 문제해결학습법, 협동학습법 및 프로젝트 접근법으로 구분하여 살펴보면 다음과 같다.

1) 탐구학습법

탐구학습법은 학습자인 영유아를 스스로 탐구하는 역량을 가지고 태어난 존재로 바라보고 그들이 발견한 문제를 해결하거나 관심 있는 주제를 학습하는 과정에 중점을 둔다. 따라서 탐구학습법은 교사가 알고 있는 지식을 영유아에게 일방적으로 전달하기보다는 유아가 자신의 주변을 비판적으로 바라보면서 주어진 정보를 활용하여 지식을 발견해 내는 주도적이고 논리적인 탐구과정이 중요하다고 본다.

탐구학습법의 대표적 학자인 Schwab은 학습자인 영유아를 작은 과학자로 본다. 과학자는 관심 있는 주제에 대해 가설을 설정하고 이를 검증하기 위해 실험을 수행하며 결과를 얻고 적용하는 단계를 거쳐 새로운 이론을 제시한다. 이와 마찬가지로 영유아도 흥미 있어 하는 주제와 내용에 대해 문제를 제기하고 가설을 설정하며, 활동이나 자료를 선택하고 의사결정하며, 실험하고 질문하며, 다양한 탐구과정에 대한 몰입을 통해 스스로 답을 발견해 나간다. 이러한 탐구과정은 학급 전체 또는 소집단으로 진행이 되면서 각각 다른 질문에 대해 탐구하거나 모두 같은 질문을 중심으로 탐구할 수 있다.

탐구학습법이 교실 현장에서 이상적으로 적용되려면, 교사의 개입과 중재 시점이 중요하다. 영유아의 자유로운 실험과 탐색이 진행될 수 있도록 허용적인 분위기를 조성해주면서도 큰 틀에서 영유아의 탐색 활동이 효율적으로 전개될 수 있도록 관찰과 지원, 적절한 중재를 수행하는 교사의 역할이 요구된다. 예를 들어, 비오는 날 산책길을 나섰던 유아들이 흙의 촉감이 평소와 다름을 발견하면서 의문을 가지게 되었을 때, 교사는 유아들이 흙의 특성에 대해 관심을 가질 수 있도록 상호작용을 할 수 있다. 의문 상황을 해결하기 위해 영유아들은 물의 비율에 따라 달라지는 흙의 점성과 관련하여 다양한 아이디어를 가설로 설정, 검증하는 조사활동을 통해 자료를 수집하고 기본적인 탐구과정을 수행한다. 자료수집 및 처리과정에서 얻어진 결과를 해석해서 가설이 긍정 또는 기각되는지를 확인한다. 이러한 탐구과정이 활발하게 진행되기 위해 영유아교사는 다양한 수업매체를 준비하고, 자유롭고 개방적인 탐구 분위기를 제공하여 또래 간에 자유로운 상호작용이 가능한 교실 환경을 유지하는 것이 필요하다.

2) 문제해결학습법

문제해결학습법은 영유아가 실제생활에서 발생한 문제나 상황을 주도적으로 해결하는 과정을 통해 자연스럽게 문제해결능력을 기르는 것을 촉진하는 방법이다. Dewey에 따르면 문제(problem)는 '학습자가 호기심을 가지고 궁금해하는 경험거리, 그리고 그 문제를 해결하는 것이 사회적 · 문화적 · 지적으로 가치가 있는 경험거리'를 의미하며(박찬옥 외, 2022), 영유아에게 도전적이지만 그들의 일상생활 경험과 관련이 있고 실생활 속에서 적용할 수 있는 문제일 때 교육적 의미를 가진다.

영유아는 문제를 해결하기 위해 필요한 정보와 기술을 다양하게 활용하고, 도출된 대안을 비판적으로 검토하며 적용하는 과정에서 단편적 지식위주의 암기에 의한 문제해결보다 추론이나 비판적 사고, 문제해결력과 같은 논리적 사고와 전략을 촉진할 수 있는 것이다. 또한 문제해결학습은 당면한 문제의 해결방안을 위해 계획을 세우고 주어진 정보를 선별하여 주도적으로 검토하여 적용한다는 점에서 자기주도적인 학습을 가능하게 하여 학습의 주체로서 학습동기와 성취감을 가질 수 있도록 돕는다.

문제해결학습법은 첫째, 영유아의 일상생활에서 발생하는 여러 문제들 중에서 영유아의 능력, 흥미, 사전 경험 등을 고려하여 좋은 문제를 확인하는 '문제선정' 단계, 둘째, 선정한 문제를 명확하게 규명하고 정의하는 '문제의 명료화' 단계, 셋째, 문제해결을 위한 여러 가지 가설을 세우고 문제해결 계획을 수립하는 '가설수립' 단계, 넷째, 가설을 검증하기 위해 자료를 수집하고 분석하는 '자료수집 및 분석' 단계, 다섯째, 논리적인 추론을 거쳐 해결안을 결론으로 채택하는 '추론' 단계, 여섯째, 학습과정에 대한 검증 및 더 나은 수준의 문제나 해결방법을 구성하는 '결과검토 및 평가' 단계로 진행된다.

영유아는 선정된 문제가 자신에게 생소하거나 자신의 능력을 넘어서는 것이라고 판단될 때, 문제해결을 위한 동기를 상실하고 쉽게 포기하거나 좌절감을 느낄 수 있다. 따라서 영유아가 주도적으로 문제해결의 과정에 참여하기 위해서 교사는 다음과 같은 역할 수행이 요구된다(김운삼 외, 2018; 양옥승 외, 2022).

첫째, 영유아에게 흥미, 욕구, 경험을 고려하여 해결하기 좋은 문제를 찾도록 돕는다. 영유아는 세부적이고 구체적인 맥락의 문제가 주어졌을 때, 소집단 또는 학급 전체가 공동의 목표를 가지고 적극적으로 참여하게 된다. 둘째, 문제에 대한 다양한 해결 가능 방안을 발견할 수 있도록 촉진하고 안내한다. 문제해결에 포함되는 수행 과정은 선형적이지도 않고, 항상 순차적인 방법으로 진행되는 것도 아니므로 영유아는 지속적으로 사고하며 자신에게 맞는 해결 전략을 다양하게 검토할 수 있도록 지원한다. 셋째, 영유아가 목적을 가지고 다양한 자료를 사용하며 자신의 생각을 적용하도록 촉진한다. 필요시 교사는 적절한 발문과 자료 제공을 통해 영유아가 해결과정을 검토하고 성찰할 수 있도록 지원한다.

3) 협동학습법

협동학습법은 설명식 학습의 단점을 보완하고 구성원들 간의 긍정적인 상호의존을 바탕으로 동일한 학습목표를 향해 모두가 학습 주체가 되어 서로 가르치고 배우는 학습방법이다(Slavin, 1983). 협동은 집단 구성원 각자가 가진 특성을 충분히 반영하여 공동의 목표에 도달하기 위한 방법을 토의하고 문제해결을 위해 서로 돕는 윈-윈(win-win) 구조를 기본 전략으로 한다. 따라서 협동학습을 하는 상황에서 집단은 함께 일하고 구성원들끼리 서로 지원하며 정보를 구성원들과 서로 공유할 수 있도록 집단 구성원들 간의 활발한 상호작용을 강조한다.

교사가 대집단으로 구성된 영유아들에게 학습내용을 안내하고 활동에 대한 동기를 유발시킨 후, 어떤 순서에 의해 어떤 활동을 할 것인지 알려준다. 이때 교사는 다양한 교수매체를 활용하여 정확하게 내용을 전달하고 4~6명의 영유아로 구성된 소집단 활동을 진행한다. 소집단 구성원은 성별, 강점, 성격 등을 고려하여 최대한 이질적으로 하고 수업내용에 따라 모든 구성원이 기록 담당, 자료 담당, 발표 담당 등의 일정한 역할을 협의해서 분담한다. 소집단 활동이 충분히 이루어진 뒤에는 집단별 활동의 결과물을 전체 영유아들과 공유하며 서로 의견을 나누는 평가의 시간을 가진다.

협동학습법의 대표적인 모형으로는 직소(Jigsaw), 성취과제 분담(Student Teams

Achievement Divisions), 러닝투게더(Learning Together) 등이 있다(박찬옥 외, 2022; 신애선 외, 2022). 구체적으로 직소는 자신이 맡은 학습내용을 또래끼리 서로 가르치도록 하는 학습방법으로 5~6명으로 집단을 구성한 뒤, 하나의 학습주제를 집단의 숫자와 같은 수로 나눈다. 각 집단의 유아 한 명에게 학습내용 한 부분씩을 할당하고 각 집단에서 같은 부분을 맡은 유아들이 따로 모여서 분담된 내용을 토의하고 학습한다. 그 후 원래의 집단으로 각자 돌아가서 다른 유아들에게 각자가 학습한 내용을 가르친다. 집단 내 유아들은 각자 다른 부분을 학습하고 온 뒤, 구성원들에게 서로 가르쳐 주기 때문에 주도적으로 학습하면서 유아들 간의 활발한 상호작용이 가능하다. 그러나 학습 수준이 낮은 학습자가 주어진 학습과제를 잘 수행하지 못하면 다른 유아도 해당 내용을 효과적으로 배울 수 없어 부정적인 영향을 주는 한계가 있다.

성취과제 분담학습은 학업성적, 성별, 문화자본 등이 서로 다른 4~5명의 유아가 일주일 단위로 새로운 내용을 공동으로 학습하고 공동목표를 달성함으로써 팀 보상을 받는다. 이 방법은 직소 모형과 다르게 집단 구성원들이 역할 분담을 하지는 않으나 개인이 성취한 만큼 집단의 점수에 반영되고 이를 토대로 집단에 보상하는 구조이다. 따라서 학습자 간 상호작용과 학습동기를 촉진시키는 데는 유용하지만 학습과제의 개별화가 어렵기 때문에 집단의 리더가 모든 활동을 주도적으로 이끌어갈 가능성이 높다.

러닝투게더는 5~6명의 이질적인 구성원이 모여 주어진 학습과제를 협동적으로 수행한다. 과제는 집단별로 부여하고, 평가와 보상도 집단별로 받음에 따라 개인적인 성취보다는 집단 전체의 성취가 중요하므로 집단 구성원들은 서로 의견이나 정보를 교환하고 질문하고 응답하며 격려하는 상호의존적인 협동이 중요하다.

협동학습은 영유아 개개인의 학습뿐만 아니라 공동의 목표를 가지고 함께 과제를 성취할 수 있도록 서로 돕기 때문에 긍정적 상호의존성, 과제에 대한 책임감을 가지게 된다. 집단 구성원 간의 토의나 활동 결과에 대한 피드백은 문제에 대해 새로운 시각에서 판단할 수 있는 기회를 제공해줌으로써 비판적 사고도 촉진될 수 있다. 이처럼 협동학습은 교사가 가르치고 영유아가 배우는 전통적인 교수학습 관계를 넘어 영유아가 리더가 되어 가르치기도 하고 리더로부터 배우기도 하면서 효과적인 리더십, 능동적 성취감, 갈등 관리 능력 등의 사회적 기술 증진도 가능하다(전성연 외, 2007).

4) 프로젝트 접근법

프로젝트 접근법은 한 명이나 소집단 또는 대집단의 유아가 가치 있는 특정 주제를 심도 있게 탐구하는 방법으로 영유아의 자발적인 참여와 교사의 체계적인 교수 지원이 통합되고 상호 보완된 균형 있는 교수학습방법이다.

프로젝트 접근법은 Dewey의 진보주의 교육철학에 영향을 받은 Kilpatrick이 체계화한 프로젝트법을 Katz와 Chard가 영유아의 학문적, 인지적, 정서적 발달에 맞게 재조직하여 유아교육기관에서 다양하게 접목시킬 수 있도록 '프로젝트 접근법'이라는 교수학습방법을 소개하면서 활성화되었다.

하나의 프로젝트가 진행되는 동안 영유아는 관심있는 주제를 탐구하고 자발적으로 참여하면서 문학, 언어, 수, 과학, 조형, 동작, 사회 등의 교과교육을 통합적으로 경험할 수 있으며, 영유아는 자신의 흥미가 중심이 되어 지속적인 탐구과정에 몰입하게 된다. 뿐만 아니라 개별 또는 그룹별 프로젝트가 반복되면서 유아는 주변 세계에 대한 호기심을 가지면서 긍정적인 학습성향을 가지게 되고 집단에 대한 소속감, 자존감, 자신감 등 긍정적 태도를 형성하게 된다.

프로젝트 접근법을 운영하는 단계는 다음과 같다. 첫째, 준비단계는 프로젝트 주제를 선정하고 예비 주제방과 예상되는 활동을 구상한다. 또한 지원받을 수 있는 자원목록을 작성하면서 가정과 연계하여 프로젝트 주제를 부모에게 알리고 다양한 차원의 지원을 요청한다. 둘째, 도입단계는 프로젝트 주제에 대해 영유아들이 관심과 흥미를 가질 수 있도록 다양한 자료인 시청각 자료를 제공하고 주제와 관련한 이전 경험을 함께 나누며 브레인스토밍을 한다. 또한 교사와 영유아가 공동 주제망을 구성하며 질문 목록을 작성할 수 있다. 셋째, 전개단계는 영유아들이 제기한 질문을 해결하기 위해 토론과 탐색 및 다양한 조사활동이 진행된다. 영유아 개인의 흥미와 학습 요구에 맞도록 현장 견학, 전문가 면담 등의 직접 경험이나 책, 인터넷 정보를 활용하는 간접 조사 활동을 병행하게 된다. 넷째, 표상활동 단계는 주제에 대해 새롭게 알게 된 내용을 그림, 그래프나 도표, 조형물 만들기, 극놀이 등의 다양한 방법으로 표현하면서 새로운 도식이나 아이디어, 개념을 구체화하게 된다. 다섯째, 마무리 단계는 프로젝트 운영과정과 결과를 담은 내용을 전시하고 발표하며 상황에 따라 부모, 지역사회 전문가, 기관의 다른 학급 영유아들을 초대하여 프로젝트 내용을 공유한다. 전시회를 준비하면서 교사와 영유아들은 진행해온 프로젝트를 정리하고 평가하며 다른 관점에서 재창조하는 경험도 갖게 된다.

2 PART

영유아 상호작용 및 발문법

Chapter 03 보육교사와 영유아의 상호작용

Chapter 04 보육교사의 발문법

03
Chapter

보육교사와 영유아의 상호작용

배울내용

1. 보육교사의 자질과 역할
2. 유아-교사 간 상호작용

학습목표

1. 보육교사의 자질과 역할을 통해 누리과정과 표준보육과정 운영의 책임과 역할을 숙지한다.
2. 유아-교사 간 상호작용을 이해하고, 실제를 통해 상호작용 기술을 익힌다.

1. 보육교사의 자질과 역할

1) 보육교사의 자질

법률적인 의미에서 보육교사의 정의는 개정 영유아보육법(2023)에 의거해 어린이집 영유아의 보육, 건강관리 및 보호자와의 상담, 그 밖에 어린이집의 관리 · 운영 등의 업무를 담당하는 보육교직원의 일원을 말한다. 예전에는 어린이집 보육교사를 교사라는 호칭을 사용하지 않고 보육기관의 종사자라는 호칭이 사용되다가 최근 들어 '보육교사(day care teacher)'라는 호칭이 사용되고 있다. 즉, 보육교사란 '보건복지부의 관리 · 감독을 받는 다양한 형태의 어린이집에 근무하면서 영유아를 담당하고 지도하는 교사' 또는 '영유아의 보호와 교육에 필요한 자질을 갖추기 위해 소정의 교육과 훈련을 받고 보육교사 자격을 취득한 후 보육기관에서 영유아를 직접 돌보는 교사'를 의미한다.

이러한 보육교사는 1급, 2급 및 3급으로 구분되며, 전문대학 또는 이와 동등 이상의 학교에서 보건복지부령이 정하는 보육 관련 교과목 및 학점을 이수하고 졸업하면 보육교사 2급을 취득한다. 또한 보육교사 1급은 보육교사 2급 자격을 취득한 후 3년 이상의 보육 업무경력과 보건복지부장관이 정하는 승급교육을 받으면 자격을 취득할 수 있다. 그리고 보육교사 3급은 고등학교 또는 이와 동등 이상의 학교를 졸업한 사람으로서 보건복지부령이 정하는 교육훈련시설에서 정해진 교육과정을 수료한 사람에게 발급한다.

보육교사의 역할은 보호자로서의 역할과 더불어 전문적 지식과 기술을 가진 교수자이고 상담자이며 연구자로서의 여러 가지 역할을 담당하는 전문가라는 것이다. 이와 같은 다양한 역할을 수행하는 보육교사에게는 무엇보다 교사로서 엄격한 자질을 요구한다. 구체적으로 보육교사의 자질은 개인적인 자질과 전문적인 자질로 구분할 수 있는데, 자세한 내용은 〈표 3-1〉과 같다(김경희 외, 2006; 시옥진 외, 2023).

표 3-1. 보육교사의 자질

구분	내용
개인적 자질	• 신체적 · 정신적으로 건강해야 한다. • 보육교사 자신에 대한 신뢰와 긍정적 자아개념의 소유자여야 한다. • 인간에 대한 애정과 관심이 있어야 한다. • 하루의 일과계획과 일정을 상황에 따라 조절할 수 있는 융통성이 있어야 한다. • 원만하고 조화로운 대인관계능력과 인내심이 있어야 한다. • 바람직한 언어행동과 효율적인 의사소통능력이 있어야 한다. • 즐겁게 영유아를 돌보며 따뜻한 정서적 관계를 형성할 수 있어야 한다.
전문적 자질	• 영유아의 발달단계에 대한 체계적이며 전문적인 지식을 갖추어야 한다. • 새로운 지식, 교수방법을 연구하여 영유아의 연령에 맞는 프로그램을 계획하고 조직하는 능력을 갖추어야 한다. • 자신의 업무를 유능하고 효과적으로 완수하며 영유아에게 양질의 프로그램을 제공하는 데 만족감과 기쁨을 느껴야 한다. • 영유아에 대한 책임을 부모와 공유하며 부모에게 양육에 대한 정보를 제공할 수 있어야 한다. • 윤리의식을 갖고 영유아의 개인차를 인정하며, 모든 영유아를 인격적으로 대우하며 편애하지 않아야 한다.

〈표 3-1〉의 보육교사의 자질을 살펴보면, 보육교사는 교사 개개인의 사람됨과 타인과 관계되는 개인적 자질과 영유아에 대한 전문적인 지식, 교육과정 및 교수에 대한 전문적인 지식과 운영기술, 교직에 대한 건전한 태도 및 윤리의식과 관련된 전문적인 자질을 갖추고 보육교사로의 역할을 충실히 수행해야 할 필요성이 있다.

2) 보육교사의 역할

보육교사 역할에 대한 기대는 과거 '보호자'의 개념에서 영유아에게 보호 이상의 다양한 자극을 주어 영유아의 발달을 촉진하고 미래를 준비시키는 '교육자'로서의 역할이 강조되면서 보육교사의 역할은 복합적이고 다양해졌다고 할 수 있다(Comelius, 1987). 즉, 보육교사는 영유아의 흥미와 발달에 따른 통합 놀이중심의 보육프로램을 운영하는 교육자, 질 높은 보육프로그램을 위해 연구하는 연구자, 영유아를 관찰하고 학부모와 상담을 하는 상담자 등의 역할을 하고 있으며, 행정 관계기관과 부모, 가족, 지역사회와의 관계를 형성하고 유지하는 역할 또한 요구받고 있다(김문희, 2011).

이처럼 보육교사의 역할은 시대적 변화와 요구, 보육기관의 유형, 적용되는 프로그램의 특성, 영유아의 특성 및 학부모의 요구에 따라 매우 다양하다. 일반적으로 보육교사는 영유아의 교육과 보육업무를 담당하며 보육계획안의 작성부터 보육활동 및 환경구성, 부모참여, 영양, 건강, 안정 등 폭넓은 업무를 담당하게 되는데, 보육교사의 역할을 구체적으로 살펴보면 〈표 3-2〉와 같다(고정곤 외, 2016; 시옥진 외, 2023; 최윤희 외, 2018).

표 3-2. 보육교사의 역할

구분	내용
보육과정 설계자로서의 역할	• 보육과정 운영계획 수립 • 연간, 월간, 주간, 일간 보육계획 수립 • 기타 보육활동계획 수립
보육과정 운영자로서의 역할	• 일과계획 및 운영 • 보육관련 행사 운영
교수학습 지도자로서의 역할	• 보육과정 지도자 • 학습조력자 • 상호작용자 • 활동제공자 • 상호학습조력자
생활지도자로서의 역할	• 부모의 역할 • 본보기 • 상담 및 조언자 • 훈육 • 대리양육자 • 대화자 • 도덕적 귀감자 • 지지자 • 촉진자 • 스트레스 관리자 • 문제해결자 • 설득자
보육환경 조성자로서의 역할	• 흥미영역 관리 • 공간구성 관리
교수–학습자료 제작 · 관리 · 활용자로서의 역할	• 교수학습 자료 제작 • 교수학습 자료 관리 • 교수학습 자료 활용
상호교류자로서의 역할	• 학부모와의 교류 • 지역사회와의 교류 • 보육행정가와의 교류 • 동료교사와의 교류
보육활동 평가자로서의 역할	• 관찰자 • 평가자

(1) 보육과정 설계자로서의 역할

보육교사의 가장 큰 역할은 보육과정 운영계획을 수립하는 것이다. 보육과정은 당해 보육기관에서 1년간 운영할 총체적인 보육계획으로 보육과정 운영계획을 보면, 당해 보육기관의 총체적인 운영 모습을 쉽게 이해할 수 있다. 일반적으로 보육과정 운영계획에는 보육기관 현황, 보육프로그램 운영, 지도계획, 보육행사계획, 시설관리계획, 보육환경구성계획, 생활지도계획, 부모교육계획, 보육과정 평가계획

등이 포함된다.

(2) 보육과정 운영자로서의 역할

보육과정 설계자로서의 역할은 합리적인 절차를 통해 보육과정을 편성하는 것을 의미하며, 보육과정 운영자로서의 역할은 편성된 보육과정을 합리적으로 운영하여 기관 및 학급의 보육목표를 실현하고 영유아들의 잠재능력을 계발시켜 주는 활동을 의미한다. 보육과정 운영에는 교수학습지도, 생활지도, 행사지도, 일과운영, 지역사회 자원 활용 등 다양한 활동들이 포함된다.

(3) 교수학습 지도자로서의 역할

영유아보육기관에서 수립한 보육과정 계획은 궁극적으로는 일일 보육활동계획에 반영되어 교사의 교수학습 지도를 통하여 구체화되고 실현된다. 따라서 보육교사가 훌륭한 교수학습 방법을 적용하여 일일 보육계획을 계획하고 지도한다면 효율적으로 교수학습 목표를 구현할 수 있다. 여기에서는 보육과정 지도자, 학습조력자, 상호작용자, 활동제공자 및 상호학습협력자로서의 역할을 수행하게 된다.

(4) 생활지도자로서의 역할

영유아보육은 '영유아의 생활에서 출발하여 영유아 생활로 되돌아온다'라고 말한다. 이 말은 영유아보육활동 내용은 영유아의 생활경험 속에서 학습활동을 계획, 전개하고 학습된 경험이나 결과는 영유아의 현재 생활 속에서 적용되어 영유아의 생활을 바람직하게 이끌어간다는 의미이다. 따라서 영유아 생활 자체가 교육의 현장이고 소재이다. 다시 말해 영유아의 생활 자체는 아주 광범위하므로 생활지도자로서의 역할 또한 광범위하지만 일반적으로 부모의 역할, 본보기, 상담 및 조언자, 훈육, 대리양육자, 대화자, 도덕적 귀감자, 지지자, 촉진자, 스트레스 관리자, 문제해결자 및 설득자로서의 역할을 수행하게 된다.

(5) 보육환경 조성자로서의 역할

보육환경은 단순히 물리적 기능만이 아니라 영유아의 성장과 발달에 끊임없이 정신적 · 정서적인 영향을 주므로 가정과 같이 친근함과 안락함이 있게 꾸며야 한다. 보육환경으로서의 흥미영역과 실내공간 구성이 대표적이다. 우리나라 표준보육과정에서는 교육과 보육의 효율성을 높이기 위해 흥미영역 설치를 의무화하여 놀이중심으로 학습을 이끌어가도록 유도하고 있다. 따라서 교사는 어린이집 실정에 맞는 흥미영역을 실내 · 외에 반드시 설치 · 운영해야 한다. 그리고 어린이집 보육실에는 흥미영역 외에 벽면과 천장공간을 어떻게 구성하느냐에 따라서 영유아의 학습효율성과 보육실 내의 아늑하고 부드러운 정서적 분위기가 달라진다. 그러므로 교사는 실내공간을 정서적으로 구성함은 물론 다양한 구성물들을 영유아발달에 도움이 되도록 마련해 주어야 한다.

(6) 교재 · 교구 제작 및 관리 · 활용자로서의 역할

오감을 활용한 직접적인 체험을 통한 보육이 중요하므로 교재 · 교구를 충분히 확보하고 적절하게 활용하는 것은 매우 중요하다. 먼저 교재 · 교구를 확보하기 위해서는 교재 · 교구별로 기준량에 따른 현재 보유량을 파악하고, 부족 시에는 교재 · 교구 현황에 따른 확보계획을 세워 점차적으로 확보를 해야 한다. 그리고 정비된 교재 · 교구는 교재 · 교구 자료실을 설치하여 보관 · 관리한다. 그리고 교재 · 교구 자료 관리대장을 비치 활용한다. 교재 · 교구 활용은 필요한 교재 · 교구는 반드시 교수학습 지도에 활용하며 교재 · 교구 · 자료의 활동 및 반환 대장을 비치 활용해야 한다.

(7) 상호교류자로서의 역할

보육활동의 효율성을 높이기 위해 보육활동에 직접적으로 영향을 주는 학부모, 지역사회, 보육행정가 및 동료교사들 간의 적절한 상호교류가 이루어져야 한다. 구체적으로 부모를 통하여 영유아의 효율적인 지도를 위한 각종 정보를 수집하여 영유아 보육지도계획 수립 및 지도에 활용하고, 교사는 부모교육을 체계적으로 계획 · 실시하여야 한다. 그리고 지역사회에 있는 보육기관은 지역사회의 특성과 요구를 반영하여 보육과정 운영계획을 편성 · 운영하고 보육행정가와의 교류를 통하여 보육정책은 물론 다양한 보육정보 및 자료를 수집해야 한다. 마지막으로 보육교사는 항상 동료교사들과 어떻게 좋은 인간관계를 형성하느냐에 대해 관심을 갖고 영유아지도를 위한 각종 정보를 교환해야 한다.

(8) 보육활동 평가자로서의 역할

보육기관에서는 보육과정 운영계획에 따른 보육활동을 전개한 후, 그 성과를 평가하고 영유아 개인별로 성장 발달에 대한 성과를 평가하여 평가결과를 다시 보육과정 운영계획을 수립하거나 영유아 개인별 지도계획 수립에 반영해야 한다.

3) 표준보육과정과 누리과정의 운영의 책임과 역할

영유아를 위한 국가 수준의 보육과 교육과정은 2020 제4차 표준보육과정과 2019 개정 누리과정으로 구분할 수 있다. 먼저 국가 수준의 표준보육과정은 어린이집의 0~2세 영유아들에게 제공하는 보편적이고 공통적인 보육의 목표와 내용을 제시한 것으로 0~1세 보육과정, 2세 보육과정으로 구성된다. 그리고 누리과정은 2019년에 개정되었는데 어린이집과 유치원의 3~5세 유아에게 적용되는 교육과정이다. 2020년에 개정된 국가 수준의 어린이집 제4차 표준보육과정은 영유아의 전인적 발달과 우리 문화에 적합한 내용을 일관성 있고 연계적으로 실천하며, 궁극적으로 사회에서 추구하는 인간상을 구현하고, 전국 어린이집의 질적 수준을 높이는 데 기여하는 것을 목적으로 하고 있다. 이러한 국가 수준의 표준보육과정과 누리과정의 구체적인 목적과 목표는 〈표 3-3〉과 같다.

표 3-3. 표준보육과정과 누리과정의 목적과 목표

제4차 어린이집 표준보육과정(2020)	개정 누리과정(2019)
표준보육과정의 목적은 영유아가 놀이를 통해 심신의 건강과 조화로운 발달을 이루고 바른 인성과 민주 시민의 기초를 형성하는 데에 있다. 이를 실현하기 위한 목표는 다음과 같다. **[0~2세 보육과정 목표]** 가. 자신의 소중함을 알고 건강하고 안전한 환경에서 즐겁게 생활한다. 나. 자신의 일을 스스로 하고자 한다. 다. 호기심을 가지고 탐색하며 상상력을 기른다. 라. 일상에서 아름다움에 관심을 가지고 감성을 기른다. 마. 사람과 자연을 존중하고 소통하는 데 관심을 가진다. **[3~5세 보육과정 목표]** 가. 자신의 소중함을 알고, 건강하고 안전한 생활 습관을 기른다. 나. 자신의 일을 스스로 해결하는 기초능력을 기른다. 다. 호기심과 탐구심을 가지고 상상력과 창의력을 기른다. 라. 일상에서 아름다움을 느끼고 문화적 감수성을 기른다. 마. 사람과 자연을 존중하고 배려하며 소통하는 태도를 기른다.	누리과정의 목적은 유아가 놀이를 통해 심신의 건강과 조화로운 발달을 이루고 바른 인성과 민주 시민의 기초를 형성하는 데에 있다. 이를 실현하기 위한 목표는 다음과 같다. 가. 자신의 소중함을 알고, 건강하고 안전한 생활 습관을 기른다. 나. 자신의 일을 스스로 해결하는 기초능력을 기른다. 다. 호기심과 탐구심을 가지고 상상력과 창의력을 기른다. 라. 일상에서 아름다움을 느끼고 문화적 감수성을 기른다. 마. 사람과 자연을 존중하고 배려하며 소통하는 태도를 기른다.

2019 개정 누리과정과 2020 제4차 표준보육과정은 이전 교육과정과 비교해 '유아'와 '놀이'의 중요성을 크게 강조하는 교육과정으로서 유아가 주도하는 놀이를 중요시하고, 이를 기반으로 교육과정을 구성하였다는 점에서 그 의미가 크다. 즉, 개정된 누리과정과 표준보육과정에서 추구하는 놀이중심, 유아중심의 정신이 놀이중심 교육과정을 표방하고 있다고 할 수 있다(정영미, 2020).

진정한 놀이중심 교육이란 유아가 자발적인 흥미를 가지고 시작한 놀이를 교사가 따라가며, 이를 바탕으로 교육과정을 구성하고 실행하는 방향으로 진행되는 교육을 의미한다. 따라서 유아의 흥미와 욕구에 따라 놀이가 이루어지다 보니 놀이의 진행 방향, 즉 교육과정에 대한 정확한 예측이 어렵기 때문에 이전에 교사가 계획하여 운영하였던 교육과정의 내용과는 확연한 차이를 보일 수밖에 없다.

이처럼 놀이와 유아의 요구에 큰 비중을 두게 되면서 이전 교육과정에 비해 유아와 교사 모두 훨씬 더 많은 자율성과 권한의 범위가 생긴 누리과정과 표준보육과정은 새로운 교육과정에 대한 충분한 지식을 갖추지 않으면 자유로운 틀과 목표 아래 자칫 교육과정이 추구하는 방향성을 잃어버린 채 유아와의 놀이상황을 방임 혹은 방관할 수 있게 되는 큰 위험이 도사리고 있다. 또한 일부 교사의 경우 교사가 계획한 교육과정 자체가 놀이중심 교육과정의 목표와 반하는 방향이라고 잘못 인지하여 교육현장에서 아무런 개입과 계획도 없이 그저 유아들을 바라만 보는 것이 올바른 수업 방식이라고 생각하기도 한다. 이처럼 놀이중심 교육과정 속에서 교사의 적절한 개입의 기준선에 대한 모호함과 혼란으로 아직까지 현장에서는 어려움을 겪는 교사들이 많은 것이 현실이다(정혜욱 외, 2019).

자유에는 언제나 그만한 책임이 따르기 때문에 이러한 성격을 가지는 교육과정일수록 그에 적합한 지식과 정확한 목표의식을 지니고 있는 교사의 모습이 요구된다. 따라서 개정 누리과정과 제4차 표준보육과정의 올바른 실행을 위해 교사는 교육과정에 대한 정확한 지식을 갖추고, 현장에서 유아의 놀이를 계획하고, 관찰하고, 참여하고, 지원하고, 연구하는 여러 가지 역할을 책임감 있게 수행해야 한다(이현내, 2021). 개정 누리과정과 제4차 표준보육과정 운영을 위한 보육교사의 책임과 역할을 네 가지, 즉 민감한 관찰자, 유연할 계획자, 협력적 지원자 및 실천하는 연구가로 구분하여 살펴보면 다음과 같다(문주련, 2021).

그림 3-1. 개정 누리과정과 제4차 표준보육과정 운영의 책임과 역할

(1) 민감한 관찰자로서의 교사

교사는 시시각각 변화하는 유아의 놀이흐름을 이해하고, 이를 적절하게 지원하기 위해 유아의 놀이장면을 민감하게 관찰해야 한다. 그리고 유아의 놀이장면을 주의 깊게 바라보는 동안 교사는 적절한 순간과 적절한 방법을 찾아 놀이를 지속할 수 있는 요소를 제공하여야 한다. 교사의 어설픈 관찰로 인한 놀이지원과 개입은 자칫 유아의 놀이흐름을 망칠 수도 있다. 따라서 유아교사의 올바른 관찰은 유아들의 놀이 맥락을 정확하게 이해할 수 있고, 유아에게 어떠한 방법으로 무엇을 지원해 주어야 할지를 보다 명확하게 해준다. 이러한 교육적 의도를 가진 관찰을 통해 얻어낸 유아의 흥미와 요구를 기반으로 교사는 배움의 중요한 순간을 포착하고, 진정한 놀이중심 교육과정 운영을 위한 계획을 세울 수 있게 된다. 이때 교사는 유아의 놀이를 방해하지 않는 선에서 성인의 시선이 아닌, 유아의 시선으로 놀이를 관찰하여야 유아의 의도를 보다 이해하기 수월해진다(유상희, 2020; 정영미, 2020).

다시 말해 교사는 자신의 모든 감각을 동원하여 유아의 작은 행동 하나와 말투 하나에서도 숨은 의미를 파악하고 민감하게 받아들여야 하며, 이를 통해 유아들의 놀이 맥락 속에서의 경험과 교과지식의 유기적 통합을 이룰 수 있게 된다(정혜욱 외, 2019).

(2) 유연한 계획자로서의 교사

놀이중심 교육과정은 교사의 계획과 주도성이 배제된 제한 없는 자율성만을 강조하는 교육과정이 아니다. 즉, 유아의 놀이는 교사의 목표와 계획이 어느 정도 개입된 경우에 교육적으로 더욱 의미 있고, 활발하고 지속적으로 이루어질 수 있다. 교육적 목표가 놀이를 매개로 하는 배움일 경우 교육과정의 계획은 더더욱 필수적 요건이 된다. 따라서 개정 누리과정과 표준보육과정의 경우 교사가 사전에 의도한 대로 이루어지는 교육과정이 아니라 유아와 함께 현장에서 만들어가는 교육과정인 만큼 교사 자신의 의도만을 고집하지 않고, 상황과 환경에 따라 교육과정을 수정하고 반영할 줄 아는 유연함을 보여주는 교사의 모습이 매우 중요하다(유상희, 2020; 정혜욱 외, 2019).

다시 말해 교육과정을 계획하는 과정에서 교사는 유아의 놀이과정의 변화와 요구를 민감하게 파악하여 이를 반영할 수 있어야 한다. 유아의 변화와 요구를 교육과정 운영의 기반으로 삼기 위한 교사의 허용적이고, 개방적인 태도는 교사가 다양한 경우의 수를 과감하게 선택할 수 있는 용기를 가질 수 있도록 돕는다.

(3) 협력적 지원자로서의 교사

교사는 교실에 있는 매 순간 유아의 놀이를 위해 다양한 노력을 해야 한다. 교사는 교실에 존재할 수 있는 유일한 성인으로 유아의 놀이를 존중하는 마음을 가지고, 유아와 가장 가까운 곳에서 유아의 놀이를 끊임없이 지원해주어야 한다. 교사가 교실에서 매일 이루어지는 유아와 함께 놀이하기, 유아가 요구하는 재료 신속하게 찾아 제시하기, 안전하게 놀이할 수 있는 환경을 제공하기, 유아의 놀이를 관찰하여 올바르게 평가하기, 이를 교육과정에 반영하여 계획 세우기 등의 행위가 바로 유아의 놀이에 협력하는 지원자의 역할에 해당된다(유상희, 2020; 정혜욱 외, 2019).

다시 말해 현장에서 어떠한 방식으로 유아의 놀이를 지원하든지 간에 교사는 유아 개인의 가능성을 최대한 확장시킬 수 있는 환경을 제공하고, 유아가 정말 필요로 하는 자원을 필요한 시점에 적절한 방식으로 지원해야 한다는 태도를 기본적으로 가지고 있는 교사라면, 그 교사는 이미 유아에게 충분히 협력적인 지원자의 역할을 하고 있는 것이다. 놀이중심 교육과정이 기초가 된 개정 누리과정과 표준보육과정에서도 교사는 유아의 놀이 지원자이자 협력자가 되어야 함을 강조하고 있다.

(4) 실천하는 연구가로서의 교사

놀이중심 교육과정에서 교사는 유아의 일상적 탐구과정을 교육적 의미로 끌어올리기 위해 두 행위 사이의 연결고리에 대한 실제적이고 자세한 지식을 연구하여 연계할 수 있어야 한다. 이 과정에서 교사는 유아와 같이 호기심 어린 시선으로 현상을 창의적으로 탐구하여 자신만의 실천적 이론을 구성하고 실천해 나갈 수 있는 능력을 갖추어야 한다. 놀이중심 교육과정을 추구하는 교사는 이처럼 틀에 박히지 않고 늘 새로운 관점으로 다양하게 사물을 바라볼 수 있는 교사이다. 그러기 위해 교사는 끊임없는 자기계발과 성찰로 자신이 걸어온 발자국을 수시로 되돌아 보며 자신의 부족한 점을 채워나갈 줄 알아야 한다. 왜냐하면 자신만의 교육적 철학과 확고한 신념이 놀이중심 교육과정을 지속시키는 원동력이 될 수 있기 때문이다(이경화, 2019; 정혜욱 외, 2019).

유아교육기관에서 근무하는 대부분의 교사들에게 '연구가', '연구자'라는 호칭이 아직은 낯설지 모른다. 하지만 교실 속에서 늘 새로운 결과에 도달하기 위해 유아들과 탐구하고, 도전하는 모습을 반복하는 교사들이야말로 바로 놀이중심 교육과정 속 이상적인 연구자라고 할 수 있다.

2. 유아-교사 간 상호작용

1) 상호작용의 개념

상호작용이란 둘 이상의 개체가 모여 타인 또는 사물과 어떤 관계를 맺을 수 있는 다양한 과정과 방법을 통틀어 일컫는 말이다. 여기서 가리키는 개체는 비단 사람과의 관계뿐 아니라 사람-사람, 사람-사물, 사물-사물, 사물-현상, 사람-현상, 현상-현상 등의 여러 유형처럼 물리적 환경이나 현상에서 나타나는 경우도 이에 포함된다(이재민, 2020).

보통 두 가지 개체가 모이면 여러 가지 현상 또는 반응이 발현되는데, 그 현상의 원인과 결과에 대한 상호 간의 생각과 느낌을 나누는 교류 또한 상호작용에 해당되며(이경미, 2016), 이를 통해 개체들은 서로 보다 밀접한 관계를 맺을 수 있게 된다. 이러한 상호작용은 행위적, 언어적, 비언어적 등의 방식을 통해 직접 또는 간접적으로, 개별 또는 집단으로 이루어짐으로써 상호적 관계를 맺게 된다. 이러한 상호작용을 통해 두 개체는 보다 의미있는 맥락 속에서 서로의 자극을 주고받으며, 정보 및 태도를 교환할 수 있게 된다(현지현, 2021).

위의 내용을 종합해보면 상호작용이란 각기 다른 개체들이 서로의 생각, 정보, 느낌, 태도뿐 아니라 상호 간의 모든 것을 공유하고, 그로 인한 영향을 주고받으며, 보다 끈끈한 관계를 형성하는 아주 폭넓은 과정을 의미한다. 이러한 상호작용을 나눌 수 있는 개체의 범위는 인간을 포함한 생명체뿐 아니라 환경 및 물리적 현상들까지 포함된다.

2) 유아–교사 간 상호작용의 개념

유아-교사 간 상호작용이란 교실 속에서 일어나는 교수학습 과정 중 유아와 교사 간의 유의미한 교육적 의사소통을 의미하며, 질문과 대답 등을 포함한 언어적 의사소통과 눈빛, 스킨십, 표정과 같은 비언어적 의사소통 모두를 포함한다(김민선, 2015; 현지현, 2021). 그리고 교실 속 유아-교사 간 상호작용은 개별 또는 집단의 형태로 이루어지기도 한다. 여러 학자의 개념 정의를 토대로 유아-교사 간 상호작용의 개념에 대해 살펴보면 〈표 3-4〉와 같다(현지현, 2021).

표 3-4. 학자에 따른 교사–유아 상호작용의 개념과 유형

구분	개념
Bredekamp과 Rosegrant(1992)	교실에서 나타나는 교사의 교수행동 연속체
최미애(2000)	교육의 효과에 영향을 미치는 교수학습 과정에서 일어나는 교사와 유아 간의 의사소통
곽희경(2011)	교육효과에 영향을 미치는 교수학습 과정에서 일어나는 교사–유아 간 언어적, 비언어적 상호작용을 모두 포괄
장미순(2012)	교수학습 과정에서 일어나는 교사와 유아 간의 모든 의사소통
모연례(2014)	교사가 교육프로그램 안에서 매일 유아에게 보여주는 전반적인 태도 및 행동
강선미(2015)	교수학습법 과정에서 일어나는 교사–유아 간의 언어적, 비언어적 의사소통
구자영(2017)	문화, 사회에 적합한 방법으로 유아의 감정과 신념을 표현하도록 하는 것
김유리(2018)	교수학습에서 일어나는 교사–유아 사이에서 발생되는 모든 접촉 · 교육적 효과를 결정하게 되는 것
이수미(2019)	교수학습 과정에서 일어나는 교사와 유아 간의 의사소통 · 교사가 전반적인 교육과정과 일과 속에서 실행하며 나오는 언어적, 비언어적 상호작용

구분	개념
고효주(2019)	교육의 효과에 영향을 미치는 교수학습 과정 속에서 나타나는 교사와 유아 간의 모든 접촉
김수진(2020)	유아의 전반적인 성장과 발달에 영향을 미치고, 교육의 효과와 결과를 좌우하는 요인 · 교사와 유아 사이의 언어적, 비언어적 접촉
현지현(2021)	교실에서 일어나는 모든 교사와 유아의 상호적인 정서적, 언어적, 행동적 접촉

〈표 3-3〉에서 보는 것과 같이 여러 학자들에 의해 유아-교사 간 상호작용을 꾸준히 언급해 왔다. 비록 각 학자마다 개념적 정의에서 미세한 차이가 나타나기는 하지만 유아-교사 간 상호작용에는 교사와 유아라는 대상의 쌍방 간의 소통, 교수학습 과정에서 나타나는 교육적인 유의미함, 언어적 · 비언어적 행동과 태도를 포함한 모든 접촉이라는 공통점들을 지니고 있다.

따라서 유아-교사 간 상호작용이란 유아교육기관에서 유아와 교사가 함께 지내는 동안 서로에게 유의미하게 주고받을 수 있는 교육적인 의사소통을 의미한다. 놀이중심 교육과정 속에서의 유아-교사 간 상호작용은 놀이와 활동, 일상생활을 포함하는 하루 일과 중 일어나게 되는 언어적 · 비언어적 행동을 포함한 신호(signal)이다. 이는 유아의 요구에 반응하고 놀이를 통한 배움과 성장을 지원하는 성격을 가지며, 개별적, 집단적 상호작용의 형태 모두를 포괄한다. 이러한 상호작용은 놀이중심 교육과정의 특성상 교사의 일방적인 주도하에 이루어질 수 없으며, 상호작용이 가진 본연의 의미를 잘 보존하여 교사와 유아 쌍방향의 소통이 필수로 이루어져야 한다(현지현, 2021).

3) 유아-교사 간 상호작용에서의 어려움

유아-교사 간 상호작용은 유아교육기관에서 일어나는 교수학습 과정 중 발생하는 유아와 교사 간의 모든 접촉이다. 이처럼 상호작용으로 분류할 수 있는 행위의 범위가 매우 폭넓기 때문에 하루 동안 유아교육기관에서 일어나는 상호작용은 정말 쉴 새 없고, 매우 빈번하게 일어나게 된다. 즉, 등원맞이, 화장실 사용 및 안전에 관한 생활습관 및 안전지도부터 놀이상황, 낮잠 및 휴식시간, 식사지도, 하원지도, 다툼 중재 및 다양한 문제상황 해결 등 하루 일과가 진행되는 동안 교사는 여러 아이들과의 끊임없는 언어적 · 비언어적 상호작용을 하게 된다. 뿐만 아니라 교사는 개별 유아와 정서적 유대감을 형성하고, 그들의 어려움을 지지하기 위해 일과가 진행되는 중간 중간 각 개인의 유아에게도 친밀한 상호작용을 시도하게 된다.

앞서 언급했듯이 놀이중심 교육과정은 유아의 흥미와 관심사에서 발현된 놀이들로 형성되는 교육과정이기에 이를 구성하고 실행하는 교사와 놀이를 주도하는 개별 유아의 자율성에 대한 허용 범위가 매우 크다. 더불어 이 교육과정의 특성상 개별 유아의 개성과 발달 정도와 같은 유아 한 명, 한 명의 특징에 대한 부분에 더 많은 초점을 두고 바라보아야 한다. 즉, 교사는 각 개별 유아의 욕구(needs)와 흥미에 대해 유아와 대화를 나누면서 신속하게 파악하고, 그 속에서 유아의 수준과 개인차를 읽어내야 하며, 파악한 정보를 토대로 적절한 놀이환경을 지원해 주어야 하므로, 이전 교육과정들에 비해 더 빨리, 더 부지런히, 더 정확히 움직여야 이 모든 것들을 수행해 나갈 수 있다. 실제로 개정 누리과정과 표준보육과정에서는 유아-교사 간 교수학습 방법의 하나로 상호작용의 중요성에 비중을 두고 있으며, 이와 관련 연구도 증가하고 있는 추세이다. 이는 놀이중심 교육과정 속에서 교사의 역할과 책임이 이전보다 강조되고 있고, 상호작용의 질이 유아의 발달과 성장에 직접적으로 미치는 영향과 나아가 유아교육에 미치는 영향력이 막강함을 시사하고 있다(이재민, 2020).

아울러 놀이중심 교육과정 속에서 일어나는 빈번하고 지속적인 유아-교사 간 상호작용은 서로 주고받는 횟수나 양보다는 유아의 발달수준에 적절하고 반응적인 질 높은 상호작용을 이루어냈는지가 더욱 중요하기 때문에 올바른 상호작용에 대한 부담감이 높아질 수밖에 없다. 이러한 내용을 토대로 유아-교사 간 상호작용을 방해할 수 있는 몇 가지 요인을 나타낸 선행연구들을 살펴보면 다음과 같다.

첫째, 많은 선행연구들에서 교사 대 아동비율과 학급 및 집단의 크기가 유아-교사 간 상호작용에 영향을 미치는 주요 요인이라고 언급하고 있으며, 개정 누리과정 실행과정 속에서도 현재의 턱 없이 높은 교사 대 아동비율이 개별 유아와의 깊이 있는 상호작용을 방해하며, 이는 놀이지원에도 부정적인 영향을 미친다고 언급하고 있다(민현지, 2021; 최선희, 2008). 따라서 진정한 놀이중심 교육과정이 이루어지기 위해서는 무엇보다 교사 대 아동비율을 지금보다 낮추는 것이 시급함을 시사하고 있다.

둘째, 교사들의 현재의 높은 교사 대 아동비율과 더불어 교육기관 자체 행사 및 과도한 행정업무로 인한 교사의 업무시간 부족, 교사 개인의 역량 부족 등의 원인으로 어려움을 호소하고 있다. 구체적으로 유아-교사 간 상호작용과 관련된 직접적인 원인으로 개별 영유아 기질에 대한 교사의 이해 부족과 더불어 과도한 업무량과 잦은 야근의 스트레스, CCTV로 인한 감시 분위기에 의한 긴장감, 업무량에 비해 낮은 처우와 복지제도로 인한 의욕 저하, 교사 재교육 기회와 같은 열악한 근무여건에 대해 지적하고 있다(김지성, 2021; 이경미, 2016).

따라서 이러한 어려움은 앞으로도 꾸준히 제기될 필요성이 있으며, 관련 전문 분야에 있는 많은 이들이 현실적인 문제의 심각성을 인식하여 점차적으로 개선할 수 있도록 노력해야 한다.

4) 교사-유아 간 상호작용의 실제

교사-유아 간 상호작용의 실제를 일과 운영 상황별 긍정적 상호작용의 실제와 평가인증 지표별 긍정적 상호작용의 실제로 구분하여 살펴보면 다음과 같다(강혜경 외, 2020).

(1) 일과 운영 상황별 긍정적 상호작용의 실제

어린이집의 하루 일과 중에는 긍정적으로 상호작용하기 쉽지 않은 다양한 상황이 발생한다(한국보육진흥원, 2018). 공공형어린이집 교사연수 심화과정에서 제시한 등원, 간식, 정리 시간, 대·소집단활동, 점심 시간, 낮잠 시간, 하원 시간의 일과 운영 상황별 긍정적 상호작용을 살펴보면 〈표 3-5〉와 같다(한국보육진흥원, 2015, 2018).

표 3-5. 하루 일과 속에서의 상호작용의 예

구분	상황	상호작용
등원	엄마와 헤어지기 힘들어 하는 영아가 등원 후 교실에서 계속 울고 있다.	• 부적절한 상호작용: "이렇게 계속 울면 선생님이 도와줄 수 없어요" • 긍정적 상호작용: "엄마랑 헤어지는 게 힘들어서 막 눈물이 나는구나. 그래 많이 슬프지. 선생님이 안아줄까?"
간식	간식을 먹는 자세가 좋지 않다.	• 부적절한 상호작용: "어머 우리 반에 동생반 친구가 왔나 보다" • 긍정적 상호작용: "○○야! 바로 앉아서 먹자. 그렇게 옆으로 누워서 먹으면 소화가 잘 안 돼요"
정리 시간	자유놀이 후 정리 시간에 영유아들의 장난감 정리가 늦어지고 있는 상황이다.	• 부적절한 상호작용: "자꾸 이렇게 정리를 안하면 이 장난감 치워버려야겠다" • 긍정적 상호작용: "정리하는 게 힘들구나. 이번에는 선생님하고 같이 정리해 볼까? 선생님은 쌓기 영역 정리하고, 너희들은 역할놀이 영역 정리하고 누가 더 빨리하나 시합해 볼까요?"
대 · 소집단 활동	한 유아의 활동 속도가 유난히 늦어 활동이 늘어지는 상황이다.	• 부적절한 상호작용: "다른 친구들은 벌써 다 했는데 너는 이제까지 뭐 했니?" • 긍정적 상호작용: "우리 이제 10분 있으면 정리하고 점심 먹으러 갈 시간인데, 그때까지 다 못하면 낮잠 자고 오후에 또 해보자"
점심 시간	특정 반찬을 싫어하는 유아가 입에 음식물을 물고 삼키지 않는다.	• 부적절한 상호작용: "원장님, 이 친구 좀 보세요. 애기처럼 아직도 입에 음식을 물고 있어요" • 긍정적 상호작용: "○○는 이 반찬이 싫구나. 그럼 오늘은 한 개만 먹어볼까?"
낮잠 시간	낮잠 시간에 이불을 펴자 영아가 울기 시작한다.	• 부적절한 상호작용: "너는 왜 이불만 펴면 우니? 잠 안 오더라도 그냥 누워 있기만 하라니까" • 긍정적 상호작용: "○○는 낮잠 자는 게 싫구나. 낮잠 자기 싫으면 안자도 돼. 친구들 잠들 때까지만 잠깐 누워 있다가 친구들 잠들고 나면 다시 일어나자. 그동안 선생님이 ○○를 토닥토닥해 줄게요"
하원 시간	엄마가 왔는데 유아가 더 놀고 싶어 한다.	• 부적절한 상호작용: "그럼 엄마 그냥 가시라고 할까?" • 긍정적 상호작용: "친구들이랑 더 놀고 싶구나. 그럼 엄마에게 기다려줄 수 있는지 물어볼까?"

(2) 평가인증 지표별 긍정적 상호작용의 실제

교사와 영유아 간 상호작용의 질은 보육의 질은 물론 영유아의 자존감 발달 및 삶의 질에 영향을 미치게 된다(한국보육진흥원, 2018). 평가인증 지표별 긍정적 상호작용은 교사–영유아 간 긍정적 상호작용, 영유아 간 상호작용이 있다. 상호작용별 교사 역할의 구체적인 예를 살펴보면 다음과 같다(강혜경 외, 2020).

① 교사–영유아 간의 긍정적 상호작용

어린이집 평가인증에서는 긍정적 상호작용의 실제를 교사–영유아 간의 긍정적 상호작용 지표인 6개 항목으로 평가한다. 그 내용은 첫째, 교사는 신체적 특성, 가족 및 민족 배경 등으로 인한 편견 없이 모든 영유아를 존중하기, 둘째, 교사는 영유아의 기질, 정서적 상태, 놀이 선호 등을 파악하여 적절히 반응하기, 셋째, 교사는 영유아의 개별적 요구나 질문을 주의 깊게 듣고, 적절하게 반응하기, 넷째, 교사는 영유아가 이해할 수 있는 내용으로 눈을 마주치며 이야기하기, 다섯째, 교사는 위협, 비난, 조롱 등 부정적 언어 사용하지 않기, 여섯째, 교사는 칭찬과 격려를 통해 영유아에게 자신감 주기이다. 구체적인 내용은 〈표 3-6〉과 같다(보건복지부, 한국보육진흥원, 2019; 한국보육진흥원, 2018).

표 3-6. 교사–영유아 간의 긍정적 상호작용

구분	상황	상호작용
편견 없이 영유아 존중하기	교사는 신체적 특성, 가족 및 민족 배경 등으로 인한 편견 없이 모든 영유아를 존중한다.	• 영유아의 사회 · 경제적 지위, 문화적 배경, 종교, 인종, 성별, 신체적 능력 등에 관계없이 평등하고 일관성 있는 말과 행동으로 영유아를 대한다. – 부정적 상호작용: 남자니까 울지 말고 씩씩하게 일어나! – 부정적 상호작용: 자동차는 남자 친구들 하라고 하고, 우린 인형놀이 하자. • 영유아의 외모, 성격, 옷차림, 행동 등을 비난하거나 부정적인 평가를 하지 않는다. – 부정적 상호작용: 넌 매일 울기만 하니? – 부정적 상호작용: 그 옷은 네게 안 어울린다.
적절히 반응하기	교사는 영유아의 기질, 정서적 상태, 놀이 선호 등을 파악하여 적절히 반응한다.	• 개별 영유아의 기질과 생활리듬을 알고, 어떤 상황이나 요인(소리, 맛, 음식 냄새, 신체접촉, 낮잠, 화장실 사용, 낯선 환경)에 대해 특히 더 민감한지 파악하여 개별적인 상호작용을 한다. – 긍정적 상호작용: ○○는 낮잠 잘 때 ○○(인형이름)도 같이 재워주면 좋겠구나. • 영유아의 정서적 상태나 기분에 따라 따뜻한 말, 긍정적 표정 및 몸짓으로 반응하여 안정감을 준다.

구분	상황	상호작용
		– 긍정적 상호작용: 기분이 안 좋아 보이는구나. – 긍정적 상호작용: 슬퍼서 눈물이 났구나. – 긍정적 상호작용: 잠이 덜 깼나 보다. 아직 벌떡 일어나고 싶은 마음이 안 드나 보네. 조금 더 있다가 일어날까? – 긍정적 상호작용: ○○야, 오늘 어디가 불편하니? • 영유아가 부정적 정서 등을 표현할 때 우선 안정을 찾도록 도와주고, 원인을 파악한다. – 긍정적 상호작용: (안아주면서 등을 토닥이며) ○○가 무척 속상했구나. – 긍정적 상호작용: 무엇이 ○○를 속상하게 했는지 말해 줄 수 있겠니? • 개별 영유아의 놀이 선호(놀이 흥미, 현재의 관심사, 놀이수준, 놀이종류, 놀이 지속시간, 친구 관계 등)를 세심히 관찰하여 개별 특성에 맞게 상호작용한다. – 긍정적 상호작용: ○○가 좋아하는 기차를 종이에 그려볼까? – 긍정적 상호작용: ○○가 좋아하는 병원놀이 해볼까?
요구파악과 질문에 반응하기	교사는 영유아의 개별적 요구나 질문을 주의 깊게 듣고, 적절하게 반응한다.	• 영유아가 언제든지 개별적 요구를 표현하고 질문할 수 있도록 기회를 준다. – 긍정적 상호작용: ○○가 무엇을 하고 싶은지 얘기해 주겠니? – 긍정적 상호작용: 참 재미있는 질문이구나. • 영유아가 요구나 질문을 할 때 시선을 맞추고 고개를 끄덕이는 등 수용적 행동을 하며 끝까지 주의 깊게 듣는다. – 긍정적 상호작용: ○○야! 지금 △△랑 이야기를 하고 있는데 조금만 기다려 줄 수 있겠니? • 영유아의 개별적인 요구나 질문에 즉시 언어적·비언어적으로 적절하게 반응한다. – 긍정적 상호작용: (영아가 무하고 소리 낼 때) 아, ○○가 물 먹고 싶구나. 물 여기 있어요. – 긍정적 상호작용: 선생님도 궁금한데 우리 같이 책을 찾아 볼까? – 긍정적 상호작용: 영유아와 눈 맞추기, 따뜻한 시선 보내기, '음' 등의 수용적 억양, 경청하는 표정 짓기, 미소 짓기, 끄덕이기 등
눈 마주보기	교사는 영유아가 이해할 수 있는 내용으로 눈을 마주치며 이야기한다.	• 영유아의 이해 수준에 맞는 어휘나 방법을 사용한다. – 긍정적 상호작용: 이건 명함이라고 한단다. 다른 사람에게 '내 이름이 ○○○이에요'라고 이 종이에 이름을 써서 주는 거란다. • 영유아에게 자연스럽고 부드러운 억양과 어조로 이야기한다. – 긍정적 상호작용: (부드러운 표정과 자연스러운 톤으로) 얘들아 이제 장난감 정리할 시간이에요.

구분	상황	상호작용
부정적 언어 사용하지 않기	교사는 위협, 비난, 조롱 등 부정적 언어를 사용하지 않는다.	• 위협, 비난, 조롱 등 영유아를 부정적으로 평가하는 말과 행동을 하지 않는다. – 부정적 상호작용: 선생님 말 안 들어서 또 잃어버렸잖아. – 긍정적 상호작용: 잃어버려서 속상하겠다. 선생님하고 다시 찾아보자. 그리고 다음부터는 바구니나 서랍장에 넣어두면 잃어버리지 않을 거야. • 영유아의 행동을 제지하거나 통제할 필요가 있을 때 상황을 객관적으로 설명하며 영유아가 해야 할 구체적인 행동을 분명하게 설명한다. – 부정적 상호작용: 선생님이 허락할 때까지 만지지 말고 보고만 있어요. – 긍정적 상호작용: 조금만 뒤로 가주면 다른 친구가 보일 것 같아요.
칭찬과 격려하기	교사는 칭찬과 격려를 통해 영유아에게 자신감을 준다.	• 영유아에게 칭찬이 필요할 경우, 즉시 구체적 행동을 언급하며 칭찬한다. – 긍정적 상호작용: ○○가 블록을 높게 쌓아서 탑을 만들었네. – 긍정적 상호작용: 친구에게 장난감을 나눠주니까 친구가 참 좋아하는구나. • 영유아가 어려운 일을 시도하거나 용기가 필요할 때 구체적인 행동을 언급하여 격려한다. – 긍정적 상호작용: 조금은 겁이 나지만, 이 일을 해낼 수 있을 거야. 선생님 손을 잡고 평균대 위를 걸어보자. 한 걸음만 먼저 해 볼까?

② 영유아 간 상호작용 시 교사의 역할

영유아 간 상호작용 시 교사의 역할 지표는 4개 항목으로 평가한다. 그 내용은 첫째, 교사는 영유아가 일상생활에서 또래와 긍정적 상호작용을 하도록 격려하기, 둘째, 교사는 영유아가 자신의 의견이나 생각을 또래에게 말로 표현하도록 격려하기, 셋째, 교사는 영유아가 적절한 약속과 규칙을 알고 지킬 수 있도록 격려하기, 넷째, 교사는 영유아 간 다툼이나 문제가 발생하지 않도록 환경을 마련하고, 발생 시 적절하게 개입하기이다. 구체적인 내용은 〈표 3-7〉과 같다(보건복지부, 한국보육진흥원, 2019; 한국보육진흥원, 2018).

표 3-7. 영유아 간 상호작용 시 교사의 역할

구분	상황	상호작용
또래관계 격려하기	교사는 영유아가 일상생활에서 또래와 긍정적 상호작용을 하도록 격려한다.	• 영유아의 의사소통능력이나 발달수준 등을 고려하여 또래와의 긍정적 상호작용을 할 기회를 자연스럽게 제공한다. – 긍정적 상호작용: (또래와 상호작용 없이 소꿉놀이 영역에서 놀이하고 있는 영아 옆에 가서) 친구야 안녕. 내 이름은 사랑이야. 인형에게 우유를 주고 있구나. 나도 우유가 먹고 싶은데 우유 좀 나눠주겠니? • 영유아 간 긍정적 상호작용이 관찰될 때 이에 대해 칭찬하거나 격려한다. – 긍정적 상호작용: ○○가 나눠주니까 △△가 참 좋아하는구나. – 긍정적 상호작용: ○○가 △△를 보고 웃고 있네. △△이도 웃어줄까? • 영유아의 서로 다름(생각, 행동, 모습)을 인정하는 태도를 보이고 이를 영유아에게 설명한다. – 긍정적 상호작용: (○○가 블록 위로 자동차를 굴렸다고 화가 난 △△에게) △△아! ○○가 하고 싶었던 것은 블록 위로 자동차를 굴리는 것이었대. △△는 자동차를 다르게 굴리고 싶었니?
표현 격려하기	교사는 영유아가 자신의 의견이나 생각을 또래에게 말로 표현하도록 격려한다.	• 영유아의 언어발달 수준을 고려하여 자신의 의견이나 생각을 말로 표현할 수 있도록 도움을 준다. – 긍정적 상호작용: ○○의 생각은 어떤지 물어볼까? • 만 0~1세 영아의 경우, 교사가 다른 영아를 향해 시선을 주고 시선이나 손 흔들기 등의 간단한 행동으로 또래에게 말을 걸어 표현하는 모습을 보여준다. – 긍정적 상호작용: ○○야 안녕. 손을 흔들면 △△이가 좋아하겠네. 손을 흔들어보자. 안녕! 등
약속과 규칙 제시하기	교사는 영유아가 적절한 약속과 규칙을 알고 지킬 수 있도록 격려한다.	• 영유아의 연령과 발달수준에 적합한 최소한의 약속과 규칙이 있다. – 긍정적 상호작용: (교사가 피아노를 연주하기 시작하자) 유아들이 장난감 정리를 시작한다. • 영유아가 약속과 규칙을 자율적으로 지켜가도록 일상에서 반복적이고 일관되게 격려한다. – 긍정적 상호작용: 자유놀이 시간에 친구들이 지켜야 할 약속을 얘기해 볼까요?
다툼 중재하기	교사는 영유아 간 다툼이나 문제가 발생하지 않도록 환경을 마련하고, 발생 시 적절히 개입한다.	• 영유아 간 다툼이나 문제상황이 발생하지 않도록 활동 자료나 공간을 충분히 확보한다. – 긍정적 상호작용을 위한 환경: 영유아들이 좋아하는 밀가루 반죽을 영유아 수만큼 구비한다. • 영유아 간 다툼이나 문제상황이 발생했을 경우, 연령에 적합하게 적절히 개입한다. – 부정적 상호작용: 다투었던 영유아 벌 세우기, 누가 이 놀잇감을 먼저 가지고 놀았니?, 그럼 ○○가 잠시 더 갖고 놀다가 △△에게 양보하자.

04
Chapter

보육교사의 발문법

배울내용

1. 발문의 이해
2. 발문의 실제

학습목표

1. 발문의 정의, 목적, 중요성, 종류 및 유형을 파악한다.
2. 발문의 실제를 통해 교육장면에 활용할 수 있는 방안을 모색해본다.

1. 발문의 이해

"의문은 인간적 삶의 징표"이기 때문에 "의문을 위한 질문"은 이루어져야 한다. 질문은 생활, 수업, 사고, 연구 등 인간생활 전반에 걸쳐 활용되며, 수업전략에서도 기본적으로 수업에 상당 부분을 차지하는 핵심이다. 이는 교수학습이 이루어지는 다양한 교수법 중에서 질문법은 소크라테스 시대부터 많이 사용되어 온 오랜 역사가 있는 교수법으로 질문과 발문으로 나누어 볼 수 있다(이종일 외, 2006). 구체적으로 질문이란 주로 '모르는 사람의 입장에서 모르거나 의심이 나는 점을 물어보는 것'을 말하는 것으로 하위수준의 물음인 반면, 발문은 주로 '다양한 측면에서 생각해 보도록 하고, 학습자 스스로의 적극적인 사고를 통해 능동적으로 깨달음을 얻게 하는 것'으로 수업상황에서 교사가 학습자에게 던지는 상위수준의 물음이라고 할 수 있다.

이렇게 학습자의 사고와 밀접한 관련이 있는 발문을 행하는 것은 결코 쉽지 않지만 교사의 효과적인 발문은 능동적 학습자로 나아가는 동기를 유발하고, 유아의 적극적인 참여를 유도하는 등 긍정적인 영향을 미치는 것으로 보고되고 있다. 또한 유아들의 활동에 도움이 되는 교육적 발문은 유아에게 깊이 사고할 수 있는 기회를 제공해 주어 활동의 질적 수준을 높인다(남선민, 2014).

1) 발문의 정의와 목적

발문(questioning)이란 질문기법의 하나로 이를 통하여 다양한 답을 생각할 수 있도록 유도하는 것이다. 더 나아가 발문은 어떤 내용을 알고 있는 사람이 모르는 사람에게 질문을 하여 그에 대한 대답을 다양한 측면에서 생각해 보도록 함으로써 스스로 정답이나 깨달음을 얻게 하는 것이다. 발문의 주요한 목적은 유아의 능동적인 활동과 적극적인 사고를 유발하는 데 있다. 발문의 원칙은 뚜렷한 목적을 내포하고 있는 것인데, 이때 발문은 간단하고 명료하며, 개괄적이면서도 사고를 자극할 수 있어야 한다. 또한 발문은 개인별 특성을 최대한 고려해야 하며 유아들의 경험과 지식의 범위 내에서 이루어져야 한다(한국교육심리학회, 2000).

상호작용은 유아교육에서 중요한 교수학습방법이라 할 수 있으며, 상호작용의 질은 교수학습의 질을 결정한다. 의문문으로 구성되는 발문은 언어적 상호작용의 핵심이다. 특히 발문은 유아교육에서 필수적이라고 할 수 있으며, 교사는 교수학습 과정에서 의도적 전략을 가지고 발문을 다양한 목적에 적절하게 활용하여야 한다.

발문에 대해 연구한 여러 학자들에 의해 발문의 목적이 제시되고 있는데, 구체적으로 권낙원과 최화숙(2010)은 사고력 신장을 발문의 주된 목적으로 보며, 발문을 통해 유아들은 학습동기를 유발하고, 주제 내용의 이해를 도와 주의를 집중시키며, 쌍방 간의 의사소통을 촉진시킨다고 하였다. 뿐만 아니라 발문을 통해 지금 현재의 지식 · 이해 정도를 평가할 수 있고, 인지활동 사고를 자극한다고 하였다. 그리고 Kellough(2003)와 Starko 등(2003)은 발문이 학습자의 이해 여부를 진단하고 점검을 돕고, 발문을 통해 추론과 함의 등을 추구하며, 정보처리를 촉진한다고 하였으며, 발문을 통해 지식과 흥미 및 아이디어와 관심에 주의집중을 유도하고, 사고와 학습을 촉진시키는 목적이 있다고 보았다.

또한 곽병선 등(1986)은 활동 참여를 유도하고, 유아의 이해도를 확인하며, 핵심 주제에 대한 지식을 평가하고, 토의를 진행시키고 유아들에게 자신감을 갖게 하여, 유아의 사고를 촉진시키는 목적이 있다고 하였다.

이상의 내용을 종합하면, 발문의 목적은 학습동기를 유발하여 주제내용의 이해를 도와 주의집중하고, 쌍방 간의 의사소통을 촉진시켜 적극적인 활동 참여를 유도하는 데 있다. 또한 현재 지식 · 이해 정도를 평가하는 것을 넘어 인지활동에 자극을 주는 것임을 알 수 있다.

2) 발문의 중요성

유아교육의 대부분은 유아와 교사 간의 언어적인 상호작용으로 이루어지므로 유아가 교사와 가지는 언어적 상호작용은 매우 중요하다(정미라 외, 2010). 이에 대해

성은영(2010)은 언어적 상호작용 가운데 가장 핵심적인 활동은 수업이고 수업의 대부분을 차지하는 것은 발문이라고 주장하여 발문의 중요성에 대해 언급하였다. 이처럼 교사의 발문은 유아와의 수업에서 큰 영향을 미치는 요인이라고 할 수 있다.

유아교육의 목표는 전인교육을 지향함에 있다. 이러한 점에서 교사의 발문은 유아의 인지적 영역뿐만 아니라 정의적, 신체적 영역에서도 긍정적인 영향을 줄 수 있다. 먼저 교사의 발문을 통해 유아의 사고와 행동이 변화될 수 있다. 교사의 발문은 유아의 자기중심적인 사고에서 이타적인 생각을 할 수 있게 하며 유아로 하여금 주체적이며 독특한 사고를 형성해 나가게 한다. 유아의 사고 변화는 행동의 변화로 이어지는데, 이는 성숙하고 발전적인 행동을 시작할 수 있게 한다. 또한 유아는 교사의 발문과 자신의 경험을 결합하여 다양한 상황에 적용하고 판단할 수 있는 밑거름을 만들어 나간다. 결론적으로 이는 자율적이고 책임감 있는 행동을 할 수 있는 바탕이 된다.

다음으로 교사의 발문은 수업의 분위기를 좌우하고 질 높은 학습의 향상을 이끌어 간다. 유아와 상호작용에 있어서 교사의 역할은 매우 중요한데, 이기숙(1995)은 교사의 역할 중 하나가 인간의 잠재능력을 개발하는 것에 있으므로, 어릴 때부터 유아가 충분히 자유롭게 사고하고 다양하게 표현하도록 장려하는 역할이 필요하다고 하였다. 교사의 역할 중 하나로 교사의 적절한 발문은 중요한 역할을 차지한다. 이는 유아로 하여금 수업에 즐겁게 참여할 수 있도록 동기를 부여하며 수업의 방향을 이끈다. 또한 교사의 발문은 유아의 지적인 호기심을 자극함으로써 수업의 질적인 향상을 도모한다. 이를 통해 우리는 교사 발문의 중요성을 인식함과 동시에 함께 질 높은 교사의 발문이 준비되어야 함을 알 수 있다.

결론적으로 교사의 발문과 학습자의 응답 그리고 이에 대한 피드백으로 이어지는 연속적인 과정이 선순환으로 이루어지기 위해서는 교사의 효과적인 발문이 필요하다.

3) 발문의 종류

교사 발문의 중요성과 함께 방법적인 측면에서 발문의 종류에 대한 많은 선행연구가 이루어져 왔는데, 학자별로 다양한 기준과 방법으로 분류한 발문의 종류를 살펴보면 〈표 4-1〉과 같다(김은지, 2020).

표 4-1. 학자별 발문의 분류

<table>
<tr><th>구분</th><th colspan="2">분류</th></tr>
<tr><td>Barnes(1969)</td><td colspan="2">닫힌발문
(closed–ended) ←→ 열린발문
(open–ended)</td></tr>
<tr><td rowspan="5">Kearsley(1976)</td><td>형태</td><td>언어적(verbal), 비언어적(nonverbal)</td></tr>
<tr><td rowspan="4">기능</td><td>반복적(echoic)</td></tr>
<tr><td>지식적(epistemic)</td></tr>
<tr><td>표현적(expressive)</td></tr>
<tr><td>사회적 통제(social control)</td></tr>
<tr><td rowspan="7">Long과 Sato(1993)</td><td rowspan="3">반복적</td><td>이해점검(comprehension check)</td></tr>
<tr><td>명료화 요청(clarification request)</td></tr>
<tr><td>확인 점검(confirmation check)</td></tr>
<tr><td rowspan="4">지식적</td><td>참조형(referential question)</td></tr>
<tr><td>전시형(display question)</td></tr>
<tr><td>표현형(expressive question)</td></tr>
<tr><td>수사형(rhetorical question)</td></tr>
<tr><td rowspan="4">Blosser(1991)</td><td rowspan="4">사고의 유형</td><td>수업 운영을 위한 질문(managerial question)</td></tr>
<tr><td>수사적 질문(rhetorical question)</td></tr>
<tr><td>폐쇄적 질문(closed question)</td></tr>
<tr><td>개방적 질문(open–ended question)</td></tr>
<tr><td rowspan="3">Richard와
Lockhart(1994)</td><td rowspan="3">기능</td><td>절차적(procedural)</td></tr>
<tr><td>수렴적(convergent)</td></tr>
<tr><td>확산적(divergent)</td></tr>
</table>

Barnes(1969)는 발문을 닫힌 발문(closed-ended)과 열린 발문(open-ended)으로 분류하였다. 닫힌 발문이란 질문을 통하여 정해진 답이 요구되는 형태의 발문을 말하며, 열린 발문은 질문을 통하여 학습자의 사고를 확장시키며 다양한 답을 기대할 수 있는 발문을 의미한다. Kearsley(1976)는 발문을 크게 형태 및 기능에 따라 나누었다. 즉, 발문의 형태에 따라서는 크게 언어적(verbal) 그리고 비언어적(nonverbal)으로 나눠 볼 수 있으며, 발문의 기능에 따라서는 반복적 발문(echoic question), 지식적 발문(epistemic question), 표현적 발문(expressive question), 사회적 통제(social control) 4가지로 분류하였다. Kearsley의 기능에 따른 분류 중 반복적 발문과 지식적 발문을 세부화시킨 Long과 Sato(1993)의 분류에서는 반복적 발문을 이해점검(comprehension check), 명료화 요청(clarification request), 확인 점검(confirmation check)으로 분류하였으며, 지식적 발문은 참조형(referential question), 전시형(display question), 표현형(expressive question), 수사형(rhetorical question) 발문으로 분류하였다. Blosser(1991)는 발문을 사고의 유형에 따라 크게 4가지로 분류하였는데, 교실에서의 수업진행을 이어갈 수 있도록 돕는 수업운영을 위한 질문(managerial question), 어떠한 점을 강조하거나 확인을 통해 사실을 강화하는 수사적 질문(rhetorical question), 특정한 혹은 정해진 답을 요구하는 폐쇄적 질문(closed question)과 허용적인 넓은 범위 안에서 다양한 답을 기대할 수 있는 개방적 질문(open-ended question)으로 구분하였다. 이 중에서도 폐쇄적 질문은 인지기억적 발문(cognitive-memory operations), 수렴적 사고 발문(convergent thinking operations)으로, 개방적 질문은 확산적 사고 발문(divergent thinking operations), 평가적 발문(evaluative thinking operations)과 같이 좀 더 세부적으로 나누어 제시하였다. 그리고 Richard와 Lockhart(1994)는 발문의 기능에 따라서 절차적(procedural), 수렴적(convergent), 확산적(divergent) 발문으로 구분하였다.

4) 발문의 유형

발문의 유형은 학자마다 분류방식 및 개념정의에 다소 차이를 보이고 있으나 대체로 높은 수준의 발문유형과 낮은 수준의 발문유형으로 구분할 수 있다. 낮은 수준의 발문유형은 기억을 회상하게 하는 발문으로 유아에게 이미 말했던 것이나 들었던 것을 반복하게 한다. 어떤 아이디어나 사실을 기억하게 하는 등을 요구하는 발문이 여기에 속한다. 반면, 높은 수준의 발문유형은 유아의 사고를 자극하고 증진시키는 발문으로 높은 수준의 인지과정을 요구한다. 따라서 교사의 높은 수준의 발문 사용은 유아가 문제해결에 필요한 의견을 선택하는 데 있어 다양한 사고를 자극할 수 있다. 이와 더불어 창의성을 자극하는 요인으로 작용할 수 있음을 추론할 수 있다(곽정희, 이정화, 2002). 발문의 유형을 수렴적 발문과 확산적 발문으로 구분하여 살펴보면 다음과 같다.

(1) 수렴적 발문

수렴적 발문은 하나 또는 적은 수의 응답으로 대답을 한정하는 발문이다. 이런 발문의 경우, 유아들은 전에 그 대답을 알고 있거나 들은 적이 있기 때문에 단지 사실들만을 회상하면 된다. 수렴적 발문은 제한되고 규정된 방식으로 유아들에게 대답하도록 한다(이윤옥, 2013). 수렴적 발문은 사실이나 사상에 대한 지식을 기억하고 있는가를 확인하기 위한 발문으로 수업의 목표와 현재 유아의 성취수준과의 차이를 파악하여 문제해결의 실마리를 찾아내는 데 도움을 준다. 이 발문은 유아에게 변별, 재구성, 예시하게 함으로써 사실들을 연결시키거나 연계성을 알 수 있게 한다(곽정희, 이정화, 2002).

(2) 확산적 발문

Glover과 Corkill(1990)는 교사가 보다 효과적인 교수학습을 이끌기 위해서는 단편적인 의문형의 질문보다는 유아의 사고를 유발하고 촉진시키는 발문을 사용해야 할 필요가 있다고 하였다. 확산적 발문은 일반적이거나 개방적인 응답을 장려하는 발문으로 교사는 확산적 발문에서 수렴적 발문보다 유아들에게 훨씬 다양한 응답을 기대할 수 있다. 확산적 발문의 경우 하나의 정답이 아니라 많은 대답들이 정답이 될 수 있으며, 학습자들의 사고를 자극, 유발하여 새로운 추구나 발견 또는 사상의 확대를 가져오고 발전시켜 나가게 해준다. 또한 새로운 상황에 원칙을 적용, 이론화하거나 예언하는 자세를 유도한다. 즉, 학습자인 유아가 어떤 과제에 대해 관심을 가질 때 생각을 이끌어 내도록 도울 뿐 아니라, 유아로부터 또 다른 질문이 나올 수 있도록 격려해준다(이윤옥, 2013).

2. 발문의 실제

발문의 실제에서는 인지수준에 따른 발문기법, 비판적, 사고력 개발을 위한 발문기법, 논리적 사고력과 창의력을 개발하는 확산적 발문기법 등 3가지 유형에 대해 살펴보고자 한다. 먼저 이들 3가지 유형의 대화의 유형에 따른 주요기법을 살펴보면 〈표 4-2〉와 같다(고정곤, 2019).

표 4-2. 대화유형에 따른 주요기법

유형	주요기법
인지수준에 따른 발문	지식기억수준의 발문
	이해수준의 발문
	적용주준의 발문
	분석수준의 발문
	종합수준의 발문
	평가수준의 발문
비판적 사고력 개발을 위한 발문	생각을 명료화하는 발문
	전제 혹은 가정을 탐색하는 발문
	이유, 증거, 원인을 탐색하는 발문
	관점이나 시각의 다양성을 탐색하는 발문
	함축된 의미와 결과를 탐색하는 발문
	알게 된 방법이나 정보원을 탐색하는 발문

유형	주요기법
논리적 사고력과 창의력 개발을 위한 확산적 발문	예측하기 상황
	비교하기 상황
	문제해결하기
	평가하기
	상상하기
	지식 적용하기
	일반화하기
	대안 제시하기

1) 인지수준에 따른 발문기법

(1) 인지수준에 따른 발문기법의 개념

교사는 교수학습 활동 과정에서 수많은 발문을 통하여 본시 학습활동 목표를 구현시키고 있는데, 이 과정에서 발문방법이 적절해야 한다. 또한 학습활동 중에서 훌륭한 발문유형은 정해져 있는 것이 아니라 학습의 흐름에 따라 유아들의 학습활동에 관련된 경험의 유무 그리고 학습활동의 전개과정에 따른 유아의 이해수준, 유아의 학습준비도, 유아의 학습동기 등을 고려한 발문이어야 한다. 그중에서 본시 학습활동 내용에 대한 이해수준에 맞게 발문이 이루어져야 하는데, 이것이 인지수준에 따른 발문이다.

(2) 인지수준에 따른 발문유형별 발문의 실제

인지수준에 따른 발문유형별 사례를 지식이나 기억수준의 발문〈표 4-3〉, 이해수준의 발문〈표 4-4〉, 적용수준의 발문〈표 4-5〉, 분석수준의 발문〈표 4-6〉, 종합수준의 발문〈표 4-7〉 및 평가수준의 발문〈표 4-8〉으로 구분하여 살펴보면 다음과 같다(고정곤, 2019; 한은숙, 2014).

표 4-3. 지식이나 기억수준의 발문

구분	내용
개요	• 지식은 학습자가 정보를 생각해 내거나 회상하는 것을 필요로 한다. • 정보는 조작하는 것이 아니라 배운 것을 단순히 기억해 내기만 하는 수준이다. • 학습자는 이전에 학습한 것, 관찰한 것, 정의내린 것을 단순하게 기억해 내기만 하면 된다. • 교수과정: 반복, 기억
발문수준	• 과거에 학습한 사실, 개념, 일반화된 것 등을 회상하도록 하는 수준이다.
발문동사의 예	• 정의하다, 기술하다, 찾아내다, 이름짓다, 열거하다, 짝짓다, 이름대다, 요약하다, 재생하다, 가려내다, 진술하다.
발문의 예	• 봄에는 무슨 꽃이 피는가? • (책을 읽고 난 후) 두 어린이가 싸운 이유는 무엇일까? • 단편적인 지식을 묻는 발문으로 깊이 있는 사고과정을 요구하는 질문이 아니다.
기타	• 유아들이 새로운 정보를 습득하거나 습득된 정보를 확실히 정착시키는 데 활용한다. • 학습자는 이해한 바를 설명하고 자신의 말로 묘사한다. • 이해한 내용을 묻는 발문에 대답하기 위해 필수적인 정보들이 학습자들에게 제공되어져야 한다. • 교수과정: 설명, 예증

표 4-4. 이해수준의 발문

구분	내용
개요	• 자료를 조직하고 배열하기 위해 학습자로 하여금 이해한 바를 설명하도록 요구한다. • 학습자는 이해한 바를 설명하고 자신의 말로 묘사한다. • 이해한 내용을 묻는 발문에 대답하기 위해 필수적인 정보들이 학습자들에게 제공되어져야 한다. • 교수과정: 설명, 예증
발문수준	• 이미 알고 있는 어떤 정보나 개념을 설명하도록 하는 수준이다.
발문동사의 예	• 전환하다, 주장하다, 구별하다, 설명하다, 부인하다, 예를 들다, 추론하다, 예측하다.
발문의 예	• '매미와 개미'의 동화는 우리에게 무엇을 말해 주고 있는 것 같니? • 개와 고양이를 비교해서 말해 주겠니? • 오늘 배운 내용을 말해 주겠니?
기타	• 유아가 암기하거나 기억했던 내용을 활용하여 설명하거나 요약하도록 한다. • 어떤 발문은 유아들에게 예전에 접하지 않았던 새로운 정보 사용을 요구하기도 한다.

표 4-5. 적용수준의 발문

구분	내용
개요	• 정보를 응용할 수 있어야 한다. • 유아들에게 문제와 관련된 법칙과 과정을 응용하게 하고 그것에 의해 유일한 정답을 결정할 것을 요구한다.
발문수준	• 어떤 정보나 개념의 활용을 요구하며 유아들이 지닌 지식이나 이해를 새로운 상황에 적용하거나 문제해결을 하도록 하는 수준이다.
발문동사의 예	• 사용한다, 계산한다, 변화시킨다, 구분(분류)한다, 문제를 해결한다, 발견한다, 예측한다, 관계짓다, 나타내다, 풀어내다, 사용한다, 작성한다.
발문의 예	• 환경을 파괴하지 않으려면 어떻게 해야 할까? • 농촌에서 비가 오지 않는 경우를 위해 어떻게 해야 할까? • 우리가 배운 동물들을 다리 수에 따라 묶어본다면?
기타	• 유아가 학습한 사실과 정보를 다른 상황에 활용해 보도록 한다. • 유아가 학습한 사실과 정보를 우리 생활에 적용해 보도록 한다

표 4-6. 분석수준의 발문

구분	내용
개요	• 유아들이 비판적이며 심도 있게 사고할 것을 요구한다. 유아는 이유나 드러난 증거를 증명하고 결론에 도달할 수 있다. • 유아는 분석을 통해 어떤 특별한 사건에 대한 동기, 이유, 원인을 밝혀야 한다. • 유아는 이용 가능한 정보를 고찰하고 분석하여 결론, 추론, 일반화에 도달할 수 있다. • 교수과정: 귀납법, 연역법
발문수준	• 개념이나 자료 등을 부분으로 나누거나 서로의 관련성을 찾도록 하는 수준이다.
발문동사의 예	• 세분화하다, 변별하다, 구분하다, 식별하다, 찾아내다, 추론하다, 지적하다, 분리하다, 도식하다, 확인하다, 분류하다, 비교하다, 배열하다, 조사하다, 요약하다.
발문의 예	• 경찰차, 소방차, 구급차들의 공통점은 무엇일까? • 유아들이 학습한 정보 뒤에 숨어 있는 이유를 발견하는 데 활용한다. • 유아들이 답을 이야기할 때 증거를 가지고 이야기하고 자기의견을 주장한다.

표 4-7. 종합수준의 발문

구분	내용
개요	• 유아들로 하여금 독창적이고 창의적으로 사고할 것을 요구한다. • 적용적 발문에서의 문제해결은 유일한 정답만을 요구하지만 종합적 발문은 다양하면서도 창의적인 답을 요구한다. • 종합적 발문은 자료의 완전한 이해를 요구하며, 유아들은 종합적 발문에 대한 답을 만들어내기 위하여 함부로 추측해서는 안 된다.

구분	내용
발문수준	• 여러 개의 아이디어나 요소들을 결합하여 독특하고 새로운 것을 창조하도록 하는 수준이다.
발문동사의 예	• 분류하다, 구성하다, 고안하다, 설계하다, 지어내다, 재정리하다, 재구성하다, 요약하다, 예언하다, 가정하다, 상상하다, 만들다.
발문의 예	• 만약 낮이 없고 밤만 계속된다면 어떤 일이 일어날까? • 만약 우리 사람이 2개의 팔이 없다면 어떤 일이 일어날까? • 만약 어린이집(유치원)이 없다면 우리 유아들은 지금 무엇을 하고 있을까?
기타	• 유아들로 하여금 새롭게 독창적인 산출을 하도록 하는 질문이다. • 과거에 유아들이 전혀 생각해보지 않은 문제에 대한 창의적인 아이디어를 산출할 수 있도록 한다. • 지금까지 알고 있는 정보나 지식, 기술을 종합하여 새로운 아이디어나 정보를 산출해 나간다.

표 4-8. 평가수준의 발문

구분	내용
개요	• 평가적 발문은 종합이나 분석과 비슷해 보이지만 더 높은 수준의 정신적 과정을 포함한다. • 평가적 발문은 단 하나의 옳은 답을 가질 필요가 없으며 유아들은 아이디어, 가치, 문제해결능력, 심미적 측면에 대해 판단하면 된다. 또한 유아는 이슈에 대한 의견을 말할 수 있다. • 이슈에 관한 자기 의견을 표시할 때, 판단에 대해 비판적 기준들을 활용해야 한다. • 교수과정: 판별, 추정, 결론
발문수준	• 어떤 기준을 이용하여 사물에 대한 판단을 내리도록 하는 수준이다.
발문의 예	• 고양이와 개의 같은 점과 다른 점은? • 이 작품을 보고 이 작품에 가장 잘 어울리는 제목을 골라보아라. • 오늘 배운 내용을 우리의 일상생활에 활용하는 방안에 대하여 생각해보자.
기타	• 오늘 학습하여 이해한 내용을 가지고 유아 나름의 판단과 의사결정하는 데 활용한다. • 유아들에게 제시된 자료나 정보를 기초로 새로운 결론을 내릴 수 있다. • 논리적 사고력이 형성될 수 있도록 질문을 한다.

2) 비판적 사고력 개발을 위한 발문기법

(1) 개념

유아들은 항상 성인들에게 '왜'라는 질문을 하면서 그들이 필요로 하는 지식과 정보를 얻어 그들이 당면하는 문제를 해결하면서 살아간다. 유아들은 지금은 성인들의 보호를 받고 살아가는 미약하고 피동적인 존재이지만 훗날 성인이 되어 위대한 과업을 수행할 수 있는 잠재성을 키워가고 있는데, 그중 하나가 '왜'라는 질문을 통하여 비판적 사고력을 키워간다는 사실로서 이에 대한 기법을 총칭하여 비판적 사고를 위한 발문기법이라고 한다.

(2) 비판적 사고력을 기르기 위한 발문의 실제

유아들에게 비판적 사고력을 기르기 위한 질문은 6가지 유형으로 범주화할 수 있는데, 구체적인 내용은 〈표 4-9〉와 같다(고정곤, 2019).

표 4-9. 비판적 사고를 기르기 위한 발문기법

구분	항목	내용
제1유형: 생각을 명료화하는 질문	개념	유아가 자신의 추상적 개념들을 쉽고 명료하게 표현할 수 있도록 하기 위한 질문이다.
	사고활동	자신이 한 말을 한 번 더 생각해 보며, 자신의 생각이 정확하게 무엇인지를 알게 한다.
	질문의 예	• '쉽게 말해 주겠니?' • '그 말이 무슨 뜻이니?' • '좀 더 자세히 말해줄래?' • '예를 들어 말해봐' • '누구 철수처럼 생각하는 사람이 있니?
제2유형: 전제 혹은 가정을 탐색하는 질문	개념	유아 자신이 한 말이나 어떤 상황에 대한 전제를 생각해 보도록 하는 질문이다.
	사고활동	유아는 자신의 말에 대한 전제를 더 확고히 할 수 있고, 그 전제가 달라졌을 때는 자신의 생각이 어떻게 달라질 것인지에 대한 고려를 할 수 있게 한다.
	질문의 예	• '너는 ~를 ~라고 생각하고 그 말을 한 것이니?' • '만약 내 생각이 틀렸다고 생각하면 왜 그렇게 생각하는지 말해 볼래?

구분	항목	내용
제3유형: 이유, 증거, 원인을 탐색하는 질문	개념	유아 자신의 행동이나 사고 또는 어떠한 상황에 대한 이유와 증거 및 원인을 생각해 보도록 하는 질문이다.
	사고활동	유아는 자신의 말에 대한 근거를 정확하게 제시할 수 있게 된다.
	질문의 예	• '왜 그렇게 생각하니?' • '그 이유는 무엇이니?' • '무엇이 그렇게 되도록 했다고 생각하니?'
제4유형: 관점이나 시각의 다양성을 탐색하는 질문	개념	유아가 자신만의 관점이 아닌 타인의 입장에서 어떤 상황을 생각해 보도록 하는 질문이다.
	사고활동	질문을 통해 유아는 모든 사람이 동일한 시각을 지니고 있는 것이 아니고 다른 사람의 입장과 나의 입장이 다를 수 있다는 것을 알 수 있게 한다.
	질문의 예	• '너와 다른 생각을 할 수도 있을까?' • '다른 사람은 어떻게 생각할까?' • '만약 이렇게 말하는 사람이 있다고 해 봐, 너는 뭐라고 말할래?'
제5유형: 함축된 의미와 결과를 탐색하는 질문	개념	유아가 직접 경험하지 못한 상황의 결과를 예측해 보도록 하거나 어떤 상황의 함축된 의미를 생각해 보도록 하는 질문이다.
	사고활동	질문을 통해 유아는 자신의 생각이나 표현을 보다 풍부화 시킬 수 있고 창의적으로 상징적인 사고를 발달시킬 수 있다.
	질문의 예	• '네 말대로 하면 어떻게 될까?' • '네 말대로 하면 ~될 텐데 그래도 괜찮을까?' • '나중에는 어떻게 될 것 같니?
제6유형: 알게 된 방법이나 정보원을 탐색하는 질문	개념	유아가 알고 있는 사실이나 당연하게 여기고 있는 것을 알게 된 방법이나 경로를 생각해 보도록 하는 질문이다.
	사고활동	질문을 통해 유아는 자신이 알고 있는 지식에 대한 신뢰성을 생각해 볼 수 있다.
	질문의 예	• '어떻게 그걸 알았니?' • '그건 확실한 것이니?' • '다른 사람들은 그것을 어떻게 알게 되었을까?

3) 논리적 사고력과 창의성 개발을 위한 확산적 발문

(1) 개념

발문유형을 구분하는 기준은 세부적으로는 다소 차이가 있겠지만 이들의 유형을 종합하면 유아의 사고를 자극하고 유발하여 새로운 사실을 발견하거나 또는 사고를 확대시키기 위한 발문과 이미 유아 내부에 구성되어 있는 지식을 상기, 요약, 추출하기 위한 발문의 두 가지 유형으로 구분된다. 전자의 발문은 개방형의 발문으로 확산적 발문이며 또한 후자의 발문은 폐쇄적 발문인데, 그 대표적인 발문유형이 수렴적 발문이다. Bloom의 인지단계에 따른 사고형태 중 확산적 사고를 유발하는 발문(적용, 분석, 추리, 종합)은 창의성을 자극하며 평가적 · 판단적 사고를 자극하는 발문은 논리적 사고력을 길러준다는 사실은 많은 연구들에 의해 지지를 받고 있다.

(2) 논리적 사고력과 창의성을 개발하는 확산적 발문의 실제

유아들의 논리적 사고력과 창의적 사고력을 개발하는 데는 수렴적 발문이 확산적 발문을 지원하여 확산적 발문으로 유아들의 사고를 더욱 자극하게 된다. 인지적 단계에 따른 확산적 사고는 창의성을 자극하며 평가적 · 판단적 사고를 자극하는 확산적 사고는 유아의 논리적 사고력과 창의적 사고력을 증진시켜 주기 때문에 교사는 학습의 흐름에서 각 상황에 맞는 확산적 발문을 사용하는 것이 좋다. 논리적 사고력과 창의성 개발을 위한 확산적 질문의 구체적인 예를 살펴보면 〈표 4-10〉과 같다(고정곤, 2019; 박찬옥 외, 2013).

표 4-10. 논리적 사고력과 창의성 개발을 위한 확산적 질문

구분	내용
예측하기 상황	• '네가 우주에 갔다면 그곳에서 어떤 일이 벌어질까?' • '다음에는 어떤 일이 생길 것 같니?'
비교하기 상황	• '철수의 신발은 영수의 신발과 어떻게 같니?' • '철수의 신발은 영수의 신발과 어떻게 다르니?'
문제해결하기	• '토라진 친구와 화해할 수 있는 방법에는 어떤 것들이 있을까?' • '시장에서 길을 잃었을 때 가족들을 찾을 수 있는 방법에는 무엇이 있을까?'
평가하기	• '친구가 그린 그림의 어떤 점을 칭찬해 주고 싶니?' • '동극에서 잘된 점은 무엇이니? 다음에 동극 할 때 고쳐야 할 부분은 무엇이니?'
상상하기	• '만일 검정색이 모두 없어진다면 어떻게 될까?' • '만약 네가 솜사탕 위를 걷는다면 어떤 기분일까?' • '네 몸이 개미만큼 작아진다면 무엇을 하고 싶니?'

구분	내용
지식 적용하기	• '밤송이와 같은 느낌의 물건을 찾아볼까? 왜 밤송이와 느낌이 같다고 생각하니?' • '계란과 프라이팬, 기름을 사용해서 요리를 한다면, 어떤 요리들을 할 수 있을까?'
일반화하기	• '까마귀와 여우의 이야기를 알고 있니? 까마귀가 부리가 있어서 좋은 점이 있을까?' • '보호색이 무엇인지 알고 있니? 곤충들은 언제 보호색을 나타낼까? 보호색이 있어서 유리한 점은 무엇일까?'
대안 제시하기	• '고래 뱃속에서 나올 수 있는 다른 방법은 무엇일까?' • '놀이시간에 네가 하고 싶었던 퍼즐 맞추기를 할 수 없게 된다면 너는 어떤 놀이를 할 거니?'

3 PART

영유아교수학습 운영 및 환경

05
Chapter

교수학습활동계획

배울내용

1. 교수학습활동계획의 이해
2. 영아 교수학습계획하기
3. 유아 교수학습계획하기

학습목표

1. 교수학습활동계획을 이해한다.
2. 영아를 위한 연간, 월간, 주간, 일일 교육 및 보육계획안을 작성하고 교육 · 보육활동 평가계획을 수립한다.
3. 유아를 위한 연간, 월간, 주간, 일일 교육 및 보육계획안을 작성하고 교육 · 보육활동 평가계획을 수립한다.

교수학습활동은 영유아와 교사가 함께 교육적 목적을 달성하는 경험의 과정이라고 할 수 있다. 이것은 제4차 어린이집 표준보육과정과 2019 개정 누리과정의 교육과정 내용들이 실제 놀이 활동으로 교실 내에서 구현되는 것이다. 따라서 교사는 교육과정을 실제에 적용하기 위해 교수학습활동을 계획하고 실행하며 평가하는 순환적 활동을 지속적으로 연구하고 실행해 나아가야 한다. 단순히 주제에 맞는 활동을 짜깁기하듯 나열하는 방식에서 벗어나 교육과정과 교육목표를 잘 실행하기 위하여 우리 학급의 연령, 관심, 흥미 등을 고려하고 지역사회의 자원을 활용하여 교수학습활동을 계획해야 할 것이다.

영유아 · 놀이중심 교육과정에서는 각 기관의 실정에 맞게 교육계획을 수립하고 일과를 놀이, 일상생활, 활동으로 구성하되 놀이가 충분히 이루어질 것을 강조하고 있다. 따라서 각 기관이 추구하는 교육철학과 기관의 현황에 따라 교수학습활동 실행 계획은 다양한 형태로 구성될 수 있다. 이 장에서는 여러 방식이 존중되어야 한다는 점을 전제로 교수학습활동 계획의 의미와 지침에 대해 살펴보고, 기본적인 수립과정과 절차를 고려한 연간, 월간, 주간, 일일 교수학습활동계획을 알아보고자 한다.

1. 교수학습활동계획의 이해

1) 교수학습활동계획이란?

(1) 계획의 의미

모든 어린이집과 유치원은 국가 수준의 공통 교육과정, 즉 0~2세를 위한 어린이집 표준보육과정과 3~5세를 위한 누리과정을 적용하여 운영하고 있다. 2019 개정 누리과정 해설서에서는 교육과정을 '학습자에게 제공할 학습경험을 미리 선정하고 조직하여 교육 경험의 질을 구체적으로 관리하는 교육의 기본 설계도'로 정의하고 있다. 즉, 교육과정이나 보육과정은 영유아들의 바람직한 성장과 발달을 도모하기 위하여 편성된 계획이다.

이러한 국가 수준의 교육과정과 보육과정을 근거로 교수학습활동은 보다 구체적이고 실제적인 활동으로 구현해 냄으로써 영유아의 성장을 도와야 한다. 교육과정이라는 큰 맥락을 바탕으로 여러 교수학습활동들이 계획적으로 구현될 때 영유아는 활동 간의 연속과 통합, 체계성을 가지고 '교육과 보육의 목적을 달성할 수 있다'고 하겠다. 예를 들어, '교육과정'을 '나무의 가지'로 가정하고 '교수학습활동'은 가지에서 발현되는 '나뭇잎'으로 비유해 보자. 나무를 가꾸는 교사의 교수학습역량에 따라 잎사귀가 풍성하거나 빈약할 수 있으며 한쪽으로만 치우쳐 자라는 나무가 될 수 있다. 계획은 이러한 문제를 사전에 예방할 수 있도록 도움을 준다. 교수학습활동을 계획하여 운영함으로써 교사는 영유아의 전인적 발달을 도모하는 교육·보육 환경을 마련할 수 있을 것이다.

그리고 계획된 내용은 교사가 교수학습활동을 운영하는 데 지침이 될 것이다. 그러나 계획에 있는 내용만을 고집해야 하는 것은 아니다. 어린이집 표준보육과정과 누리과정에서는 놀이를 진행하면서 영유아의 발달, 흥미, 관심, 요구, 지역사회, 기관의 환경 등을 고려하여 계획을 수정·보완하며 추진해 나가도록 전제하고 있다.

(2) 계획의 필요성

교수학습활동계획의 필요성에 대해 구체적으로 살펴보면 〈표 5-1〉과 같다(고정곤 외, 2020).

표 5-1. 교수학습활동계획의 필요성

- 교수학습활동계획을 통하여 효율성을 높이기 위함이다. 교육이나 보육은 당해 유아교육기관에서 설정한 교육이나 보육의 목표 구현을 위해 편성된 교육과정이나 보육과정을 유아들에게 지도해야 되는데, 편성된 교육과정이나 보육과정을 합리적이며 효율적으로 지도하기 위해서는 교육과정이나 보육과정을 유아들에게 지도하기에 적절하게 연간, 월간, 주간, 일일 교수학습활동계획안(보육계획안)으로 재구성해야 한다.
- 학급의 특수성, 유아, 부모의 기대와 요구를 고려하여 지도하기 위함이다. 지역이나 유아교육기

관의 특수성, 유아나 부모의 기대와 요구를 반영하기 위해서는 교육과정이나 보육과정을 연간, 월간, 주간, 일일 교수학습활동안으로 재구성하여 지도해야 한다.
• 지도교사의 철학과 소신을 반영하여 지도하기 위함이다. 지도교사의 철학과 소신은 연간, 월간, 주간, 일일 교수학습활동안에 반영될 수 있기 때문이다.

어떠한 일을 수행할 때 계획은 중복, 누락 등의 문제점들을 사전에 예방해 주며 목표를 구현하기에 효율적이다. 교사는 기관의 교육목표에 따른 교수학습활동의 계획을 수립하여 교육과정의 흐름이 교수학습활동으로 잘 구현되는지 파악할 수 있어야 한다. 또한 어린이집이나 유치원 내에서 동일 연령의 학급이 운영되더라도 교사의 철학이 다르고, 영유아는 발달 상황, 요구, 흥미, 학부모의 기대 수준 등 다양한 배경을 가진다. 교육과정을 운영함에 있어 이러한 상황은 반영되어야 하므로 계획은 반드시 필요하다.

2. 영아 교수학습계획하기

보육과정 편성은 영아들이 어린이집에서 하루, 한 주, 한 달, 한 학기, 일 년의 시간을 어떻게 살아갈 것인가에 대한 보육내용과 시간을 조직하는 과정이다. 영아를 위한 보육과정에서는 각 어린이집의 실정에 맞게 보육계획을 수립하고 일과를 놀이, 일상생활, 활동으로 구성하되 놀이가 충분히 이루어지도록 편성하고 운영할 것을 강조한다. 보육과정 편성에서의 놀이는 일과 구성의 단위로 실내에서 이루어지는 놀이와 바깥놀이를 포함하여 하루 일과 중 우선적으로 편성 · 운영하여 영유아가 충분히 놀이할 수 있도록 한다. 즉, 영아를 위한 보육과정 편성은 국가에서 고시한 표준보육과정을 바탕으로 각 기관의 실정에 따라 적합한 보육계획을 수립하여 운영하며, 영유아가 편안하고 즐겁게 보육내용을 경험할 수 있도록 휴식과 낮잠, 바깥놀이 등을 포함하여 영아가 중심이 되고 놀이가 살아나는 영아 · 놀이중심으로 편성하여 운영해야 한다.

교사는 보육과정의 효과적인 운영을 위하여 보육과정 실천자로서 그리고 연구자로서 끊임없이 노력하고, 가정과 지역사회의 협력과 참여에 기반하여 운영함으로써 보육과정 운영을 개선해 가도록 한다. 따라서 어린이집에서 영아 · 놀이중심 보육과정을 편성하고 운영하기 위해 국가 수준의 보육과정인 제4차 어린이집 표준보육과정에 기초한 영아를 위한 교수학습계획에 대해 알아보고자 한다.

1) 영아를 위한 교수학습활동계획안 작성

(1) 영아를 위한 교수학습활동계획안의 이해

계획하기란 교사가 영아의 놀이를 통한 학습을 지원하기 위하여 보육과정 내용과 시간을 조직하는 것이다. 제4차 어린이집 표준보육과정에서는 교사가 미리 모든 것을 계획하여 그대로 실행하는 것을 지양하고 실행된 보육과정을 담는 것을 강조하여 만들어진 보육과정이 아니라 만들어 가는 보육과정에 의미를 둔다. 따라서 계획안에는 영아들이 이미 구성된 교실에서 정해진 일과에 따라 정해진 방법대로 교사가 안내하는 대로 따라가는 활동이 아니라 영아가 놀이를 시작하고 교사가 놀이를 지원하기 위해 필요한 사항을 미리 생각하여 준비하는 모든 과정이 포함될 수 있다. 영아를 위한 교수학습활동계획안은 영아의 경험이 교육적 가치를 가지도록 놀이를 중심으로 기술하고 교사가 놀이를 지원하는 계획안을 작성할 수 있으며 필요에 따라 영아 특성에 맞게 개별적으로 지원해야 하는 사항 등을 계획할 수 있다. 교사는 영아의 놀이에 초점을 두되 영아가 생활 속에서 경험하고 있는 크고 작은 관심사, 일상생활을 편안하게 유지하기 위해 필요한 경험, 계절이나 날씨와 같은 자연적인 현상, 기관의 특별한 행사 등을 반영하여 계획할 수 있다.

제4차 어린이집 표준보육과정에서는 각 기관의 보육철학, 가정과 지역사회의 특성에 맞게 보육계획의 양식이나 시기, 활용방법을 자율적으로 결정하도록 한다. 영아가 경험해야 할 내용을 바탕으로 배움의 통합성, 융통성, 자율성을 강조하므로 기존에 사용하였던 양식으로는 담아낼 수 없거나 필요 없는 부분이 생길 수도 있고 작성의 시기가 변경될 수 있으므로 연간, 월간, 주간, 일일계획안의 형식이나 분량을 자율적으로 조정할 수 있으며 통합하거나 선택적으로 활용할 수 있다. 예를 들어, 어린이집에서 매년 작성하는 연간계획 이외에 월간과 주간, 주간과 일일 계획을 통합하거나 어린이집 및 반의 특성에 따라 간단한 일지 등을 활용하여 계획안을 작성할 수 있다. 또한 어린이집에서 배부하는 계획안은 영아가 활동할 내용을 미리 계획하여 안내하는 방식에서 영아가 실제 놀이한 내용과 배움에 대한 기록을 공유하는 방식으로 변화할 수도 있다. 기존에 계획안을 정해진 형식에 맞추어 기술해 왔다면 개정 표준보육과정에서의 계획안은 영아가 실제로 놀이한 내용 및 놀이를 지원하는 내용을 포함하되 자율적인 형식으로 계획을 수립할 수 있다.

(2) 연간 보육계획안

연간 보육계획안은 표준보육과정에서 추구하는 인간상, 어린이집의 보육철학, 지역사회의 특성, 개인 수준의 다양성을 고려하여 자율적으로 수립할 수 있다. 연간 보육계획안은 어린이집에서 1년 동안 진행되는 보육내용으로 영유아들에게 흥미 있는 주제나, 계절, 명절, 그 해 어린이집 행사 및 지역적 행사 등의 일년 간의 중요한 경험을 미리 생각해 두고 계획한다. 따라서 연간 보육계획수립에서 어떤 주제를 선정하는가에 따라 그 어린이집이 영아의 연령이나 흥미, 발달 적합성, 계절, 어린이집이나 지역사회의 특성을 반영하여 질적인 보육과정을 실천하는가에 대한 중요한 기준이 된다. 즉, 연간 보육계획안에는 어린이집의 영아에 대한 보육철학과 영아의 전인발달을 위한 책임과 자세가 포함되어 있다고 볼 수 있다.

연간 보육계획안은 한 학급에서만 공유되는 자료가 아니라 어린이집 전체의 구성원이 공유하는 자료이므로 어린이집 차원에서 연간계획을 검토해야 한다. 또한 영아에게서 발현되는 놀이주제가 학기를 진행하는 동안 즉각적으로 반영될 수 있도록 여지를 남기고 연간계획을 작성한다. 개정 표준보육과정은 영아와 교사가 함께 '만들어가는 교육과정'이기 때문에 연간 보육계획안이 수립되었다 하더라도 영아들의 놀이경험에 따라 시기와 기간 등이 바뀔 수 있다. 따라서 교사가 미리 계획하여 운영하기보다는 영아의 관심과 흥미에 따라 놀이를 충분히 즐길 수 있도록 탄력적으로 조정하여 반영하는 것이 필요하다.

다음에서 제시한 연간보육계획안 예시는 기존의 연간보육계획안처럼 월별로 진행하지 않고 주제와 진행 기간을 주차로 운영하고 있다. 예시와 같은 순서로 운영하여도 좋고 어린이집의 상황에 맞춰 다른 월로 변경하여 운영하거나 주차를 조정하여 운영할 수 있다. 또한 어린이집에서 연간보육계획안을 수립할 때 영아들의 흥미 있는 주제를 추가로 선정하여 주차를 조절하여 계획할 수 있다.

표 5-2. 연간 주제 수립 예시(2세 반)

연간 보육계획안 예시 1		연간 보육계획안 예시 2	
월	주제	월	주제
3		3	
4	어린이집이 좋아요(7주)	4	어린이집이 좋아요(7주)
5	봄나들이 가요(5주)	5	봄나들이 가요(5주)
6	**나는요(5주)**	6	**동물놀이해요(6주)**
7	재미있는 여름이에요(7주)	7	재미있는 여름이에요(7주)
8		8	
9	**나는 가족이 있어요(5주)**	9	**나는요(5주)**
10	**동물놀이해요(6주)**	10	알록달록 가을이에요(6주)
11	알록달록 가을이에요(6주)	11	**나는 가족이 있어요(5주)**
12	겨울과 모양을 즐겨요(5주)	12	겨울과 모양을 즐겨요(5주)
1	나는 친구가 있어요(6주)	1	나는 친구가 있어요(6주)
2		2	

출처: 보건복지부(2013). 어린이집 표준보육과정에 기초한 영아보육프로그램. p.13.

표 5-3. 연간 보육계획안 예시(2세 반)

순서	주제	주	소주제	주제 선정 근거
1	어린이집이 좋아요 (7주)	1	나는 ○○반이에요	2세 전반기는 새로운 환경과 낯선 이에게 여전히 불안함을 느끼는 시기이기 때문에, 2세에게 있어서 어린이집은 이전의 생활과 다른 새로운 환경에 대해 적응을 해야 하는 공간이다. 이 시기 영아는 이동능력을 갖추며, 언어적인 상호작용이 가능하게 되므로, 어린이집과 반에 대한 탐색을 적극적으로 할 수 있다.
		2	엄마, 아빠와 헤어질 수 있어요	
		3	우리 반 선생님과 친구들이에요	
		4	재미있는 놀잇감이 있어요	
		5	내가 좋아하는 놀잇감이에요	
		6	편안하게 지내요	
		7	안전하게 놀아요	

순서	주제	주	소주제	주제 선정 근거
2	봄나들이 가요 (5주)	1	바깥놀이가 재미있어요	2세는 주변 환경의 탐색을 위한 감각 · 운동 능력과 인지능력이 향상된 상태로 초보적인 수준의 자율적인 활동 참여가 가능하다. 그러나 주의집중시간이 짧고, 구체적인 사물을 가지고 미시적인 수준에서 경험하는 것이 의미 있는 시기이므로, 봄에 대한 내용을 지식적으로 접근하기보다는 꽃, 벌레 등에 대한 감각적인 경험을 통해 계절의 변화를 느낄 수 있다.
		2	안전하게 바깥놀이해요	
		3	꽃구경은 즐거워요	
		4	벌레가 꿈틀꿈틀해요	
		5	봄나들이 갈까요	
3	나는요 (5주)	1	나는 ○○○이에요	2세는 '나'라는 존재에 대한 인식을 시작하면서, 자신의 신체에 대해 관심을 가지게 되고 오감을 이용한 감각적 습득을 활발하게 경험하는 시기이다. 또한 '나'를 중심으로, 자신과 관계된 대상과의 상호작용을 활발히 하여 주변에 대한 적극적인 탐색이 시작되고, 독립에 대한 욕구가 커짐으로써 스스로 할 수 있는 것들에 대한 시도를 반복하며 자신감을 형성하게 된다. 이러한 이 시기 영아의 노력은 자신의 신체적인 특성과 유능성을 탐색하여 이후 긍정적인 자아개념의 기초가 된다
		2	내 몸을 살펴보아요	
		3	나는 느껴요	
		4	내가 좋아하는 것이 있어요	
		5	혼자서도 잘해요	
4	재미있는 여름이에요 (7주)	1	날씨가 더워졌어요	2세반은 감각 및 신체활동에 집중하는 시기로, 물을 이용한 활동은 이 시기 영아의 흥미와 놀이를 자연스럽게 유발할 수 있는 좋은 소재이다. 또한 위생에 주의를 기울여야 하는 여름을 맞이하여 손씻기 등의 습관을 집중적으로 형성할 수 있다. 특히 일상을 벗어나 가족과의 여행을 통해 산과 강, 바다 등 다양한 체험을 의미 있는 경험으로 기억할 수 있다.
		2	비가 많이 와요	
		3	깨끗하게 씻어요	
		4	물놀이가 재미있어요 1	
		5	물놀이가 재미있어요 2	
		6	여행을 가요	
		7		
5	나는 가족이 있어요 (5주)	1	엄마 아빠가 좋아요	2세 생활과 경험은 대부분 가족 안에서 이루어진다. 영아는 자신에게 가장 중요한 사람인 각 가족 구성원들의 행동, 외모 등에 관심을 갖고 재미를 느낀다. 따라서 가족에 대한 다양한 놀이와 활동은 영아가 흥미를 가지고, 친밀함을 느끼면서, 편안하게 몰입할 수 있는 주제에 해당한다.
		2	우리 가족을 흉내 내요 1	
		3	우리 가족을 흉내 내요 2	
		4	우리 가족을 소개해요 1	
		5	우리 가족을 소개해요 2	
6	동물놀이 해요 (6주)	1	여러 가지 동물이 있어요	2세는 주변의 친근한 사물에 대한 호기심이 증가하는 시기이다. 이 시기 영아는 사물의 특성에 대해 주의를 기울여 탐색함으로써 주변에 대한 관심을 자연스럽게 확장시킨다. 주변의 친근한 동물을 즐겁게 인식할 수 있
		2	엄마동물 아기동물	
		3	동물처럼 소리를 내어 보아요	

순서	주제	주	소주제	주제 선정 근거
		4	동물처럼 움직여 보아요	는 기회를 충분히 제공함으로써 다양한 생명체에 대한 인식과 외적 특성에 대해 관심을 가질 수 있다. 또한 동물에 대한 관심과 호기심이 통합적으로 지원될 때 영아의 능동적인 탐색으로 이어져 자연스럽게 사고발달을 지원하는 데에 의의가 있다.
		5	○○반이 좋아하는 동물	
		6	동물을 사랑해요	
7	알록달록 가을이에요 (6주)	1	가을이에요	2세반의 후반기는 주변 환경의 변화에 대해 호기심이 증가하여 계절의 변화를 인지할 수 있는 시기이다. 이 시기 영아는 날씨와 주변 식물 변화를 능동적으로 탐색함으로써 가을에 대해 관심을 가질 수 있으며, 이러한 흥미를 색깔에 대한 호기심으로 자연스럽게 확장할 수 있다. 다양한 색깔로 확장된 관심은 가을과 관련한 각종 활동을 통합적으로 경험할 때, 창의적인 탐색과정으로 발전될 수 있다.
		2	가을나들이	
		3	단풍이 물들어요	
		4	자연물로 놀이해요	
		5	알록달록 색깔나라	
		6	재미있는 그리기 나라	
8	겨울과 모양을 즐겨요 (5주)	1	여러 가지 모양이 있어요	2세반의 후반기는 주변 사물의 특성을 모양에 따라 인식하며 여러 가지 속성을 탐색하고, 크기와 길이의 비교, 단순한 순서와 반복되는 규칙성을 인식하는 수학적 탐구 활동이 활발하게 이루어지는 시기이다. 이에 겨울이 되면서 변화하는 기후와 주변의 환경에 대해 호기심을 갖고 능동적으로 탐색이 가능해진다. 또한 주변의 사물에 대한 다양한 감각 능력을 통해 다양한 모양에 대해 흥미를 가지고 적극적으로 탐색할 수 있다.
		2	모양놀이해요	
		3	즐거운 성탄이에요	
		4	추워요	
		5	따뜻하게 지내요	
9	나는 친구가 있어요 (6주)	1	내 친구가 좋아요	2세반은 자아를 확립하고 자아존중감을 형성하는 시기로, 타인에게 다양한 정서가 있음을 이해하게 되고, 양육자와의 관계로 한정되어 있던 사회적 관계가 가족과 또래, 자신이 속한 집단으로 확대된다. 이 시기 영아는 자신과 함께 하는 또래에게 관심을 보이고 그 모습과 행동을 모방하는 데에 흥미를 보인다. 따라서 놀이를 통해 친구의 이름을 알고, 의사소통을 하며, 놀이에 참여하는 경험이 필요하다.
		2	친구와 함께하는 놀이가 있어요	
		3	우리는 ○○살(설날)	
		4	형 · 언니가 되었어요	
		5	즐거웠던 우리반이에요	
		6		

출처: 보건복지부(2013). 어린이집 표준보육과정에 기초한 영아보육프로그램. p.11.

(3) 월간, 주간 및 일일 보육계획안

월간, 주간 및 일일 보육계획안은 어린이집과 교사의 필요에 따라 자율적으로 형식이나 분량을 작성할 수 있다. 월간, 주간 및 일일 보육계획안을 모두 작성해야 하는 것은 아니며 하나만 선택하여 계획을 수립할 수 있다.

개정 표준보육과정은 교사가 영아의 경험을 미리 계획하기보다 영아의 놀이를 관찰하고 이를 지원하는 방안을 제안한다. 영아가 주도하는 놀이는 미리 계획하여 운영하기 어렵기 때문에 교사는 영아가 놀이하며 경험한 내용과 놀이를 지원하는 내용을 중심으로 계획안을 작성할 수 있으며, 매일 진행된 영아 놀이를 기록하고 다음 날 지원할 내용을 간단히 계획할 수 있다. 매주 또는 영아의 놀이주제에 맞추어 놀이지원 계획을 수립할 수도 있다. 계획안의 양식과 내용, 작성 주기는 어린이집의 실정과 철학, 학급의 상황, 그리고 교사의 신념에 따라 계획안을 자율적으로 작성할 수 있다. 이는 사전 계획을 최소화함으로써 교사는 영아가 주도하는 놀이를 적극적으로 지원할 수 있음을 의미하며, 개정 표준보육과정은 계획안 수립에 있어서 어린이집과 교사의 자율성을 강조한다.

일반적으로 월간 보육계획안은 연간 보육계획안을 바탕으로 작성한 약 1개월 내외의 보육계획으로 연간 보육계획의 목표를 달성하기 위한 구체적인 내용을 계획하는 것으로서 소주제에 대한 내용이 활동별로 수립되어 있다. 앞서 연간 보육계획안에서 언급한 바와 같이 주제에서 제시한 진행 기간을 반드시 동일하게 진행하지 않고 어린이집의 개별적 상황을 반영하여 주제의 진행 기간을 단축하여 운영할 수도 있다. 또한 주제의 특성상 병렬식으로 운영되는 경우도 있고, 주제에서 제시한 소주제가 반드시 첫째 주 소주제 다음에 둘째 주 소주제가 확장되어 운영되지 않을 수 있으므로 어린이집의 개별적 상황을 반영하여 소주제의 순서를 바꾸어 운영할 수 있다.

다음에서 제시한 예시는 기존의 월간 보육계획안처럼 월별로 진행하지 않았지만 비고란에 실행하면 좋은 기간을 제시하고 있다. 이것도 반드시 지켜야 할 필요는 없으나 제시한 기간을 참조하면 활동에 대한 흥미도를 반영하며 진행하는데 도움이 될 수 있다. 실내자유놀이는 흥미영역 활동의 다양성과 주제와의 통합성을 고려하여 영역별로 제시하고 있으나, 어린이집의 개별적 상황에 따라 영역별로 1개 이상의 활동을 원할 수도 있고 다음주로 활동을 지속하여 실행할 수도 있다. 또한 연간보육계획안에서 제시한 주제를 월별로 수립하지 않았으므로 면밀하게 말하면 월간보육계획안이라는 용어보다는 주제별 보육계획이라는 용어가 더 적절하다고 보고 주제별 보육계획이라고 제시하였다.

표 5-4. 「알록달록 가을이에요」 주제별 보육계획안

구분	주	1주	2주	3주	4주	5주	6주
	소주제	가을이에요	가을나들이	나뭇잎이 물들어요	자연물로 놀이해요	알록달록 색깔나라	재미있는 그리기나라
등원 및 맞이하기		아침에 먹고 온 음식을 이야기해보기					
기본생활·안전		스스로 겉옷을 벗어보기 길을 잃었을 때는 제자리에서 기다리기			겉옷을 벗어 옷걸이에 걸어보기 주변의 어른에게 '도와주세요' 이야기해보기		
일상생활	점심 및 간식	바르게 앉아서 먹어보기 (새로운) 음식을 먹어보기					
	낮잠	자고 나서 내 베개를 정리해 보기					
	배변활동	배변 후 선생님의 도움받아(스스로) 옷을 올려 보기 지퍼, 단추 잠궈 보기					
실내 자유 놀이	신체	낙엽비가 내려요	나뭇잎처럼 움직여보기	나뭇잎 징검다리 건너기	콩 주머니 던지기	색 풍선 놀이	같은 색깔 도미노
	언어	과일, 열매 까꿍 카드	나들이 사진보며 이야기 나누기	나뭇잎에 그림편지 쓰기	자연물(탐색)그림책	색깔에도 이름이 있어요	내가 좋아하는 색깔이 있어요
	감각·탐색	내 짝을 찾아주세요 (과일 반쪽찾기)	숟가락으로 열매 옮기기	단풍잎(은행잎) 방석	조각 천 염색하기	색 탁구공을 옮기기	알록달록 색 소금 만들기
	역할·쌓기	낙엽을 청소해요	가을 소풍 놀이	나뭇잎(단풍잎,은행잎) 왕관 쓰고 놀이하기	열매, 나뭇잎 소꿉놀이	삼색 밀가루 반죽으로 요리하기	삼색 밀가루 케익 (생일파티놀이)
		큰 나무 작은 나무 쌓아보기	블록 돗자리 만들기	가을 동산 만들기	나무 무늬 블록으로 식탁, 의자 구성하기	알록달록 색깔 길 만들기	무지개 촉감 블록 쌓고 무너뜨리기
	미술	알록달록 가을 나무 꾸미기	산책 가방 만들기	나뭇잎 왕관 만들기	솔방울에 색깔 입히기	색깔 공을 굴려 그림그리기	까만 크레파스 그림
	음률	열매 마라카스 흔들기	노래 「오리소풍」에 맞춰 춤추기	나무악기 연주하기	춤추는 씨앗 (큰 북 두드리기)	리듬악기 두드리며 「가을바람」 노래 부르기	색 스카프 흔들기
실외놀이		동물 인형 목욕시키기	여러 가지 색, 모양의 나뭇잎이 있어요	가을나들이	나뭇가지에 매달린 물체 탐색하기	흙으로 놀아요	색 돋보기로 바깥풍경 관찰하기
		여러 가지 색, 모양의 나뭇잎이 있어요	가을나들이	나뭇가지에 매달린 물체 탐색하기	흙으로 놀아요	색 돋보기로 바깥풍경 관찰하기	무지개 낙하산 놀이
귀가 및 연계	귀가	가을 날씨 이야기하며 귀가하기			나뭇잎의 변화 살펴보며 귀가하기		
	가정 및 지역사회 연계	가정과의 연계 – 가족과 함께 공원 나들이해보기 지역사회와의 연계 – 공원으로 산책가기 (어린이집에서 가까운 근린공원으로 산책가기)					
비고		– 잘자요 달님 – 숲속에 숲속에 – 날마다 자라요	– 풀밭에 풀밭에 – 나무에 나무에 – 봉숭이 하나 둘 셋	– 나무 – 사과야 빨리 익어라 – 행복한 껴안기	– 재미난 그림책 – 무엇을 들까? – 사과를 자르면	– 깜짝 깜짝 색깔들 – 맛있는 그림책 – 사과가 쿵	– 엉뚱한 그림책 – 크고 작고 – 무엇을 만들까?
		이 주제는 10월 중순~11월에 실시해 보도록 하는 것이 바람직하다. 가을의 날씨를 고려하여 진행시기를 정하고 색깔 주제와 연계하여 6주 동안 계획하되, 교사가 융통성 있게 운영할 수 있다.					

출처: 보건복지부(2013). 어린이집 표준보육과정에 기초한 영아보육프로그램. p.16.

주간 보육계획안은 1주 동안에 이루어지는 모든 활동을 한눈에 파악할 있는 계획안이다. 다음에서 제시한 주간 보육계획안 예시에서는 놀이에는 영아 주도적 놀이 내용을 기록하고, 활동은 교사가 놀이지원을 위한 활동을 기록함을 알 수 있다. 이번 주 영아의 관심을 바탕으로 다음주 예상 관심 놀이를 예상하여 가정과 연계방안을 제시하고 있다.

표 5-5. 보육과정과 예상 놀이주제를 기록한 주간 보육계획안의 예

<table>
<tr><td colspan="3">즐거운 새싹반의 한 주 이야기</td><td colspan="3">기간: 20○○. ○. ○.(월) ~ ○. ○.(금)</td></tr>
<tr><td rowspan="3">새싹반
이번 주
경험</td><td rowspan="2">놀이</td><td colspan="4">여러 가지 돌과 흙 탐색하기
광목 흙 인형놀이</td></tr>
<tr><td colspan="4">비 오는 날 산책하기 흙이랑 놀아요 모래놀이 텃밭 가꾸기</td></tr>
<tr><td>활동</td><td colspan="4">함께 놀아요, 흙이랑 (동화)
던지면 안돼요 (이야기 나누기)</td></tr>
<tr><td rowspan="2">놀이 사진</td><td colspan="3" rowspan="2"></td><td colspan="2">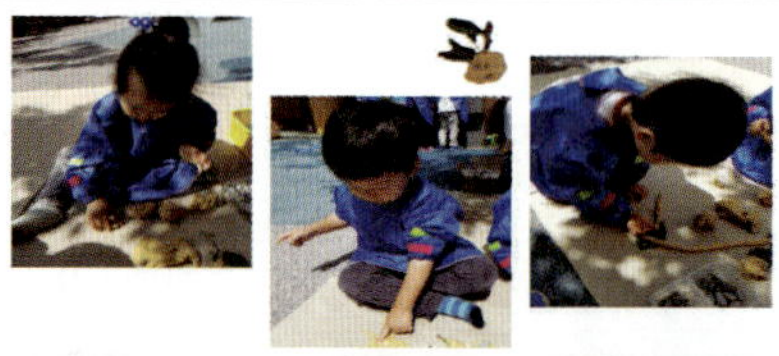</td></tr>
<tr><td colspan="2"></td></tr>
<tr><td rowspan="2">이번 주
유아들의
관심</td><td colspan="3">• 흙이 서로 달라요.
• 흙에도 색깔이 있어요.</td><td colspan="2">• 돌은 여러 가지 종류가 있어요.
• 돌로 여러 가지 놀이를 할 수 있어요.</td></tr>
<tr><td colspan="5">• 이번 주가 끝나갈 즈음 우연히 채색한 투명 통을 창가에 올려놓은 영아들이 창가로 들어오는 빛을 통해 만들어진 무지개를 보며 ‘빛’에 대해 관심을 갖게 되었음. 영아들은 채색된 통과 그렇지 않은 통을 올려놓고 보는 사람의 눈높이에 따른 빛을 관찰하며 즐거워했음.</td></tr>
<tr><td rowspan="2">다음 주
예상 관심과
놀이</td><td colspan="2">• 빛은 예쁜 색깔이 있어요.</td><td colspan="2">• 무지개 빛이 궁금해요</td><td>• 빛은 왜 다 달라요?</td></tr>
<tr><td colspan="5">• 다음 주에는 새싹반 유아들과 반짝이는 ‘빛’에 대해 탐색하고 놀이할 것으로 예상됨.
• 한 주간 햇살처럼 반짝이는 유아들의 즐거운 시도가 가득하길 기대해 봄.</td></tr>
<tr><td>학부모님과
함께 할
내용</td><td colspan="4">• 집 주변에서 볼 수 있는 흙과 돌에 관심을 가질 수 있도록 학부모님이 함께 놀이해 주실 수 있도록 안내하기
• 흙과 돌과 관련된 재미있는 놀이나 경험을 한 유아가 있다면 클래스팅에 관련 사진과 이야기를 올려주시도록 안내하기, 다른 유아들과 함께 보며 자신의 경험을 즐겁게 나눌 것임에 대해 안내하기
• 흙과 돌, 빛과 관련된 도서 및 자원을 기관으로 보내주시도록 안내하기</td><td></td></tr>
</table>

출처: 교육부, 보건복지부(2019). 놀이실행자료. p.132.

다음에서 제시된 예시는 일상생활, 놀이, 활동으로 구분하여 기록한 주간 보육일지 작성 예시이다. 계획된 놀이와 우연히 일어난 놀이상황을 기록했으며, 실행된 놀이에 대한 간단한 평가나 특이사항도 기록해 작성하고 있다. 주간 보육계획을 수립하여 놀이확장 방안과 지원계획을 예상하며, 한 주의 놀이평가를 바탕으로 다음주 예상놀이와 지원계획도 간략히 기록할 수도 있다.

표 5-6. 일상생활, 놀이, 활동으로 구분하여 기록한 주간 보육일지 예

주 간 보 육 일 지 (만 세)			결재	담임	원장
기간	년 월 일 ~ 월 일				
통합보육	등원(7:30~9:00)		하원(16:00~17:00)		
일과(시간)	계획 및 실행				
일상생활	간식 (9:00~9:20) (15:40~16:00)				
	점심식사 (11:20~12:20)	밥과 반찬 골고루 먹어봐요 - 나 한입, 물고기 한입			
	낮잠 및 휴식 (12:20~14:40)	내가 좋아하는 인형과 함께 낮잠매트에 누워봐요 - 엄마, 아빠 사진들고 잘래요			
놀이	실내놀이 (9:20~10:50) (14:40~15:40)	▶ **놀이상황** 바나나향 밀가루 반죽으로 음식 만드는 놀이에 흥미 지속됨. 추가 제공하는 놀이 재료들을 바로 음식 만드는 놀이에 활용하거나 탐색으로 이어짐 ▶ **놀이지원** 화요일) 자른 빨대를 추가로 제공해주어 반죽놀이를 지원함 수요일) 플레이콘 추가 제공, 충분한 탐색시간 제공			
	바깥놀이(대체) (10:50~11:20)	▶ **놀이상황** 연근 탐색 놀이를 더 하고 싶어하는 영아들을 위해 바깥놀이터로 가지고 와서 놀이함. 모래와 연근으로 음식을 만들거나 모래 속에 연근을 숨겨보기도 함			
날짜	놀이평가 및 다음날 지원 계획		반 운영 특이사항		
○일(월)					
○일(화)	밀가루 반죽 놀이에 어떤 재료를 추가해 주는 가에 따라 영아들이 연상하는 음식 모형이 달라지는 것을 볼 수 있음. 자른 빨대 외에 내일은 플레이콘을 추가로 제공해 주어야겠음.				
○일(수)	제공해준 플레이콘을 밀가루 반죽놀이에 사용하기 보다는 플레이콘 자체를 탐색하는 놀이에 더 흥미가 높았음. 충분한 탐색시간을 허용함.		부모개별면담 ○○, ○○○		
○일(목)	영아들의 요구를 반영하여 10분 더 바깥놀이가 이루어짐 ▶ **보건위생관리교육:** 아무 것이나 입에 넣지 않아요 밀가루 반죽으로 놀이 시 입에 넣는 모습이 나타나 먹을 수 있는 것과 없는 것에 대해 인식할 수 있도록 반복적으로 이야기 함.		감염병) ○○○ 낮잠 전 발열증상(37.6도)으로 분리보육 후 조기하원		
○일(금)	플레이콘 탐색 놀이에 대한 흥미가 줄어듬. 다음주 초 영아 놀이에 따라 계속 비치 여부 판단하겠음.				
다음 주 예상 놀이 및 지원 계획	다양한 식재료와 바나나향 밀가루 반죽을 탐색하며 자연스럽게 냄새를 맡고 이를 언어로 표현해보는 놀이가 이루어짐. 로션, 후각통, 포푸리 등 생활 속에서 냄새로 탐색해 볼 수 있는 자료들을 제공해 주고 상호작용을 해봐야겠음.				

- 일상생활 지원을 위한 의미있는 실행을 파란색으로 표시
- 놀이 시간에 정리 및 전이 시간이 포함되므로 이를 고려하여 충분한 놀이 시간을 확보·실시하고 계획된 놀이와 우연히 일어난 놀이 상황을 기록
- 실행된 놀이에 대한 간단한 평가, 일과계획에서 그 날 변동된 시간, 운영의 특이사항 기록
- 한 주의 놀이평가를 바탕으로 다음 주 예상 놀이와 지원계획 및 특이사항을 간략히 기록

출처: 보건복지부, 중앙육아종합지원센터(2022). Q&A로 알아보는 제4차 어린이집 표준보육과정. p.30.

일일 보육계획안은 주간 보육계획안에 기초하여 하루 일과를 시간대에 따라 관련 활동을 정하고 활동별 계획 및 준비물 등을 수립한다. 매일 일관성 있게 실행될 수 있도록 하여 영아가 자연스럽게 다음 활동에 대한 예측이 가능하고 활동에 대해 안정감을 가질 수 있도록 한다. 일반적으로 일일 보육계획안은 하루 일과 전에 미리 수립하여 계획한 것으로 이것을 기반으로 하루 일과를 실행하여 기록하는 것을 보육일지라고 말한다. 따라서 다음에 제시하는 일일 보육계획안 예시는 실행을 제시하여 보육일지로 사용한다는 점에서 일일 보육계획 및 실행이라 명명하였으며, 예시를 살펴보면 다음과 같다.

표 5-7. 일상생활, 놀이, 활동으로 구분하여 기록한 일일 보육계획 및 실행

<table>
<tr><td colspan="3">일 일 보 육 일 지 (만 세)</td><td rowspan="2">결재</td><td>담임</td><td>원장</td></tr>
<tr><td>기간</td><td colspan="2">년 월 일 ~ 월 일</td><td></td><td></td></tr>
<tr><td>통합보육</td><td colspan="2">등원 (7:30~9:00)</td><td colspan="3">하원 (16:00~17:00)</td></tr>
<tr><td>일과(시간)</td><td colspan="5">보육계획 및 실행</td></tr>
<tr><td rowspan="3">일상
생활</td><td>간식
(9:00~9:20)
(15:40~16:00)</td><td colspan="4"></td></tr>
<tr><td>점심식사
(11:20~12:20)</td><td colspan="4">밥과 반찬 골고루 먹어봐요 - 나 한입, 물고기 한입</td></tr>
<tr><td>낮잠 및 휴식
(12:20~14:40)</td><td colspan="4"></td></tr>
<tr><td rowspan="2">놀이</td><td>실내놀이
(9:20~10:50)
(14:40~15:40)</td><td colspan="4">▶ 놀이상황
바나나향 밀가루 반죽으로 음식 만드는 놀이에 흥미가 지속됨. 반죽 위에 소금 뿌리는 흉내를 내거나 반쪽 음식 모형을 붙이며 꾸며보기를 즐김
▶ 놀이지원
자른 빨대를 추가로 제공해주어 반죽놀이를 지원함</td></tr>
<tr><td>바깥놀이(대체)
(10:50~11:20)</td><td colspan="4">▶ 놀이상황
연근 탐색 놀이를 더 하고 싶어하는 영아들을 위해 바깥놀이터로 가지고 와서 놀이함. 모래와 연근으로 음식을 만들거나 모래 속에 연근을 숨겨보기도 함</td></tr>
<tr><td>놀이평가 및
다음날
지원계획</td><td colspan="5">밀가루 반죽 놀이에 어떤 재료를 추가해주는가에 따라 영아들이 연상하는 음식 모형이 달라지는 것을 볼 수 있음. 자른 빨대 외에 내일은 플레이콘을 추가로 제공해 주어야겠음

밥과 국 외에 다른 반찬을 잘 안먹으려는 ○○이를 위해 좋아하는 인형을 옆에 두고 '나 한입, 물고기 한입'하며 작게 자른 반찬을 먹어보기 시도함. 맛 본 후에는 여러 번 더 먹음. 알림장에 기록</td></tr>
<tr><td>반 운영
기록사항</td><td colspan="5">부모 개별면담) ○○○, ○○○
감염병) ○○○ 낮잠 전 발열증상(37.6도)으로 분리보육 후 조기하원

▶ 보건위생관리교육: 아무것이나 입에 넣지 않아요
밀가루 반죽으로 놀이 시 입에 넣는 모습이 나타나 먹을 수 있는 것과 없는 것에 대해 인식할 수 있도록 반복적으로 이야기함</td></tr>
</table>

일상생활 지원을 위한 의미있는 실행을 파란색으로 표시

놀이 시간에 정리 및 전이 시간이 포함되므로 이를 고려하여 충분한 놀이 시간을 확보·실시하고 계획된 놀이와 우연히 일어난 놀이 상황을 기록

실행된 놀이에 대한 간단한 평가, 일과계획에서 그 날 변동된 시간, 운영의 특이사항(부모면담, 안전사고, 감염병 발생 등)을 간략히 기록

출처: 보건복지부, 중앙육아종합지원센터(2022). Q&A로 알아보는 제4차 어린이집 표준보육과정. p.32.

표 5-8. 기존의 서식 활용_영역 구분 삭제한 일일 보육계획 및 실행

OO반 보육일지 (만 세)		결재	담임	원장
기간	년 월 일 ~ 월 일			
교사의 기대	영아들의 배변훈련 과정이 편안하고 기분 좋게 진행되었으면 함			
일과(시간)	보육계획 및 실행	놀이 평가 및 다음날 지원계획		
등원 및 통합보육 (7:30 ~ 9:00)		휴지를 탐색하는 과정에서 흔들고 빨리 달리는 등 영아가 앞을 못보고 넘어질 우려있어, 가까이에서 위치를 잡아주거나 바닥에 떨어진 놀잇감들을 빨리 치우고 책상을 밀어 공간을 넓게 만들어 주었다. 또한 영아가 휴지를 잡고 뿌리는 놀이로도 흥미가 이어져, 내일은 휴지를 담을 수 있는 컵모양 블록 등을 추가로 준비해야겠다. 아기인형 응가 시키고 휴지로 엉덩이 닦아주는 놀이에 관심보여, 내일은 수건, 팬티 등 배변 관련 용품들을 함께 비치해야겠다.		
오전간식 (9:00 ~ 9:20)				
오전 실내놀이 (9:20 ~ 10:50)	▶ **휴지를 탐색해요** 어제부터 휴지를 구기거나 찢으며 즐거워하는 영아들의 관심을 반영하여 오늘은 사각 티슈도 함께 준비하였는데, 영아들이 티슈를 곽에서 뽑아내고 뿌리거나 흔들고 찢으며 자유롭게 탐색하면서 놀이가 시작됨. 탐색과정에서 티슈 가운데가 찢어져 구멍이 뚫리자, 뚫린 구멍으로 교사보고 '안녕' 인사, 까꿍놀이 등 즐김. 찢은 티슈와 휴지 조각들을 교사와 또래 영아들에게 흔들거나 뿌리는 놀이를 반복하는 영아들도 있었음. ▶ **아기인형 응가를 시켜 주어요** 영아들이 휴지를 들고 아기인형에게 다가가더니, 아기인형의 기저귀를 뺀 후 모형변기에 앉혀놓고 "응가"라고 함. 교사가 "아기가 변기에 앉아서 응가하는구나."라고 표현하자, 한 영아는 모형변기에 앉힌 아기인형과 마주 앉아 "끙" 하며 자신도 응가하는 흉내를 냄. 가까이 있던 다른 영아는 아기인형 엉덩이를 씻어주고 휴지로 닦아 주는 모습을 보임.			
바깥놀이(대체) (10:50 ~ 11:20)				
점심식사 (11:20 ~ 12:20)				
낮잠 및 휴식 (12:20 ~ 14:40)				
오후 놀이 (14:40 ~ 15:40)	오전 놀이를 계획 진행하거나 연계하여 놀이하기			
오후 놀이 (14:40 ~ 15:40)				
귀가 및 통합보육 (16:00 ~ 17:00)				
반 운영 기록사항	부모 개별면담 진행: ○○○, ○○○			

'추구하는 인간상'을 중심으로 이번 주에 영아가 어떻게 지냈으면 하는지 기술

실행된 놀이에 대한 간단한 평가와 다음날 놀이 지원 계획 기록

낮잠 후 자연스럽게 실시되는 놀이를 실내·외 구분 없이 기록

반 운영 특이사항 (부모 면담, 안전사고, 감염병 발생 등 기록)

출처: 보건복지부, 중앙육아종합지원센터(2022). Q&A로 알아보는 제4차 어린이집 표준보육과정. p.31.

2) 하루 일과 구성하기

보육실에서의 하루는 영아의 놀이와 반복되는 일상생활 그리고 활동으로 구성된다. 영아 · 놀이중심 보육과정에서는 교사가 미리 계획하여 하루 일과를 운영하기보다는 영아의 흥미와 관심에 따라 놀이를 충분히 즐길 수 있도록 탄력적으로 편성 · 운영하는 것이 중요하다. 어린이집의 하루 일과는 영아가 주도하는 놀이를 중심으로 편성 · 운영하도록 하며, 놀이는 바깥놀이를 포함하여 영아가 충분히 놀이할 수 있도록 한다. 하루 일과에서 영아는 놀이 외에도 일상생활, 활동 등을 하면서 다양한 경험을 한다. 일상생활에 포함되는 등 · 하원, 손씻기, 화장실 다녀오기, 간식, 점심, 휴식, 낮잠 등은 영아의 신체적 리듬을 반영하여 편성 · 운영함으로써 영아들이 하루를 즐겁게 보낼 수 있도록 한다. 활동은 영아가 놀이를 통한 배움을 확장해 갈 수 있도록 돕는 교사의 지원으로, 교사는 영아가 이끄는 놀이를 지원하기 위해 활동을 계획하여 운영할 수 있다. 교사는 미리 계획한 활동을 모두 해야 한다거나 정해진 순서대로 일과를 운영해야 한다는 부담을 내려놓고 영아가 주도하는 놀이의 흐름에 따라 유연하게 하루 일과를 운영하도록 한다. 교사는 영아가 놀이의 흐름이 끊어지지 않고 영아가 놀이에 충분히 몰입하고 의미 있는 배움이 일어날 수 있도록 놀이, 일상생활, 활동을 융통성 있게 운영할 수 있어야 한다.

(1) 놀이시간을 충분히 운영한다

영아들이 바깥놀이를 포함해서 놀이시간이 분절되지 않고 지속적으로 운영될 때 영아가 놀이에 몰입하면서 진정한 배움이 일어난다. 교사는 놀이의 흐름이 끊어졌을 때 중요한 배움의 순간을 놓칠 수 있다고 판단되면 놀이시간을 연장하여 영아들이 충분히 놀았다고 느낄 수 있도록 시간을 편성하도록 한다. 바깥놀이를 포함하여 놀이시간은 하루 일과 구성에서 가장 길게, 가장 우선적으로 충분히 편성 · 운영하도록 한다.

놀잇감 컵에 물을 담고 쏟아내는 놀이를 하다가 물속에서 발도 움직여 보고 몸도 흔들어보는 놀이를 이어서 하고 싶어 하여 계획한 놀이시간을 연장하였다.

출처: 보건복지부(2020). 표준보육과정 해설서. p.65.

(2) 일상생활이 융통성 있고 영아 주도적으로 이루어지도록 한다

일상생활은 기본적인 욕구를 충족시켜 주고 놀이를 잘 할 수 있는 심신의 건강을 제공하는 시간이다. 영아들이 어린이집에서 경험하는 일상생활은 영아가 자신의 개별 욕구에 따라 편안하게 만족하는 경험을 하는 시간이기도 하다. 영아들은 일상생활이 편안하게 이루어질 때 욕구가 충족되고 행복감을 느끼며 영아들은 일상생활을 통해서도 다양한 배움의 기회를 가지기 때문에 영아에게 있어 일상생활은 많은 의미가 있는 경험이다. 따라서 일상생활이 편안하고 즐겁게 이루어지도록 편성·운영하도록 한다.

교사는 영아가 주도적으로 일상생활을 할 수 있도록 충분한 시간을 허용해 주어 영아가 편안함을 느끼며 배움이 즐겁게 이루어질 수 있도록 지원한다. 또한 교사는 영아의 놀이를 중단하지 않으면서 영아의 기본적인 욕구도 충족될 수 있도록 일상생활 운영방법, 일과 중 시간 배치 등의 변화를 시도해 볼 수 있다. 예를 들어, 간식이나 배변 같은 일상생활이 놀이를 하는 중에도 허용될 수 있도록 하며, 매일 반복되는 일상생활도 놀이처럼 즐길 수 있는 방법을 영아와 함께 찾아볼 수 있다.

숟가락에 관심을 보이는 영아가 숟가락을 사용해 스스로 먹으려고 하여 영아가 원하는 대로 혼자서 숟가락으로 먹을 수 있도록 격려하였다.

출처: 보건복지부(2020). 표준보육과정 해설서. p.52.

(3) 놀이와 연결하여 활동을 운영한다

영아의 놀이를 관찰하고, 놀이가 활발하게 이루어질 수 있도록 지원하기 위해 교사는 상황에 따라 필요한 교육적 판단을 자율적으로 지원할 수 있다. 교사는 놀이가 확장해 나갈 수 있도록 지원하기 위해 필요에 따라 활동을 계획하여 운영할 수 있다. 하루 일과 중 활동 시간은 교사가 계획하여 실시하거나 놀이의 흐름을 위해 필요하다면 놀이 중간에 잠깐 모여서 활동을 실시하고 다시 놀이로 연결할 수 있다. 교사는 영아의 놀이지원을 위해 다양한 활동을 계획했다 하더라도 이는 영아의 관심과 흥미에 따라 얼마든지 수정할 수 있으며 운영하지 않을 수도 있다. 활동의 내용은 영아가 주도해 가는 놀이와 연계하여 활동을 지원하는 것이 바람직하며 활동의 방법 또한 영아들이 즐겁게 즐기는 방식으로 지원한다. 교사는 영아의 놀이를 존중하고 이해하면서 영아가 필요로 하는 놀이자료, 놀이공간과 안전 등을 고려하여 필요한 지원을 할 수 있어야 한다. 특히 교사는 영아가 짧고 단편적 놀이 특성을 보이지만 반복적으로 놀이하는 과정에서 배우고 성장한다는 점을 이해하고 이를 지원해야 한다.

그림책에 관심을 가지며 책장을 넘기는 영아에게 그림책에 나오는 토끼 인형을 제공하여 상상놀이를 함께 했다

출처: 보건복지부(2020). 표준보육과정 해설서. p.92.

(4) 하루 일과를 융통성 있게 운영한다

교사는 영아의 놀이를 중심으로 하루 일과를 구성하고 영아의 놀이의 흐름이 끊기지 않고 영아가 충분히 놀이하고 몰입할 수 있도록 한다. 교사는 영아의 놀이를 관찰하고 이를 기록하고 평가한 내용을 바탕으로 다음날의 하루 일과를 다른 순서로 바꿀 수 있다. 어린이집에서는 영아의 건강 상태, 날씨나 계절, 자연현상 등에 따라 하루 일과 순서를 바꿀 수도 있다. 획일적인 하루 일과를 운영하기보다는 낮잠이나 휴식, 배변 등 영아마다 다른 신체리듬을 반영하여 하루 일과를 운영하도록 한다. 또한 교사는 놀이의 상황과 개별 영아의 요구 등을 적절히 반영하여 하루 일과가 원활하게 이루어지도록 운영해야 한다. 특히 영아는 어린이집에 오면서 가정에서 생활하던 신체리듬과 다른 변화를 겪게 되므로 교사는 영아가 어린이집의 하루 일과와 신체리듬에 잘 적응할 있도록 충분히 기다려주며 융통성 있게 지원할 필요가 있다.

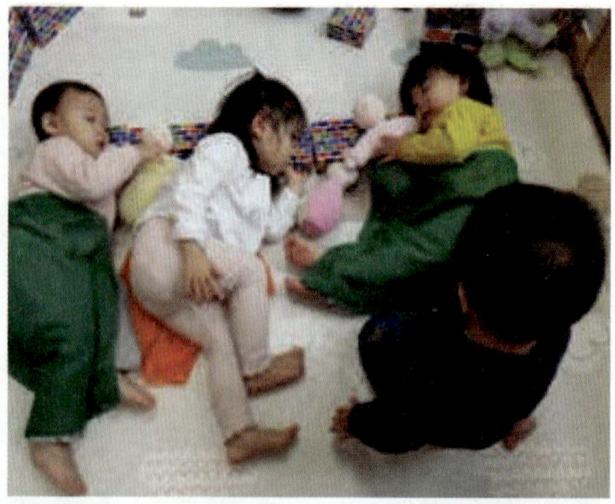

인형을 보자기로 덮어주며 놀이하는 영아가 피곤함을 느끼는 경우 하루 일과 중 휴식시간을 앞당겨 운영할 수 있다.

출처: 보건복지부(2020). 표준보육과정 해설서. p.104.

3. 유아 교수학습계획하기

1) 유아를 위한 교수학습활동계획안의 이해

교수학습활동계획안은 당해연도 설정된 교육목표를 구현해 내는 과정이다. 따라서 조직 내 구성원 간에 의사소통 과정을 통하여 어떻게 구현할지 협의하고 최종적으로 내 학급에 담길 교수학습활동계획을 도출해야 한다. 「2019 개정 누리과정 놀이실행자료」에서 '계획하기'란 교사가 유아의 놀이를 통한 배움을 지원하기 위하여 교육과정 내용과 시간을 조직하는 것으로 설명하고 있다. 개정 누리과정에서는 교사가 미리 모든 것을 계획하고 그대로 실행하는 것을 지양하고 실행된 교육과정을 담는 것을 강조하여 만들어진 교육과정이 아니라 만들어가는 교육과정에 의미를 둔다라고 하였으며, 계획과 관련하여 각 기관의 지역적 특성이나 철학에 맞게 교육계획의 양식이나 작성 시기, 활용 방법을 자율적으로 정하도록 하였다. 따라서 연간, 월간, 주간, 일일 계획안의 형식이나 분량을 자율적으로 할 수 있으며 통합하거나 선택적으로 활용할 수 있음을 강조하고 있음을 염두에 두고 작성 시 유의점을 살펴보면 〈표 5-9〉와 같다.

표 5-9. 교수학습활동계획안 작성 시 유의점

- 교수학습활동계획은 연간, 월간, 주간, 일일교육계획안으로 구분하여 수립하는 것이 일반적이다. 유치원과 어린이집은 학년도를 운영하고 있으므로 시간의 흐름에 맞게 계획을 세우며 교사협의회를 통하여 보다 구체화되고 체계적으로 수립된다. 또한 연간의 내용은 월간에, 월간의 내용은 주간에, 주간의 내용은 일안에 잘 연계되어 일관성이 유지되어야 한다.
- 교수학습활동계획은 어린이집 표준보육과정과 유치원의 누리과정의 교육과정을 근거로 계획된다. 즉, 제4차 어린이집 표준보육과정은 0~2세 영아를 대상으로 기본생활, 신체운동, 의사소통, 사회관계, 예술경험, 자연탐구 영역으로 구분되며, 2019 개정 누리과정은 3~5세 유아를 대상으로 신체운동건강, 의사소통, 사회관계, 예술경험, 자연탐구 영역으로 구분하고 있다. 교수학습계획 시 교육과정의 영역과 내용이 균형적이며 통합적으로 계획에 반영되어야 한다.
- 교수학습활동계획 시 유아의 놀이주제는 연령별 유아들의 선호하는 관심, 계절, 명절이나 행사, 지역의 특색 등을 고려하여 예상 주제를 계획하고, 영유아의 발달단계 및 요구를 반영한다. 특히 발달단계의 차이가 두드러지는 경우 수준별 계획을 추가하여 영유아의 성장을 도울 수 있다.
- 교수학습활동계획 시 기관의 유형이나 규모, 위치, 연간 수업일수, 교육 시간, 관계 기관(교육지원청, 초등학교 등)의 교육계획 등 기관이 가지는 특징을 반영하여 계획을 수립한다. 기관이 가지는 고유의 철학이나 방향성을 충분히 이해하며 우리 기관이 가지는 특성을 반영하여 교수학습활동계획이 마련되어야 한다. 또한 관계 기관이 지향하는 교육의 방향성을 반영하여 계획할 때 교육의 연계성이 확립될 수 있다.
- 교수학습활동계획 시 전년도 교육과정 평가의 내용을 반영하여 계획을 수립해야 한다. 교수학습활동은 계획–실행–평가의 환류를 지속하는 과정이다. 매년 실시하는 교육과정 평가의 내용에서 교사, 학부모가 평가한 내용을 교수학습활동계획 수립에 반영해야 한다.

이러한 사항을 바탕으로 교수학습활동계획을 수립할 때에는 기관 내 교사들 간의 논의의 과정이 무엇보다 중요하다. 새 학기가 시작되기 전에 연령별, 모든 학급, 교육과정반과 방과후반 간의 지속적인 논의를 통하여 우리 유치원과 어린이집, 학급에 맞는 교수학습활동계획을 잘 세우는 일은 집을 짓는 뼈대를 단단히 하는 작업과도 같다고 할 수 있다.

2) 연간교육계획안

연간교육계획은 1년의 과정을 다루는 것이므로 학급 차원보다는 기관 차원에서 수립하는 것이 일반적이며 1년 간의 중요한 경험을 미리 염두에 두고 교직원 협의를 통하여 계획한다. 연간계획은 기관 전체의 구성원이 공유하는 자료이므로 기관 차원에서 검토하며, 유아에게서 발현되는 놀이주제가 학기를 진행하는 동안 즉각적으로 반영될 수 있도록 여지를 남기고 연간교육계획을 작성한다. 앞서도 설명하였듯이 어린이집 표준보육과정이나 개정 누리과정은 '영유아와 교사가 만들어 가는 교육과정'이기 때문에 연간 계획이 수립되었다 하더라도 영유아들의 놀이 경험에 따라 시기와 기간 등이 바뀔 수 있다. 이렇듯 수정·보완되더라도 기초가 되는 연간 계획은 작성해야 하므로 연간 교육·보육계획 작성 시 고려해야 할 사항을 제시하면 〈표 5-10〉과 같다(권혜진 외, 2021; 교육부, 보건복지부, 2019c; 임부연 외, 2021: 이순복 외, 2022).

표 5-10. 연간 교육 작성 시 고려사항

- 연간 교육·보육계획의 수립은 새 학기가 시작되기 전에 실시한다. 2월 중 교사 회의를 통해 전년도 계획과 실행에 대한 평가를 실시한 뒤, 이를 반영하여 계획을 수립한다. 전년도 교육철학과 교육 방향 운영에 대한 협의를 실시하고 지속해 나갈 교육 방향을 수립한다.
- 연간 교육·보육계획은 국가 수준 교육과정에서 추구하는 인간상, 지역 수준의 교육·보육 방향, 학부모의 요구, 유아교육기관의 철학 및 특색 프로그램, 연령, 흥미 등을 고려하여 수립한다.
- 연간–월간–주간 교육·보육활동이 계속성과 계열성을 갖도록 계획한다. 계속성은 연속된 단계 상에서 내용이 반복되도록 고안하는 것으로 3세, 4세, 5세에 가족이라는 주제가 연령이 높아질수록 내용이 더 심화되어 반복되도록 계획한다. 연계성은 유치원, 초·중·고등학교의 학교급 간의 조직 요소가 서로 맞물리는 것으로, 유·초 연계방안을 모색하고 유치원, 초등학교에 다루는 교육내용의 수준과 관련성을 고려하여 계획한다.
- 부모와 지역사회 연계방안을 고려하며 예상되는 놀이주제, 계절 특성, 국가 공휴일과 명절, 주요 행사를 반영한다. 연간 교육·보육계획에는 부모 참여 수업, 견학, 운동회 등을 계획하며, 연간 교육·보육계획안을 부모에게 미리 배부하여 유아교육 및 보육기관의 부모협력을 강화하며 부모 개별 면담, 교육과정 설명회, 공개수업, 부모 강연회, 부모 참관 수업 등 다양한 부모교육 방안을 포함하도록 한다.
- 안전교육계획의 수립은 일 년 단위로 계획한다. 교육부는 '학교 안전교육 7대 표준안'에 따라 안전교육을 실시하고, 어린이집은 「아동복지법」에서 규정한 안전교육의 기준에 따라 교육 내용과 실시 주기를 준수하도록 계획한다.
- 유아가 성, 신체적 특성, 장애, 종교, 가족 및 문화 배경 등으로 인해 차별을 받지 않도록 계획한다.

연간교육계획은 영유아들과 놀이할 주제들로 구성된다. 예상 주제를 배열할 때 고려해야 할 사항을 제시하면 〈표 5-11〉과 같다(교육부, 2016; 보건복지부, 2013;

이정환, 김희진, 2013; 임부연 외, 2021; 이순복 외, 2022).

표 5-11. 예상 주제 배열 시 고려사항

- 3월은 영유아가 새롭게 만나는 환경변화를 이해하도록 돕는 놀이주제로 제시한다. 유치원과 어린이집의 실내 · 외 환경을 소개하고 선생님과 친구를 알고, 상황별 규칙을 알 수 있도록 한다. 2월은 새로운 환경의 적응, 초등연계 등의 내용을 포함하여 구성한다.
- 새로운 환경을 경험할 수 있도록 동심원적으로 영유아의 관심 반경을 넓힌다. 나, 가족, 지역사회, 우리나라, 세계 여러 나라, 우주 등으로 영유아가 경험하는 환경의 범위를 넓히도록 주제를 배열한다.
- 친숙한 주제에서 새로운 주제로 범위를 넓힌다. 매일 경험하는 일상적 주제에서 추상적 주제 및 사회문화적 지식을 습득할 수 있도록 주제의 범위를 다양화한다. 우리 동네, 동식물, 맛있는 음식, 고마운 교통기관 등 구체적이고 영유아가 일상생활에서 경험할 수 있는 것에서 국기, 한글, 위인, 물, 돌, 바람, 지구와 환경 등으로 추상적이고 어려운 개념의 주제를 포함하도록 배열한다.
- 주제를 미리 계획하여 배열하더라도 영유아의 즉각적인 관심이나 특별한 사건이 발생한 경우에는 융통성 있게 놀이주제를 변경하거나 동시에 2개 이상의 주제가 진행되도록 지원한다. 동식물을 주제로 하였지만 관심이 공룡으로 확장된다면 공룡 주제를 추가하여 계획할 수 있으며, 숲, 놀이, 그림자, 거품, 줄, 팽이, 꼬리 등 예상 놀이 주제를 다양화할 수 있다.

유치원에서 수립하는 연간 교육계획을 2012 누리과정과 2019 개정 누리과정의 사례를 살펴보며 비교해 보고, 장단점을 살펴보면 다음과 같다.

표 5-12. 2012 3~5세 누리과정 교사용 지도서의 생활주제별 연간 주제

생활주제	3세 주제	4세 주제	5세 주제
유치원과 친구	유치원/어린이집의 환경	유치원/어린이집의 환경	유치원에서의 환경
	유치원/어린이집에서의 하루	유치원/어린이집에서의 하루	유치원에서의 하루
	유치원/어린이집에서 만난 친구	유치원/어린이집에서 만난 친구	유치원에서의 친구
	함께 놀이하는 유치원/어린이집	함께 만드는 유치원/어린이집	함께 만드는 유치원
나와 가족	나의 몸과 마음	나의 몸과 마음	나의 몸과 마음
	소중한 나	소중한 나	소중한 나
	소중한 가족	소중한 가족	소중한 가족
	행복한 우리 집	가족의 생활과 문화	가족의 생활과 문화
우리 동네	우리 동네 모습	우리 동네 모습	우리 동네 모습
	우리 동네 생활	우리 동네 생활	우리 동네 생활
	우리 동네 사람들	우리 동네 사람들	우리 동네 사람들
		우리 동네 전통과 문화	우리 동네 전통과 문화

생활주제	3세 주제	4세 주제	5세 주제
동식물과 자연	궁금한 동식물	궁금한 동식물	궁금한 동식물
	동물과 우리의 생활	동물과 우리의 생활	동물과 우리의 생활
	식물과 우리의 생활	식물과 우리의 생활	식물과 우리의 생활
	자연과 더불어 사는 우리	자연과 더불어 사는 우리	자연과 더불어 사는 우리
건강과 안전	즐거운 운동과 휴식	즐거운 운동과 휴식	즐거운 운동과 휴식
	깨끗한 나와 환경	깨끗한 나와 환경	깨끗한 나와 환경
	맛있는 음식과 건강	맛있는 음식과 건강	맛있는 음식과 건강
	안전한 놀이와 생활	안전한 놀이와 생활	안전한 놀이와 생활
생활 도구	다양한 생활도구	다양한 생활도구	다양한 생활도구
	생활도구를 움직이는 힘	생활도구를 움직이는 힘	생활도구를 움직이는 힘
	생활도구로서의 미디어	생활도구로서의 미디어	생활도구로서의 미디어
		미래의 생활도구	미래의 생활도구
교통 기관	여러 가지 육상 교통 기관	여러 가지 육상 교통 기관	교통 기관의 종류
	고마운 육상 교통 기관	고마운 육상 교통 기관	고마운 교통 기관
	항공/해상 교통 기관	항공/해상 교통 기관	교통 기관의 변천과정과 구조
	즐거운 교통 생활	즐거운 교통 생활	교통 통신과 교통 생활
우리 나라	우리나라 사람들의 생활	우리나라 사람들의 생활	우리나라 사람들의 생활
	우리나라의 놀이와 예술	우리나라의 놀이와 예술	우리나라의 놀이와 예술
	우리나라의 역사와 자랑거리	우리나라의 역사	우리나라의 역사
		우리나라의 자랑거리	우리나라의 자랑거리
환경과 생활	물과 우리 생활	물과 우리 생활	물과 우리 생활
	돌·흙과 우리 생활	돌·흙과 우리 생활	돌·흙과 우리 생활
	바람·공기와 우리 생활	바람·공기와 우리 생활	바람·공기와 우리 생활
	빛과 우리 생활	빛과 우리 생활	빛과 우리 생활
	소리와 우리 생활	소리와 우리 생활	소리와 우리 생활
봄·여름·가을·겨울	봄	봄	봄
	여름	여름	여름
	가을	가을	가을
	겨울	겨울	겨울

출처: 교육부(2013). 3세 누리과정 교사용지도서.

개정 누리과정에서 유아의 놀이는 보다 강조되며 예상되는 놀이 주제를 아래와 같이 기록하거나 방사선 형태 등으로 기록하여 놀이 흐름에 따라 변경하여 교육과정을 탄력적으로 운영할 수 있도록 하였다.

변화　유치원 연간 운영계획과 예상 되는 놀이 주제만 기록

각 반의 교육 운영은 유아의 놀이를 지원하는 교사의 전문적 자율성으로 운영되므로, 연간계획에는 예상되는 놀이 주제만 기록하게 되었어요. 그 외 유치원 행사, 교사 교육, 가정과의 연계 등의 유치원의 운영계획은 계절과 시간의 흐름을 고려하여 기관의 특성에 맞추어 계획했어요.

월	주	유치원 행사	예상되는 놀이주제	교사교육	가정과의 연계	실습교사
3	1	어린이오리엔테이션 입학식	유치원과 친구			사전실습
	2	유치원 돌아보기		교육과정 연수		
	3	화재대피훈련 (민방위의 날)				
	4	소방안전교육			비정기면담	
4	1	식목일 행사	봄	교사 장학 (연구수업)	제1회 학부모 운영위원회	
	2	신체검사				
	3	부활절 행사		교사 장학 (연구수업)		
	4	텃밭 가꾸기			제1회 정기 부모교육	
	5	어린이날 행사		교사 장학 (연구수업)	학부모 참여프로그램	
5	1	봄소풍	나와 가족			본실
	2	소방안전교육		교사 장학 (연구수업)		

그림 5-1. 2019 개정 누리과정 이후 연간 교육계획의 변화

출처: 2019 개정 누리과정 놀이운영지원, 관찰에 기반한 유아놀이지원자료, 교육부.

3) 월간 및 주간교육계획안

월간, 주간, 일일 계획안의 작성은 기관마다 그 형식이나 분량이 다양하다. 월간, 주간, 일일 계획안을 모두 수립해야 하는 것은 아니지만 일반적으로 주제 및 놀이 전개에 따른 계획을 월간(놀이주제 전개 기간)으로 작성하여 주간 또는 일일 교육계획안의 기초자료로 삼는다. 기관의 철학과 프로그램 운영에 따라 생활주제를 중심으로 영역별로 작성하여 안내하는 기관이 있는가 하면 학급의 놀이의 기록과 평가, OO반의 놀이 이야기 등으로 놀이 후 기록을 안내하고 지원하고자 하는 자원을 기록하는 등 그 방법은 기관의 철학과 교사들 간의 합의에 따라 그 형식은 다양하게 작성되고 있다.

2019 개정 누리과정 이전에는 생활주제를 중심으로 월안이 작성되고, 주별로 하위 주제의 내용들로 구성되어 주간과 일일 교육활동계획이 이루어졌다. 그러나 2019 개정 누리과정에서는 교사가 유아의 경험을 미리 조직하기보다는 유아의 놀

이를 관찰하고 놀이가 충분히 이루어질 수 있도록 유아의 놀이 흐름을 관찰하고 이에 따라 교사가 놀이를 지원하는 방식으로 계획할 것을 강조하고 있다. 즉, 일어나지 않은 놀이의 전개를 교사가 미리 계획을 수립하기는 어렵기 때문에 매일 진행되는 유아의 놀이를 기록하고, 다음날 또는 다음 주제에 지원할 내용을 계획하도록 한다. 어떤 방식이든지 교수학습계획을 수립하고 실행하는 데 있어 기관 내 교직원들이 작성하기 용이하고 계획을 충분히 기록할 수 있는 양식으로 교사 간의 협의가 필요할 것이며, 영유아들의 놀이를 들여다보고 반영할 수 있어야 하는 것은 분명한 사실이다. 교사는 많은 교수학습활동계획을 기록하고 수정하고 보완해 보면서 영유아의 놀이가 충분히 발현될 수 있도록 자신의 역량강화를 위해 노력해야 한다.

표 5-13. 2019 누리과정의 두 개의 놀이주제를 반영한 월간교육계획안의 예

<table>
<tr><th colspan="6">계절 주제(봄)와 유아의 발현된 놀이 주제(반짝이끈)가 동시에 진행됨</th></tr>
<tr><th colspan="2">주</th><th>5월 1주</th><th>5월 2주</th><th>5월 3주</th><th>5월 4주</th></tr>
<tr><td rowspan="3">놀이
(바깥 놀이 포함)</td><td>봄</td><td>• 봄꽃만들기
• 모형꽃, 화분으로 놀기
• 산책 사진으로 만든 책</td><td>• ~~꽃가게 꾸미기~~
• ~~꽃씨 마라카스~~
• 씨앗그림책</td><td>• ~~꽃가게 놀이~~
• ~~꽃모양 막대인형~~</td><td>• 티슈로 나비 만들기
• 봄의곤충그림책</td></tr>
<tr><td colspan="5">유아의 흥미에 따라 새로운 주제 '반짝이끈'이 시작되었고 이를 반영함</td></tr>
<tr><td>반짝이끈</td><td colspan="4">• 반짝이끈 가지고 나가 놀기
• 반짝이끈 나뭇가지에 묶기
• 반짝이끈으로 만든 도구로 운동하기</td></tr>
<tr><td colspan="2" rowspan="3">활동</td><td colspan="4">우리 교실에는 어떤 장난감이 있으면 좋을까?
상자와 반짝이끈으로 어떻게 놀이할 수 있을까?
놀이의 진행과정에 따라 문제해결 의견 나누기</td></tr>
<tr><td colspan="4">동화 '우리가족', '봄소풍'</td></tr>
<tr><td>• 노래 '봄에 피는 꽃'</td><td>• ~~봄꽃찾아오기 게임하기~~
• 반짝이끈으로 신체 표현하기</td><td>• ~~노래 씨앗이 자라서~~
• 반짝이끈으로 게임하기</td><td>• ~~노래 개미~~
• 애벌레 신체표현하기</td></tr>
<tr><td colspan="6">필요한 경우 활동을 통해 유아의 놀이를 지원함.</td></tr>
<tr><td colspan="2">행사일정</td><td colspan="4">5일-원내 어린이날 행사 / 8일-원내 어버이날 행사 & 포토존
22일-원내 손씻기 교육/ 29일-급식도우미활동</td></tr>
</table>

출처: 교육부, 보건복지부(2019c). 2019 개정 누리과정: 놀이 실행자료. p.120.

반면 기존의 교육계획 방식을 벗어나 놀이실행의 과정이 강조되면서 기본적으로 실시하는 교육계획 외에 유아의 놀이실행 내용을 반영한 주간 누리과정 운영 양식은 다음과 같다.

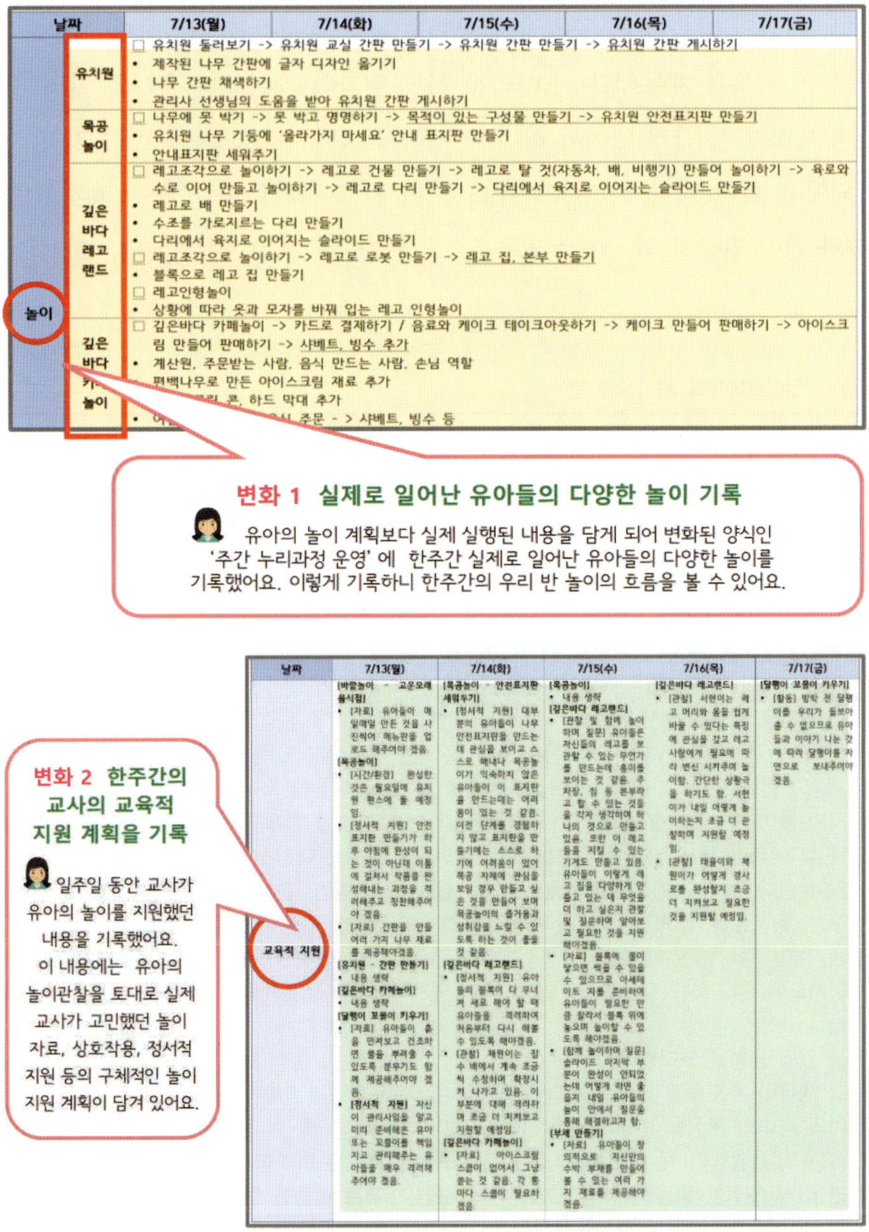

그림 5-2. 2019 개정 누리과정 이후 변화된 주간교육활동

출처: 2019 개정 누리과정 놀이운영지원, 관찰에 기반한 유아놀이지원자료, 교육부.

4) 일일교육계획

유아에게 유아교육기관은 삶, 그 자체이다. 기관에 등·하원하는 영유아는 매일 매일 반복되는 일정으로 동일한 삶의 패턴을 경험하고 놀이하며 사회관계를 형성해간다. 매일의 삶을 통해 규칙적인 경험을 하고 질서감을 형성하며 예절과 청결, 절제 등의 덕목을 체득해간다. 따라서 하루 일과의 계획에는 유아의 삶의 놀이와 교육적 요소가 잘 담겨 있어야 하며, 안전하게 지낼 수 있도록 준비와 지원 사항이 기록되어야 할 것이다. 일일교육계획을 위해 고려해야 할 사항을 제시하면 〈표 5-14〉와 같다(권혜진 외, 2021; 교육부, 보건복지부, 2019; 김부연 외, 2021; 이순복 외, 2022).

표 5-14. 일일교육계획 시 고려사항

- 연간계획과 주간계획에 근거하여 일일교육계획을 수립한다. 연간계획, 주간계획, 일일계획이 연계되는지를 살펴보며 계열성을 점검하고, 계절, 절기, 특별한 날 등이 하루 일과에 반영될 수 있다.
- 유아의 하루 일과는 놀이, 일상생활, 활동을 중심으로 실행되도록 하며, 유아의 흥미와 관심에 따라 놀이를 충분히 즐길 수 있도록 한다. 놀이는 실내·외 놀이를 계획하고, 하루 일과에서 가장 우선적으로 편성·운영한다. 놀이시간을 긴 시간으로 편성하여 놀이 흐름이 끊기지 않고 충분히 놀이에 몰입할 수 있도록 한다.
- 하루에 진행되는 활동의 순서로 배열하며, 놀이주제, 교육목표, 활동명, 진행방법, 준비물, 유의점, 교사 역할, 하루 평가 등의 내용을 포함하여 계획한다.
- 유아가 하루 일과를 통한 시간의 일관성을 예상할 수 있도록 등원, 손 씻기, 화장실 다녀오기, 간식, 점심, 낮잠, 휴식, 하원 지도 등의 하루 일과를 배열한다. 활동 진행 순서는 유아의 의견 반영, 날씨 변화, 신체 리듬을 반영하여 변화할 수 있도록 한다.
- 교사의 놀이지원 활동은 도입, 전개, 마무리의 순서로 활동 전개를 계획하는 것이 좋으며, 유아의 관심과 흥미, 놀이 변화 등을 고려하여 놀이지원 활동은 다양하게 운영될 수 있도록 융통성을 가져야 한다. 놀이지원 활동을 작성할 때는 활동 제시 방법, 전개 방법, 집단형태, 공간구성, 환경구성, 동기유발, 주의집중, 다른 활동으로의 전이 방법, 확장 활동을 고려한다.
- 등원, 놀이, 정리정돈, 대·소집단 및 개별활동, 점심, 간식, 하원 등의 교육활동과 일상생활이 이루어지도록 한다. 생리적 욕구와 일상의 패턴을 고려하여 일일계획의 순서와 시간 안배를 고려한다.
- 활동 간의 균형을 고려한다. 대·소 집단 활동과 개별활동, 동적 활동과 정적 활동, 교사 주도활동과 영유아 주도활동, 실내활동과 실외활동 등이 균형있게 이루어지도록 한다.
- 유아의 흥미와 관심을 반영하여 발현적 교육이 이루어지도록 한다. 유아의 동기과 특별한 사건이 교육의 출발점이 될 수 있다는 점을 인식하여 갑자기 눈이 내리거나 실외에서 개미를 발견한다면 미리 계획한 활동이 아니라 영유아의 관심 주제로 활동을 융통성 있게 운영한다.
- 하루 일과를 마친 뒤, 일일교육계획을 평가하고 이를 기록한다. 교육목표의 적절성, 하루 일과 운영에 대한 개별활동에 대한 평가, 다음날과 활동의 연계방안 등을 작성한다. 유아의 흥미를 바탕으로 놀이가 전개되었는지, 유아가 놀이를 통해 배움이 일어났는지를 살펴본다.

2019 개정 누리과정에서는 놀이를 기록하는 방식도 기관의 구성원들이 협의하여 기록하기 편리한 방식으로 자유롭게 정리할 수 있으며, 놀이 상황을 기록하는 사진이나 지원하고자 하는 내용들에 대한 기록이 보다 풍부해졌다. 다양한 방식이 있겠지만 사례를 소개하면 다음과 같다.

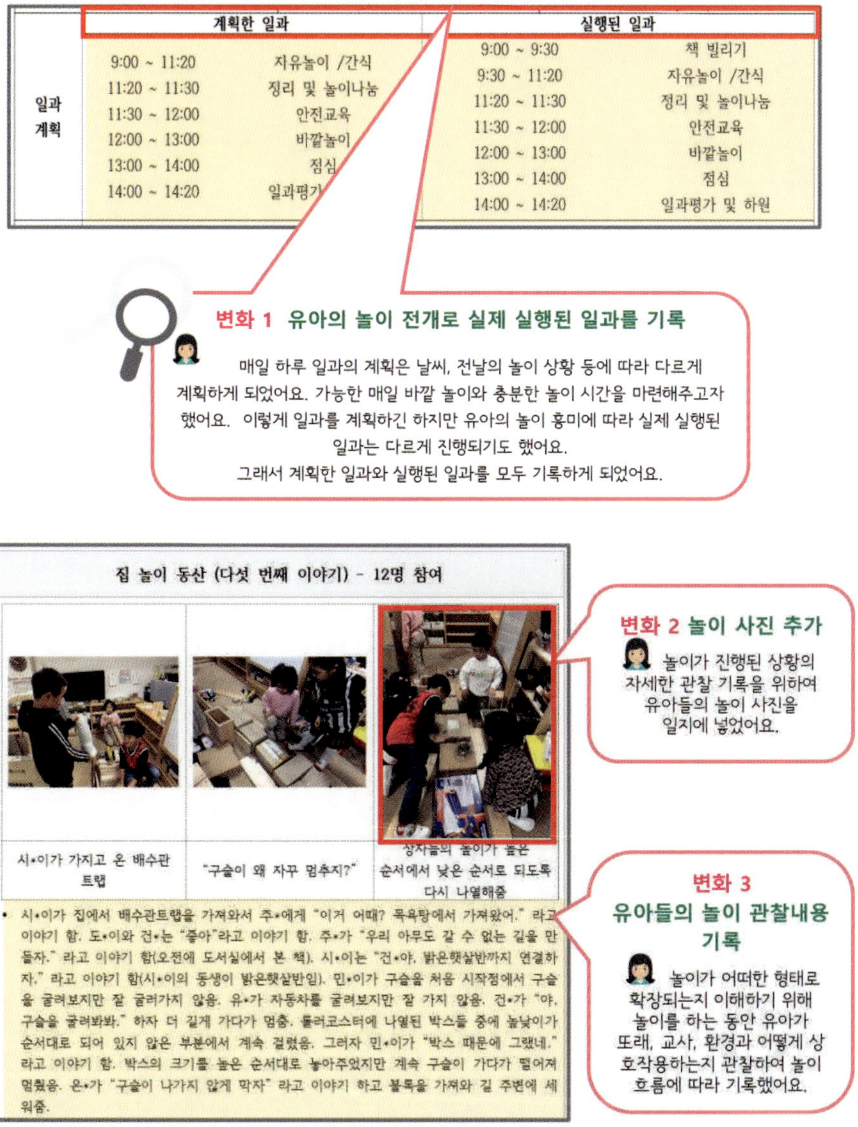

그림 5-3. 2019 개정 누리과정 이후 일일교육계획 기록의 변화

출처: 2019 개정 누리과정 놀이운영지원, 관찰에 기반한 유아놀이지원자료, 교육부.

06
Chapter

교수학습활동실행

배울내용

1. 영아 교수학습실행하기
2. 유아 교수학습실행하기

학습목표

1. 영아를 위한 놀이공간의 실행, 놀이자료의 실행, 상호작용의 실행 및 놀이와 안전의 실행 기술을 습득한다.
2. 유아를 위한 놀이공간의 구성, 놀이자료의 지원, 상호작용의 실행, 놀이와 안전의 균형 및 가정과 지역사회 연계를 통한 지원 기술을 습득한다.

영유아를 위한 교수학습의 실행은 어린이집에서 보육과정을 운영하면서 영유아의 배움을 지원하기 위해 교사가 구체적으로 어떻게 실제를 구현할지에 대한 것이다. 유아·놀이중심 표준교육과정은 교사가 영유아의 흥미와 관심, 개별 특성을 존중하며 영유아의 다양한 놀이와 경험을 지원할 수 있도록 공간을 구성하고, 자료와 시간을 조직하고 상호작용에 변화를 줄 것을 기대한다. 따라서 본 장에서는 어린이집에서 영유아·놀이중심 보육과정을 편성하고 운영하기 위해 국가 수준의 보육과정인 제4차 어린이집 표준보육과정에 기초한 영유아를 위한 교수학습실행에 대해 알아보고자 한다.

1. 영아 교수학습실행하기

1) 영아를 위한 놀이공간의 실행

교사는 영아가 공간에 부여하는 의미를 이해하기 위해 놀이의 흐름을 관찰하면서 영아의 놀이를 방해하는 요소가 무엇인지, 영아의 놀이를 확장해 나갈 수 있는 요소는 무엇인지 파악하여 영아에게 필요한 놀이공간을 구성해야 한다. 어린이집에서 환경으로서의 공간은 실내와 실외공간 또는 영아가 이용하는 어린이집 밖의 지역사회 공간까지 포함한다. 보육실을 포함한 어린이집의 실내공간은 영아에게 가장 친숙한 놀이환경이다. 교사는 놀이공간을 구성하고 변형해 나가며 영아의 놀이가 자연스럽게 이루어지도록 한다. 영아의 흥미와 놀이흐름에 따라 새로운 영역을 구성할 수 있으며, 이때 영아가 주도적으로 놀이영역을 창의적으로 만들어 갈 수 있도록 지원해야 한다.

교사는 보육실의 실내 놀이공간을 어떻게 구성할지, 실외 놀이공간을 어떻게 활용할 것인가에 대해 고민하게 된다. 영아의 경우, 신체를 움직이며 탐색할 수 있는 충분한 공간을 구성해 주는 것이 필요하다. 무엇보다 영아가 놀이할 수 있는 놀이

공간은 먼저 안전에 문제가 없는지 파악한 후에 놀이공간으로 구성해야 한다. 놀이공간은 언제든지 변할 수 있고 영아의 관심과 요구에 따라 조정할 수 있으며, 영아의 놀이에 따라 즉각적으로 재구성해주고 실내·외 전체 공간을 다양하게 활용할 수 있어야 한다. 따라서 교사는 다양한 실내·외 놀이공간을 제공하여 영아의 놀이가 활성화되도록 도와주어야 한다.

(1) 놀이공간을 융통성 있게 배치해본다

교사는 어린이집의 보육철학이나 보육실의 물리적 구조, 영아의 발달수준, 영아의 흥미 등을 고려하여 교사의 교육적 판단에 따라 보육실의 놀이공간을 구성할 수 있다. 특히 보육실의 흥미영역은 영아들이 가장 좋아하는 놀이를 중심으로 구성하는 것이 좋으며 영아들이 흥미를 보이지 않는 영역은 다른 영역과 통합하여 재구성하거나 다른 영역으로 대체하여 구성할 수도 있다. 또한 흥미영역은 보육실 내에 반드시 배치되어야 하는 영역으로 정해져 있는 것이 아니므로 영아의 놀이를 지원할 수 있도록 공간을 융통성 있게 구성한다.

영아의 놀이에 따라 넓은 공간이 필요하기도 하고 분리된 작은 공간이 필요하기도 하므로 영아의 관심과 흥미를 반영하여 조정할 수 있다. 놀이공간은 교사가 자율성을 가지고 축소하거나 확장할 수도 있고, 조용한 곳으로 옮겨줄 수도 있으며, 놀이가 서로 연결될 수 있도록 다시 배치할 수도 있다.

놀이영역을 정해놓지 않고 영아의 흥미와 놀이에 따라 놀이공간을 자유롭게 활용하며 놀이하였다.

출처: 보건복지부(2013). 영아보육프로그램 2세_1권. p.141.

(2) 놀이하는 공간을 넓혀본다

보육실 안의 놀이공간을 지나치게 많은 놀잇감이나 교구장 혹은 책상과 의자로 가득차 있을 경우 오히려 영아가 놀이할 수 있는 공간이 충분하지 않아 영아가 놀이에 몰입하는 데 방해가 된다. 교사는 영아의 놀이를 관찰하면서 놀이공간을 넓혀야 한다고 판단되거나 영아가 불편함을 내색하는 것을 잘 파악하여 영아의 놀이를 방해하는 가구들이나 영아가 흥미를 보이지 않는 놀잇감은 치워줌으로써 충분한 놀이공간을 만들어주어야 한다. 영아의 경우 활발한 신체 활동이 있기 때문에 활동에 있어 제한이 있거나 놀이하는 데 불편함이 있을 수 있으므로 영아가 자유롭게 움직이고 활발히 활동할 수 있는 충분한 놀이공간을 구성해주어야 한다. 또한 놀이영역을 완벽하게 갖추고 놀이영역 안에 놀잇감을 제한시키면 영아가 놀이하는 데 있어서 놀이가 중단될 수 있고 통합적인 놀이가 이루어지지 않는다. 따라서 교사는 영아의 흥미와 요구를 반영하여 영아가 놀이를 통해 각 영역의 내용이 자연스럽고 통합적으로 나타날 수 있도록 안전을 고려하여 놀이공간을 확장시킬 수 있다.

영아들이 잘 가지고 놀지 않는 놀잇감을 치우고 일부 교구장을 정리하여 보육실 안의 놀이공간을 넓혀보았다.

출처: 보건복지부(2013). 영아보육프로그램 1세_1권. p.188.

(3) 다른 놀이공간을 찾아본다

영아는 놀이를 하다가 우연히 발견한 공간이나 스스로 찾아낸 공간에 애착을 갖고 더 좋아한다. 보육실 밖의 복도나 계단, 구석진 공간 등 영아가 놀이할 수 있는 공간은 우선 안전에 문제가 없는지 확인한 후에 놀이공간으로 활용할 수 있다. 무엇보다 공간의 특성과 안전을 고려하여 놀이공간으로 만드는 것이 중요하다. 특히 실외공간은 영아가 마음껏 뛰어놀며 자연과 계절의 변화를 만나고 탐색할 수 있는 놀이환경으로 교사는 영아가 몸을 충분히 움직여 즐겁게 놀이하고 위험으로부터 자신을 안전하게 보호하는 능력을 기를 수 있도록 지원해야 한다. 교사는 각 공간의 위험 요인을 미리 점검하고 안전하게 조치한 후 영아들이 활발한 신체 움직임을 바탕으로 자유롭게 탐색하는 놀이를 다양하게 경험할 수 있고 안전하게 놀이할 수 있는 공간으로 구성해야 한다.

영아는 조용하고 구석진 곳을 좋아하며 자신만의 공간에 더 애착을 갖고 특별한 놀이경험이 되는 새로운 놀이공간이 된다.

출처: 중앙육아종합지원센터(2021). 놀면서 자란다. p.165.

2) 영아를 위한 놀이자료의 실행

영아에게 놀이자료는 자신의 감정과 생각, 상상 등을 자유롭게 표현하는 방식이자 세상에 대한 이해를 넓혀 나가는 데 중요한 역할을 하는 배움의 주요 도구이다. 영아의 놀이자료는 영아가 놀이에 사용할 수 있는 놀잇감, 매체, 재료와 도구 등을 포함한다. 영아는 보고 듣고 만지며 자유롭게 표현하기도 하며 다양한 놀이자료를 탐색하며 자신의 방식으로 재창조해 나간다. 특히 영아의 발달 특성에 적합한 크기, 감촉, 모양이나 색을 고려하여 놀이자료를 지원해야 한다.

교사는 영아에게 일상의 평범한 사물, 자연물, 미술 재료, 그림책 등을 적절하게 지원할 수 있으며 상황에 따라서는 자연현상이나 디지털 매체 등도 영아의 놀이를 풍부하게 만들어주는 놀이자료가 된다. 비구조적인 열린 자료를 풍부하게 지원하여 영아가 자신만의 방법으로 활용할 수 있도록 지원하며 영아가 찾아낸 새로운 놀이자료도 허용해주고, 놀이자료를 다른 방식으로 놀이하더라도 존중해주어야 한다. 따라서 놀이자료를 제공할 때는 영아가 자유롭게 탐색할 수 있도록 안전한 범위 내에서 놀이자료의 사용방법이나 놀이방식을 엄격하게 제한하지 않도록 유의해야 한다. 교사는 영아의 놀이를 인정하고 이해하면서 영아가 필요로 하는 놀이자료를 안전을 고려하여 필요한 지원을 할 수 있다. 영아는 정해진 놀이자료나 놀이방법만이 아니라 자신만의 방식으로 탐색하고 자유롭게 놀이를 이끌어 갈 때 진정한 배움이 일어나기 때문에 교사는 이를 의미 있게 여기고 지원할 수 있어야 한다.

(1) 유아가 결정한 자료 활용 방법을 격려한다

교사가 새로운 자료를 내어 줄 때는 일반적으로 특별한 교육적 목표를 가지고 제공하며 어떠한 의도나 기대를 한다. 그러나 영아는 교사의 의도나 기대와 다르게 자신만의 놀이방식으로 다르게 놀이자료를 활용한다. 어떤 놀이자료는 반복적으로 탐색하기도 하고 오랫동안 놀이 속에서 다양한 방법으로 놀이자료를 활용하기도 한다. 따라서 교사가 계획한 놀이방식대로 선택하게 하여 놀이를 이끌어가는 것보다 영아가 자신만의 방식으로 자유롭게 이끌어가는 놀이를 관찰하고 수용하면서 영아가 스스로 선택한 놀이방법 속에서 의미 있는 배움이 일어나도록 지원해야 한다.

놀이자료의 정해진 방법으로 노는 것이 아니라 자신만의 방법으로 놀이를 하고 있다.

출처: 보건복지부(2013). 영아보육프로그램 1세_2권. p.161.

(2) 자연물이나 자연현상도 자료가 될 수 있다

영아는 바깥놀이를 하거나 주변의 공원이나 숲을 산책하면서 곤충, 나무, 풀, 꽃 등의 자연물을 보고 만지고 냄새 맡으면서 발견의 즐거움과 놀라움 등의 감정을 느낀다. 영아는 자연물로 놀이하는 과정에서 촉감, 색, 모양과 같은 생명의 소중함, 자연물의 본래 특성과 아름다움을 느끼는 경험을 하며 그 속에서 배움이 일어난다. 빛과 그림자, 눈, 비, 바람 등과 같은 자연현상도 놀이의 자료로 활용될 수 있다. 이처럼 자연은 영아의 일상 생활 속에서 탐색, 관찰, 몰입을 통해 배움이 일어나도록 하는 중요한 놀이자료이다.

흙을 가지고 놀이를 하고 있으며, 꽃을 보고 만지고 냄새를 맡으며 자연물의 본래 특성과 심미감을 경험하며 놀이를 하고 있다.

출처: 보건복지부(2013). 영아보육프로그램 1세_1권. p.177, 236.

(3) 다양한 일상의 사물을 놀이자료로 활용한다

놀이방법이 정해져 있고 제한되어 있는 놀잇감보다 일상에서 발견하는 여러 가지 물건들이 영아의 놀이를 더 활발하게 해준다. 영아는 일상생활의 물건을 놀이자료로 활용하면서 정해진 용도 외에 물건이 가지고 있는 본래의 특성과 모양, 크기, 색깔, 질감 등 다양한 요소를 발견하여 자신만의 방법으로 놀이를 창조해 나간다. 교사는 상품화되거나 구조화된 놀잇감보다는 비구조적인 다양한 열린 자료를 풍부하게 지원하여 영아가 자신만의 방식으로 활용할 수 있도록 지원한다.

재활용품 상자 안에서 자신만의 놀이방법으로 놀이를 하고, 일상생활의 물건인 화장지를 활용하여 새로운 놀이를 하고 있다.

출처: 보건복지부(2013). 영아보육프로그램 1세_1권. p.292, 1세_2권. p.225.

(4) 자료가 없어도 놀이할 수 있다

영아는 자신의 신체를 움직여 주변 세계를 알아가고, 자신의 생각과 느낌을 표현하며 여러 가지 놀이를 한다. 바깥놀이를 하면 영아는 특별한 놀이자료가 없어도 자신의 신체를 자유롭게 움직이면서 놀이를 할 수 있고, 다른 유아와 함께 몸을 이용한 놀이를 하기도 한다. 교사는 실내놀이로 제한하거나 특정 신체 움직임을 지시하는 놀이보다는 궁금한 것을 찾아 자유롭게 탐색하고 몸을 충분히 움직여 다양한 놀이를 경험할 수 있도록 지원한다.

영아는 별다른 놀이자료가 없어도 손잡고 걷는것만으로도 기쁨을 느끼며 즐거운 놀이가 된다.

출처: 보건복지부(2013). 영아보육프로그램 1세_2권. p.178, 250.

3) 영아를 위한 상호작용의 실행

영아는 어린이집에서 또래, 교사 및 자신을 둘러싼 환경 등과 관계를 맺으며 적극적으로 상호작용하면서 세상을 이해하고 배움을 이루어 나간다. 영아는 놀이를 하고 있지 않거나 가만히 있는 것처럼 보이지만, 이 순간도 영아는 놀이를 하고 있다. 누구와 어떤 놀이자료를 가지고 어디에서 놀이를 할지 생각하는 과정일 수도 있고, 또래 영아의 놀이를 바라본다거나 또래 영아의 놀이에 눈빛, 표정, 움직임, 울음 등으로 자신의 생각과 의견을 표현하고 관심과 반응을 나타내는 행동일 수 있다. 따라서 교사는 영아가 바라보는 곳을 함께 바라보고 주의 깊게 관찰하면서 영아에게 필요한 놀이자료를 지원해야 한다. 또한 영아의 경우 또래 간 상호작용과 더불어 교사와의 신뢰감과 애착형성이 중요하므로 영아가 놀이에서 만나는 다양한 관계에 관심을 기울이고 함께 상호작용을 하며 배움을 지원해야 한다.

유아와 환경과의 상호작용은 앞에서 다룬 놀이공간, 놀이자료 등의 내용을 참고하여 교사는 영아의 안전이 보장되는 범위 내에서 영아가 자신만의 방식으로 자유롭게 이끌어 가는 놀이를 인정하고 존중해 주는 열린 태도를 가지도록 한다.

(1) 영아 간의 상호작용을 지원한다

영아는 혼자 놀이하거나 원하는 또래와 함께 놀이를 할 수 있다. 주로 혼자만 노는 영아, 같은 또래하고만 노는 영아, 놀이 상대가 계속 바뀌는 영아도 있다. 영아는 또래들과 놀이하면서 영아와 영아 사이의 상호작용이 더 활발하게 일어난다. 교사는 영아들이 자유롭고 활기차게 놀이할 수 있는 분위기를 제공하여 영아 사이의 다양한 상호작용을 격려해 주어야 한다.

교사는 혼자 놀이하는 유아를 걱정하는 경우가 많은데, 혼자 놀이하는 영아를 무조건 다른 영아들과 함께 놀이하도록 유도하기보다는 영아가 스스로 놀이에 몰입하고 있다면 영아가 자유롭게 주도적으로 놀이하는 것을 인정하고 존중해주는 것이 바람직하다. 영아가 혼자서 어떻게 놀이를 만들고 확장해나가는지 주의 깊게 관찰하면서 영아의 놀이경험을 이해하고 시간과 공간을 허용해 주도록 한다.

(2) 영아와 환경의 상호작용을 지원한다

환경은 영아의 놀이를 활성화시키며 영아가 다양한 배움을 경험하게 한다. 영아와 환경과의 상호작용은 영아 주변의 친근한 공간, 자료, 일상생활에서 자연스럽게 만나는 모든 환경과의 교감을 의미한다. 영아가 모든 물건 및 주변환경과 교감하면서 표현하는 말과 행동은 영아가 환경과 상호작용하며 배우는 과정이다. 영아의 흥미와 관심이 있는 모든 공간은 영아에게 전부 의미 있는 공간이므로 영아 스스로 놀이공간으로 활용할 수 있도록 안전하고 충분한 공간을 지원해 준다. 영아는 여러 가지 물건, 자료, 자연물 등을 만지고 움직여 보며 새로운 관심과 흥미를 가지게 되고, 창의적으로 만들어 가기도 한다. 또한 영아는 다양한 놀이자료를 활용하며 매일 다른 놀이를 하면서 즐거워한다. 교사는 영아가 어떻게 놀이자료를 활용하여 상호작용하는지를 관찰하면서 영아의 관심과 흥미에 교감하며 상호작용을 수용하고 격려한다.

영아는 혼자서도 반복적으로 탐색하는 과정을 통해 배워나가므로 교사는 영아의 환경 탐색에 대해 관심을 가지고 지원하며, 영아와 환경과의 상호작용에 주의를 기울이고 존중하며 영아들이 환경과 능동적이고 즐겁게 상호작용할 수 있도록 지원해야 한다.

(3) 놀이지원을 위해 관찰한다

교사는 활발한 상호작용을 위해 영아의 놀이에 무조건 개입을 하고 언어적 상호작용이 필수 요건이라고 생각하기도 한다. 영아의 놀이를 지원하기 위해서는 즉각적인 언어적 반응보다는 때로는 영아의 움직임을 따라해 보기도 하고 때로는 영아가 바라보는 곳을 함께 바라보기도 하면서 기다리는 것도 중요하다. 교사는 영아를 바라보고 기다리는 것도 상호작용이 될 수 있다는 점을 이해하고 세심한 관찰을 통해 상호작용을 지원할 필요가 있다. 영아의 언어뿐 아니라 영아가 놀이에서 보이는 감정 상태, 흥미를 보이고 탐색하는 움직임이나 영아가 궁금해 하는 표정이나 몸짓을 관찰하면서 적절한 순간과 적절한 방법을 잘 판단하여 영아의 배움을 이끄는 상호작용을 지원해야 한다. 따라서 교사는 관심을 가지고 주의 깊게 영아를 살피는 자세가 필요하다.

(4) 영아의 놀이에 참여하며 지원한다

영아와 교사가 놀이의 즐거움을 공유할 수 있는 기회가 많을수록 영아와 교사 사이에 진정한 공감과 신뢰가 형성된다. 그러므로 교사는 영아의 놀이를 배움의 과정이자 삶 자체로 이해하고 영아의 놀이를 지원해야 한다. 필요한 경우 공동 놀이자로 참여함으로써 교사는 놀이의 맥락을 더 잘 이해하게 되고, 보다 효과적으로 지원할 수 있다. 교사는 영아의 관심이 어디에 있는지 파악하고 칭찬, 격려, 미소 등 정서적 또는 언어적 상호작용을 통해 영아의 놀이를 긍정적으로 수용하고 지원한다. 또한 영아의 관심과 흥미에 공감하며 놀이를 지원하는 상호작용을 하도록 하며 더욱 유의미한 배움이 일어나도록 한다. 영아의 놀이에 참여하면서 영아를 이해할 때 교사의 지원은 자연스럽게 이어진다.

(5) 정서적으로 지원해준다

교사는 영아가 놀이를 통해 자신감을 경험할 수 있도록 미소, 끄덕거림, 공감하는 표정과 같은 긍정적인 정서지원을 해주어야 한다. "OO이가 색칠을 아주 빈틈없이 꼼꼼하게 했구나!"와 같은 긍정적인 언어적 상호작용도 영아의 정서를 지원해 주는 바람직한 방법이다. 교사는 영아의 놀이에 긍정적인 지원을 해주면 영아는 인정받고 존중받는 감정을 느끼게 되고 놀이를 좀 더 주도적으로 확장해 나간다.

교사는 동시에 영아가 놀이하는 과정에서 느끼는 부정적인 감정에도 관심을 가져야 한다. 영아는 놀이하면서 좌절감, 걱정, 불안 등의 감정을 느낄 수 있으므로, 교사는 유아의 정서를 인지하고 영아가 안정적인 정서를 갖도록 교감해주어야 한다. 영아는 교사로부터 위로와 공감을 받는다고 느끼면 편안한 상태로 놀이에 좀 더 몰입하게 된다.

4) 영아를 위한 놀이와 안전의 실행

영아는 위험 상황을 예측하는 능력이 부족하므로 놀잇감을 위험하게 만들거나 사용함으로써 안전사고가 발생하기도 한다. 놀이를 하는 과정 중에 과격하게 부딪힐 수도 있고 거친 신체놀이가 일어날 수도 있다. 특히 영아들은 호기심이 많아 궁금한 것을 찾아 자유롭게 탐색하기도 하고 모험과 도전을 하기도 한다. 교사는 안전한 놀이를 위해 물리적 환경의 안전성을 점검하고 위험한 사물이나 놀잇감은 미리 차단하여야 한다. 영아가 안전하게 놀이할 수 있는 놀이공간과 놀이자료를 구성해야 하며 안전성이 확보되었다면 자유롭게 놀이할 수 있도록 한다. 그러나 안전사고는 언제든지 일어날 수 있으므로 교사는 영아에게 어떤 것이 위험하고 어떤 것이 안전한지를 알 수 있는 방법을 반복적으로 얘기해 주고 위험으로부터 자신을 안전하게 보호하는 능력을 길러주는 지원을 해야 한다.

(1) 안전이라는 이유로 놀이를 불필요하게 제한했는지 검토해본다

교사는 위험요소가 있는 놀이상황에 대해 무조건 못하게 하는 것보다 왜 위험한지를 일관적이고 지속적으로 이야기해 주어야 한다. 교사는 영아의 놀이가 안전하게 이루어질 수 있도록 세심하게 관찰하고 지원하되, 한번 정해진 놀이규칙을 고집하기보다는 허용할 수 있는 방법을 찾아보는 것도 필요하다.

(2) 위험한 요소가 있는지 유아 스스로 살펴볼 시간과 기회를 준다

교사는 일상적 사물이나 자연물을 영아의 놀이자료로 허용할 때 반드시 위험요소가 있는지 점검해야 한다. 교사는 조심할 부분에 대해 영아에게 직접 알려주고 안전하게 다루려면 어떻게 해야 하는지도 얘기해 준다.

2. 유아 교수학습실행하기

2019 개정 누리과정은 유아중심 · 놀이중심 교육과정으로 교사가 유아의 관심과 흥미, 개별적 요구에 맞는 다양한 공간을 구성하고 다양한 자원을 통한 상호작용과 놀이경험을 제공해 주는 놀이 지원자이자 참여자일 것을 기대한다. 이제 교수학습활동의 실행은 단순히 유아에게 지식을 전달하는 가르치는 수업에서 벗어나 놀이 공간을 구성하고 놀이자료를 지원하며 유아와 상호작용하고 놀이상황에서 안전을 살피고 가정과 지역사회 연계하는 지원 내용을 다루고 있다.

1) 유아를 위한 놀이공간의 구성

교수학습활동이 이루어지는 공간은 실내공간(교실, 복도, 유희실 등)과 실외공간(놀이터, 통학로, 유치원 주변 공원 등)으로 구분할 수 있다. 이러한 공간들은 유아가 매일 생활하고 활동하는 곳으로 놀이의 시작 및 전개, 안전에 많은 영향을 미친다. 교사는 사전에 유아들의 놀이를 관찰하고 과정을 지켜보며 유아의 놀이에 있어 공간이 주는 의미를 파악하여야 한다. 유아가 공간에 부여하는 의미를 이해하기 위해 놀이의 전개를 지켜보면서 유아의 놀이를 방해하는 요소가 무엇인지를 관찰하고, 유아의 의견을 반영하여 놀이공간을 구성하고 운영해가는 자율성을 가진다. 따라서 유아들이 생활하는 유치원의 공간은 단순한 건축물 이상의 의미가 부여되며 구성원의 상호작용에 의해 재구조화된다.

교사는 새로운 교실이나 보육실의 실내 · 외 놀이공간을 어떻게 구성하고 활용할지에 대해 고민하고 학급의 원아수, 성별의 비율, 유아들의 전반적인 놀이성향을 고려하여 적합성을 판단해보아야 한다. 학기 초에는 놀이자료를 구분하기 위한 기본적인 영역을 구분하고 각 영역이 지나치게 협소해지지 않도록 가구를 배치해 보는 것이 좋다. 또한 놀이의 내용이나 목적에 따라 공간을 융통성 있게 재배치하며 실내 · 외 전체 공간을 놀이를 위해 다양하게 활용하려는 노력이 지속적으로 필요하다.

(1) 놀이공간을 융통성 있게 배치해본다

교수학습실행을 위한 놀이공간의 배치는 기관의 교육철학이나 교실의 물리적 구조, 유아의 연령, 흥미 등에 따라 자율성을 가지고 공간을 구성할 수 있다. 아이들의 놀이영역은 반드시 교실에 한정짓기보다는 교실 외의 장소로 확장하여 지원할 수 있어야 한다.

유아의 놀이방법이나 내용에 따라 넓은 공간이 필요하기도 하고 분리된 작은 공간이 필요하기도 하므로 영역의 크기는 유아의 흥미와 놀이의 흐름에 따라 조정하도록 한다. 영유아들과의 의사결정을 통하여 확장이나 축소, 이동 등 공간 활용의 자율성을 가진다.

(2) 놀이하는 공간을 넓혀본다

지나치게 많은 놀잇감, 교구장, 책상과 의자로 가득 찬 교실은 정작 유아가 놀이에 몰입하기에는 공간이 충분하지 않은 경우가 많다. 모든 흥미영역을 배치하고 놀이 인원수를 제한하거나 공간이 좁아 놀이 결과물을 즉시 치워야 한다면 놀이의 흐름은 중단될 수 있다. 해당 학급의 연령과 유아들의 관심을 파악하여 영역의 구성을 최소화하고 공간을 확보해주어 영유아들이 보다 넓은 공간에서 놀이를 확장할 수 있도록 공간을 넓혀 준다. 특히 놀잇감을 영역에서 놀이로만 국한한다면 놀이가 단절되거나 통합적 놀이가 이루어지기 어려울 수 있다. 놀이의 전개가 다양하고 활발하게 이루어질 수 있도록 공간 사용의 탄력적 운영이 필요하다.

유아들의 놀이를 관찰하며 놀이에 좁은 공간이 방해가 된다고 판단되면 가구나 설비를 치우거나 관심이 적은 놀잇감을 제거함으로써 놀이공간을 충분히 만들 수 있다.

(3) 유아에게 공간 배치의 주도권을 주어 본다

유아가 사용하는 교실은 유아와 교사가 함께 만들어가는 공간이다. 따라서 교사에게만 주도권이 있다고 생각하거나 유아에게만 있다고 생각해서는 안 된다. 유아와 교사가 서로 협의하여 사용할 공간을 재배치하고 변경할 수 있다. 교사가 유아의 놀이를 따라가면서 자연스럽게 유아 스스로 놀이공간을 배치하도록 돕거나 변경하도록 지원하다 보면 유아들은 교실 공간에 대한 새로운 아이디어와 창의적 발상으로 놀이의 몰입이 높아진다. 주의할 점은 어떤 유아는 조용한 혼자의 놀이공간이 필요하거나 공간 구성이 지나치게 자주 바뀌는 것을 싫어할 수도 있으므로 다수와 개인의 놀이가 모두 존중될 수 있는 교실 내 문화를 만드는 것이 좋다.

(4) 다른 놀이공간을 찾아본다

유아들은 자신들만의 놀이공간을 구성하고 발견하였을 때 애착을 갖고 즐겁게 놀이한다. 교실 외의 공간으로 복도, 현관 입구, 교실과 교실 간의 공간 등이 안전하다면 놀이공간으로 허용될 수 있다. 새로운 공간을 활용할 때에는 반드시 각 공간의 위험 요소를 사전에 점검하고, 위험 요소를 치우거나 안전하게 처리한 후 유아와 함께 안전에 유의할 수 있는 방법 및 공간을 활용할 수 있는 방법에 대해 함께 의논한다. 다만 비상구나 비상계단 등 비상시 대피경로에 놀잇감이나 자료장을 배치하지 않도록 주의한다.

'림보놀이'를 위한 공간을 넓히기

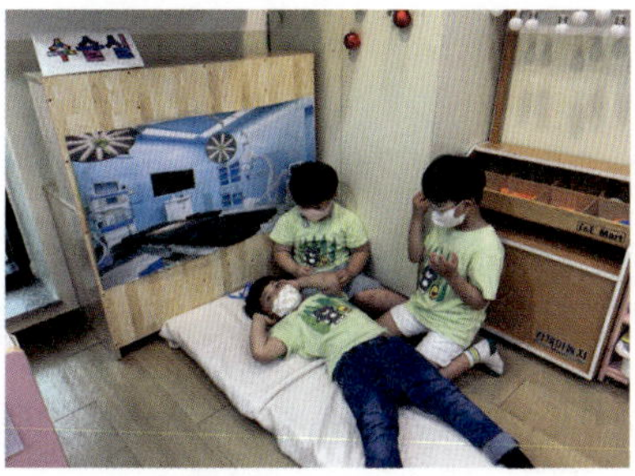

'병원놀이' 공간 구성

교실에서 놀이할 수 있는 영역을 다양하게 활용한다.

출처: 소망유치원.

2) 유아를 위한 놀이자료의 지원

유아에게 놀이자료는 세상을 만나고 자신의 감정과 생각을 표상하는 매개이다. 놀이자료에는 교재·교구 및 일상에서의 모든 것(자연현상, 자연물, 사용하는 도구 등)들이 놀이의 자료가 될 수 있다. 유아는 다양한 놀이자료를 자신만의 방식으로 재창조하는 과정을 통해 사물에 대한 탐색, 심미적인 경험, 또래와의 상호작용, 성취감 등을 경험하며 놀이경험이 풍부해진다. 따라서 교사는 연령과 발달, 흥미에 맞는 교재·교구뿐만 아니라 자연물을 포함한 일상에서의 물건, 디지털 매체 등을 놀이자원으로 제공해 줄 필요가 있다.

이때 놀이의 방법이 정형화된 놀잇감이나 교구라 할지라도 유아들이 자신들만의 방식으로 놀이를 진행한다면 얼마든지 허용할 수 있다. 이는 놀이를 하는 방식을 배우기보다는 놀이를 창조해내고 자신들의 만의 방식으로 합의하는 과정에 의미를 부여하는 것이다. 그렇다고 정해진 놀이 방식을 배우는 것이 무의미한 것은 아니다. 경험이 부족한 유아들이 어떻게 놀이해야 하는지 알지 못한다면 교사나 또래가 제안하여 알려주고, 점차 자신들만의 방식으로 재창조해가는 과정을 지원할 때 놀이자료의 효과는 극대화될 것이다. 또한 놀이자료의 안전이 확보되어 있다면 세상의 모든 자료들이 유아들의 놀이자료로 활용될 수 있도록 교사는 열린 마음과 창의적 태도를 가져야 할 것이다.

(1) 유아가 결정한 자료 활용 방법을 격려한다

일반적으로 정형화된 자료에는 교수활동의 목적과 방법이 내재되어 있다. 교사가 제안하는 비정형화된 자료에도 교사의 의도가 숨어져 있다. 그러나 유아들은 자신만의 방식으로 자료를 해석하고 계획과는 다르게 자료를 활용하기도 한다. 어떤 자료는 무관심하기도 하고 어떤 자료는 단순 탐색에 그치며 어떤 자료는 오래도록 놀잇감으로 사용된다. 이때 교사는 의도한 결과를 얻기 위해 계획한 활동을 끌어내기보다는 유아들이 놀이의 매개로 어떻게 활용하는지에 관심을 가지고 지켜보고, 유아의 놀이 안에서 배움이 일어나도록 지원하는 것이 바람직하다.

(2) 자연물이나 자연현상도 자료가 될 수 있다

유아는 바깥놀이를 통하여 계절의 변화와 동식물을 관찰할 기회를 얻는다. 이때 발견되는 곤충, 풀, 꽃, 물 웅덩이, 구름 등의 자연물(자연현상)은 유아의 흥미를 끌기에 충분하며 관심의 대상이 된다. 자연을 보고 만지고 냄새 맡으면서 발견의 즐거움, 기쁨, 놀라움, 두려움 등의 감정을 느낀다. 뿐만 아니라 자연물의 색, 선, 모양, 질감 등 자연물의 속성과 심미감, 생명을 대하는 태도 등을 경험하며 그 속에서 유아들만의 배움이 일어난다. 자연은 유아들의 매일의 삶 속에서 탐색, 관찰, 몰입을 통해 배움이 일어나도록 매개하는 자료이다.

(3) 다양한 일상의 사물을 놀이자료로 활용한다

유아들이 사용하는 일상의 사물이나 현상들은 유아들에게 친근하며 놀이를 더 풍부하게 만들어주는 좋은 자료이다. 간식을 먹다가 비스킷을 모양대로 구분하여 나열한다거나 사용한 음료수 병을 이용하여 자동차를 만들고, 친구들의 신발을 섞어 놓고 짝을 찾는 놀이를 하며, 커다란 상자는 아기돼지 삼형제의 집이 되기도 한다. 이처럼 사물의 특성을 파악하고 자신들만의 놀이를 만들어내는 유아들의 놀이를 인정하고 보다 창의적 놀이를 할 수 있는 다양한 자료들을 지원해 주어야 한다.

(4) 자료가 없어도 놀이할 수 있다

유아들은 자신의 신체를 인식하고 몸으로 주변 세계를 알아가며 자신의 감정과 생각을 표출하고 여러 놀이에 참여한다. 어린 유아들은 별다른 놀잇감이 없어도 자유롭게 놀이를 만들어 가며 또래와 함께 놀이도 할 수 있다. 교사는 실내놀이나 특정 신체 움직임을 지시하는 놀이 외에도 유아가 자유로운 움직임을 통해 놀이가 만들어지도록 지원해야 한다.

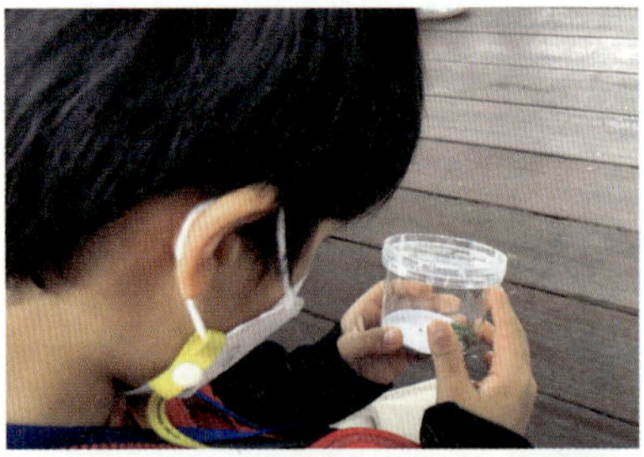

유아의 관찰과 탐색

놀이자료가 된 자연물

현상(빛과 그림자)으로 즐기는 놀이

움직임을 통한 놀이

출처: 소망유치원.

3) 유아를 위한 상호작용의 실행

유아는 놀이를 하면서 또래, 교사 및 환경과 능동적으로 상호작용하고 이 과정에서 사물과 현상, 관계에 대해 배운다. 유아가 또래를 만나 눈을 맞추고 표정을 지으며, 서로에게 관심을 가지고 빤히 쳐다보는 경험을 통하여 관계를 경험한다. 아직은 비언어적인 경험을 주로 하는 만큼 또래에게 관심을 가지도록 교사는 자유로운 놀이 환경을 제공해 주고 주의 깊게 관찰하여 필요한 자료나 공간을 지원해야 한다. 이후 언어능력의 발달에 따라 의사소통이 시작되면 자신의 의견을 제시하고 의견이 수렴되도록 주장을 하기도 하고 거절당하는 경험을 하기도 한다. 이러한 또래 간의 상호작용은 놀이 중 끊임없이 일어나며 유아는 이러한 상호작용을 통하여 자신의 감정과 의사를 표현하는 언어능력뿐만 아니라 공감 능력, 사회적 행동을 습득하는 기회가 된다.

유아와 교사 간의 상호작용은 놀이의 시작과 지속, 새로운 놀이로의 전이와 확장,

마무리 등 놀이의 흐름을 관찰하고 유아의 흥미와 의도를 이해하는 과정에 기반해야 한다. 영아에 비해 유아의 경우에는 비언어적, 언어적 소통방법을 모두 포함한다. 교사는 관찰하기, 질문하기, 제안하기, 함께 참여하기, 정서 지원하기와 같은 방법으로 유아와 상호작용하면서 놀이를 간접적 또는 직접적으로 지원한다. 교사의 상호작용은 놀이에 대한 흥미를 지속시키거나 놀이의 방해요소를 제거해줌으로써 각 영역에 해당하는 경험이 충분히 일어나도록 하는 데 초점을 둔다.

유아와 환경과의 상호작용은 유아의 안전이 보장되는 한 유아들이 선택한 모든 공간과 놀이환경에 대해 개방적이며 수용적인 태도를 가지도록 한다.

(1) 유아와 유아의 상호작용을 지원한다

교사는 유아의 놀이를 관찰하고 누구와 놀이하는지, 어떻게 놀며, 어떤 관계를 맺는지 관찰함으로써 유아의 성향, 사회적 기술 및 능력, 대인관계 등을 파악하고 놀이에 방해가 되거나 힘든 요소를 살피고 적절한 방법을 지원할 수 있다. 연령이나 기질에 따라 다르겠지만 혼자만 놀이하거나 같은 친구와만 노는 유아, 놀이 상대가 계속 바뀌는 등 유아 간의 상호작용을 세심히 관찰하고 빈번한 갈등이나 외로움을 경험하는 유아가 있다면 보다 적극적으로 개입하여 지원해줄 수 있다. 그러나 매 순간 개입하고 간섭하면 오히려 방해가 될 수 있으므로 개입 시기에 대해서 신중하게 결정하는 것이 필요하다.

유아는 영아에 비해 또래에 보다 적극적인 관심을 보이는 시기이지만 경우에 따라서는 혼자놀이를 선호하는 유아도 있다. 혼자놀이에 어려움을 느끼지 않는다면 그 자체를 존중해주되 다만 놀이에 참여하지 못하고 배회하는 경우에는 유아의 의견을 듣고 필요한 도움을 제공해 주어야 한다. 점차 외동이 많아지는 추세에 있고 다문화가정의 유아의 증가로 유아들 간의 상호작용에 관심과 지원이 보다 면밀하고 적극적으로 이루어져야 한다.

(2) 유아와 환경의 상호작용을 지원한다

유아들의 놀이는 연령이나 발달, 성향에 따라 다양하게 이루어지고 동일한 놀이에도 참여하는 정도가 다르며, 놀이자원에 따른 흥미와 몰입도도 모두 차이가 있다. 따라서 놀이의 공간, 방식, 자원 등 계속 변화하는 상황들을 관찰하고 유아가 어떤 놀이에 몰입하고 즐기는지를 파악하여 보다 안정감 있게 놀이할 수 있도록 환경을 제공해줄 필요가 있다.

동일한 자료라도 놀이내용이나 방법에 따라 다양하게 활용될 수 있다. 놀이의 반복 속에서도 유아는 이해의 폭을 넓혀가는 과정에 있음을 존중하고 유아가 어떻게 놀이자료와 교감하는지 비교하며 관찰하면서 유아를 보다 잘 이해하고 적절히 지원해야 한다.

(3) 놀이지원을 위해 관찰한다

놀이지원을 위해 교사들은 적극적인 상호작용을 해야 한다는 고정관념으로 놀이에 개입하려는 경향을 가진다. 그러나 유아들의 놀이지원을 위해 선행되어야 할 것은 관찰이다. 유아가 놀이에서 보이는 감정, 언어적 기술, 흥미, 관심, 갈등 등을 관찰하면서 기다리는 것이 우선되어야 한다. 기다리는 과정에 눈을 맞추고, 고개를 끄덕이거나 미소를 띠우며 바라보는 등의 정서적 지원도 중요하다. 교사는 유아의 놀이가 진행되는 과정에서 배움이 일어나도록 상호작용하기에 적절한 순간과 방법을 잘 결정하여야 한다.

(4) 제안하며 놀이를 지원한다

교사는 유아의 놀이를 관찰하면서 제안하며 참여할 수 있다. 다만 교사가 일방적으로 주도하는 방식이 아닌 놀이가 보다 확장될 수 있도록 제안하는 방식이어야 한다. 제안을 할 때는 관찰을 바탕으로 놀이나 자료를 제안하며 지원하는 것이 필요하다. 현재 진행 중인 놀이가 잘 지속될 수 있도록 공간, 자료, 시간 등의 측면에서 무엇을 어떻게 지원하는 것이 좋을지 고민하고 제안하며 제안 후에는 유아가 교사의 제안을 어떻게 받아들이고 놀이에 반영하였는지 검토하여 추후 지원에 참고해야 한다.

중요한 점은 놀이지원이 유아의 흥미와 관심에 기반해야 하지만 경우에 따라서는 유아의 안전에 관한 사항이나 교육적 가치가 있는 내용을 지원할 수 있다. 제안을 할 때는 유아가 그 내용에 대한 필요성에 공감하고 함께 의견을 나누며 정하는 것이 바람직하다. 교실에서 규칙을 정한다거나 안전상 질서를 지켜야 하는 상황, 여럿이 사용하는 물건을 정리하는 것, 놀이를 활용하여 수학적 개념을 이해하기, 잘못된 언어 습관을 정정하기 등의 다양한 사례들이 발생할 수 있다. 이러한 것은 놀이를 진행하거나 학급을 운영하며 제안하고 함께 의사결정하며 실천해 나가는 것이 중요하다.

(5) 유아의 놀이에 참여하고 질문하며 지원한다

놀이를 관찰하거나 제안하는 것 외에 교사가 유아와 함께 놀이의 즐거움을 느끼는 것도 필요하다. 놀이의 즐거움과 희열을 공유한 경험이 많을수록 서로 간의 공감과 소통이 생기며 교사와 유아 간의 안정적 관계가 형성되고, 유아의 놀이는 더욱 활발히 진행될 것이다. 이러한 과정에서 교사는 놀이의 속성과 중요성을 인식하고 유아의 놀이에 필요한 자원들을 보다 적극적으로 지원할 수 있게 된다.

유아의 놀이는 놀이의 진전이 없거나 아이디어가 없어지고 유아 간의 이해 충돌, 공간이나 자료를 점유하기 위한 갈등 등으로 단절되거나 교착 상태에 빠지기도 한다. 교사의 놀이참여는 유아들이 문제를 명확히 이해하고 문제해결방법을 찾는 데 도움이 되며, 놀이 중 배움을 위한 순간에 즉각적으로 지원하는 기회가 된다.

또한 교사는 유아의 관심과 흥미, 놀이의 내용을 이해하기 위하여 유아의 생각이 유연하게 흐르도록 돕는 질문을 하는 것이 좋다. 단순하게 교사가 기대하는 답을 유도하기보다는 "여러 가지 방법이 있을 수 있겠다. 선생님은 이렇게 생각해 보았어", "좋은 방법이다. 그런데 이런 문제가 생기면 어떻게 해야 할까?"와 같이 사고를 유도하고 문제점을 발견하여 해결해 가는 선순환 구조의 질문을 통해 보다 높은 수준의 사고를 유도하는 것이 바람직하다.

(6) 정서적으로 지원한다

유아와의 교수학습활동을 실행하는 과정에서 성취감과 자신감, 유능감을 느낄 수 있도록 정서적으로 지원하며 비언어적 혹은 언어적 상호작용을 끊임없이 지원해야 한다. 교사가 놀이에서 긍정적 피드백을 주었을 때 유아들은 자신감과 안정감을 느끼며 보다 더 놀이에 몰입할 수 있고, 적극적으로 의미있는 놀이를 해 나갈 수 있다.

특히 놀이환경에서 유아들은 부정적 상황을 경험하는 순간이 있다. 예를 들어, 사용하고자 하는 색연필이 모두 사용되어 있을 경우, 블록을 맞추려고 노력하지만 잘 되지 않을 때 유아들의 속상한 감정들을 공감하며 상호작용해 줄 때 유아들은 위로와 공감을 받았다고 느껴 정서조절을 할 수 있게 된다. 안정된 정서로 놀이에 임할 때 몰입하게 되고 즐거움을 더 많이 느낄 수 있게 될 것이다.

유아와 유아 간의 상호작용

유아와 놀이에 참여하며 지원하기

유아와 환경의 상호작용을 지원하기

출처: 소망유치원.

4) 유아를 위한 놀이와 안전의 균형

놀이는 혼자 또는 또래 간의 활동으로 늘 갈등이 일어날 수 있으며 상황에 따라서는 신체적 사고가 있을 수도 있다. 유아들은 위험 상황을 예측하는 능력이 부족하여 놀잇감을 위험하게 사용하거나 공간에 도전하려는 경향이 있다. 안전사고는 유아에게 깊은 후유증을 남길 수도 있으므로 교사는 안전한 놀이를 보장하기 위하여 물리적 환경의 안전을 수시로 점검하고 위해를 가할 수 있는 사물이나 물질, 상황들을 사전에 차단해야 한다. 이와 함께 유아들이 자신의 신체를 조절하고 통제할 수 있는 방법을 학습할 수 있도록 유아와 함께 토의하고 놀이를 제한하지 않는 범위에서 규칙을 정해 유아들이 안전하게 생활할 수 있도록 돕는다.

(1) 안전이라는 이유로 놀이를 불필요하게 제한했는지 검토해본다

유아의 놀이가 안전하게 이루어질 수 있도록 관찰하고 지원해야 하지만 유아의 발달과 상황에 따라 안전규칙을 허용할 수 있는 방법이 있는지 찾아보는 것도 필요하다. 한번 정한 규칙이라고 무조건 금지하기보다는 그 놀이가 왜 위험한 것인지, 무엇을 유의해야 하는지 등을 의논하는 과정에서 위험 요소를 제거하고 놀이할 수 있는 방법을 찾아낼 수도 있다. 이로써 보다 정교하고 다양하게 놀이할 수 있는 기회를 제공하게 되는 것이다.

(2) 위험한 요소가 있는지 영유아 스스로 살펴볼 시간과 기회를 주어본다

일상적 사물이나 자연물을 유아에게 놀이자료로 제공할 때는 사전에 교사가 위험 요소가 있는지 점검해야 한다. 교사는 조심해야 할 부분을 유아에게 직접적으로 이야기해 줄 수 있으며 유아가 살펴보며 위험 요소가 무엇인지 찾아보고 조심하는 방법을 생각하거나 설명하는 시간을 갖는다. 풍부한 놀이경험과 안전교육을 통해 사물의 속성을 잘 알게 되면 유아는 스스로 조심할 부분을 더 잘 판단하게 된다.

(3) 새로 찾아본 놀이공간의 안전을 영유아와 함께 점검해 본다

유아나 교사가 새로운 놀이공간을 발견했을 때 그 공간이 안전한지 확인하는 과정이 필요하다. 유아가 그 공간의 물리적 특성을 충분히 탐색할 수 있도록 도와주고 그 공간에서 조심해야 할 것을 스스로 찾고 약속을 정하도록 지원한다. 이러한 과정에서 유아는 우리들의 일상의 여러 공간에서도 안전하게 생활하는 방법을 스스로 배울 수 있다.

(4) 모든 구성원이 놀이와 안전에 대해 소통한다

교수학습활동을 실행하면서 유아가 최소한의 규칙을 가지고 자유롭고 즐겁게 놀이하면서 안전이 보장되려면 기관 내 구성원의 안전에 대한 공감이 필요하다. 이러한 안전에 대한 공감은 학부모와 소통에서도 무척 중요하다. 학부모는 유아의 안전에 매우 민감하기에 놀이와 안전의 균형에 대한 기관의 철학을 함께 공유하며 지시적이고 통제적 상황보다 자율적이며 책임감 있게 놀이하는 유아의 놀이상황의 의미를 이해하도록 안내해야 한다.

5) 가정과 지역사회 연계를 통한 지원

교사와 원장은 부모가 유아중심·놀이중심 교육과정을 이해하고 협력할 수 있도록 지원해야 하며 학부모는 유아가 가정과 기관에서 주도적으로 충분히 놀이할 수 있도록 기관과 협력하고 도움을 줄 수 있어야 한다. 이는 누리과정 및 어린이집 표준보육과정이 유아를 포함한 다양한 주체가 협력하여 함께 만들어가는 교육과정을 지향하고 있기 때문이다. 가정통신문이나 알림장 등 형식적인 문서 외에도 홈페이지나 애플리케이션 등 다양한 방법으로 놀이에 대한 의사소통을 하게 된다. 전시적인 활동이나 반복적인 일과 보고식보다는 놀이에 대한 구체적 내용을 공유하여 놀이를 통한 경험과 학습에 대해 소통하는 것이 바람직하다.

유아를 성장시키는 다양한 주체에는 지역사회의 자원도 포함된다. 지역사회는

07
Chapter

교수학습활동평가

배울내용

1. 평가에 대한 이해
2. 평가의 방법
3. 교육과정의 평가
4. 교육기관의 평가
5. 평가를 위한 교사의 역할

학습목표

1. 평가의 개념, 목적 및 평가의 내용을 이해한다.
2. 평가의 구체적인 방법들을 숙지한다.
3. 교육과정(표준보육과정, 개정 누리과정)의 평가를 이해한다.
4. 교육기관(어린이집, 유치원)의 평가를 설명할 수 있다.
5. 평가를 위한 교사의 역할을 숙지하고 활용방안을 모색해본다.

1. 평가에 대한 이해

1) 평가의 개념 및 목적

평가는 대상과 영역에 따라 상당히 광범위하므로 일반적으로 평가의 목적에 따라 구분하게 된다. 유아교육기관에서 평가활동의 영역은 개인의 수행에 대한 평가, 기관평가, 유아교육과정 평가, 유아를 둘러싼 환경의 평가로 구분할 수 있다(황해익, 2022). 먼저, 교육에서의 평가는 사전적인 의미로 '학습자의 학습과 행동발달 정도를 교육의 목표에 비추어 측정하고 판단하는 일이다'라고 정의된다(국립국어원, 2022). 또한 평가는 교육과정에서 이루고자 하는 지향점과 관련성을 가지기 때문에 시대의 사회적 환경과 맥락에 따라 해석이 달라진다(박장미, 2022). 그로 인해, 모두가 수긍할 수 있는 합의된 개념을 가지고 있지는 않지만 대상이나 사물의 특징과 성질에 대한 가치를 평가하고 결정하는 일이라는 것에는 동의하고 있다.

이를 종합해보면, 평가의 개념은 그 시대의 가치를 반영하여 학습자의 활동과 결과에 대한 가치를 판단하는 과정이라고 할 수 있다.

그리고 황해익(2022)에 따르면, 교육평가의 강조점이 어디에 있느냐에 따라 평가에 대한 개념과 목적을 다음과 같이 분류할 수 있다. 첫째, 전통적인 패러다임의 대표인 Tyler(1949)는 교육평가란 교육과정과 수업활동을 통해 교육목표가 실제로 얼마나 달성되었는가를 판단하는 행위라고 정의하였다. 즉, 교육의 목적, 내용, 방법을 설정하고 교육목표에 초점을 두고 학습자가 얼마나 목표에 달성하였는지에 대한 성취 여부에 대한 평가로 규정하였다.

둘째, Stufflebeam(1971)는 의사결정중심의 교육평가로 교육프로그램에 대해 의사결정을 내리는 데 필요한 정보를 수집하는 일련의 과정으로 정의함에 따라 평가를 의사결정을 위한 기초자료를 얻는 것에 중점을 두었다. 따라서 교육평가 개념에는 교육개선의 내용, 학생 개인에 관한 의사결정, 행정체제에 관한 의사결정과정까지 포함되어 있다(윤진주 외, 2008).

셋째, Stake(1972)는 반응적 평가(responsive evaluation)로 평가자와 평가 핵심 관

련자들이 서로 주장하고 반응하면서 평가과정을 결정하는 것이다(강현석, 주동범, 2012). 이는 자연주의 평가모형(naturalistic model of evaluation)으로 프로그램 내용 및 구성, 운영과정 등에 대한 정보를 자연주의적 탐구방법을 이용하여 수집 · 제공하는 평가방식이며, 인위적인 평가설계에 맞추기보다는 현장의 실제 상황에서 평가하는 형태로 평가결과를 수량화하지 않고 질적으로 나타내는 것이 특성이다(서동기, 2020).

넷째, Neno(1986)는 교육평가를 교육과정이나 결과에 대해서 어떠한 결정을 내릴 목적으로 교육과정과 성과의 가치와 장점을 체계적으로 조사하고 활용하는 활동으로 본다.

따라서 교육평가는 학습자의 교육목표 달성 정도 여부를 판단하고, 교육활동에 대한 상황을 판단하여, 교육결과에 대한 가치를 객관적으로 판단하는 과정이라고 볼 수 있다. 즉, 교육평가의 강조점에 따라 유아교육평가의 개념을 정리해보면, 유아교육기관에서 유아의 행복과 전인적 성장을 위해 이루어지는 유아교육활동의 과정과 결과에 대한 가치를 판단하는 것을 의미한다(황해익, 2022). 지금까지 제시된 유아평가에 대한 국내 · 외 학자들의 정의를 종합해보면, 〈표 7-1〉과 같다.

표 7-1. 유아평가에 대한 국내 · 외 학자들의 정의

구분	내용
양옥승 외 (2003)	유아교육은 유아 개개인 잠재능력을 최대한으로 계발하여 전인적으로 성장하도록 돕는 것을 목적으로 하며, 이러한 목적의 달성 정도를 알아보는 것이 유아평가이다.
황해익 (2022)	유아평가는 평가에서 가장 중요하게 생각되어 온 영역으로 유아의 발달 정도, 유아교육 프로그램과 유아와의 상호작용 효과, 유아 개개인의 능력 및 특성과 잠재력에서 개인차를 평가하는 것이다.
McAfee와 Leong (2007, 2008)	유아의 발달과 학습을 모니터를 통해 수업계획과 결정을 안내하고, 이를 비롯하여 특별한 도움으로 이익을 받을 수 있는 유아를 규명하고 다른 이들과 소통하고 보고하기 위한 것이 유아평가이다.

유아평가의 궁극적인 목적으로는 유아의 일상생활 그리고 활동, 유아의 발달과 유아와의 상호작용을 통해 유아의 고유한 능력과 특성, 유아의 의미있는 변화를 발견함으로써 행복과 전인적인 발달을 도모하기 위함이다. 즉, 일상생활 속에서 자

연스럽게 유아들의 행동을 관찰하고 유아의 성장과 변화에 대한 정보를 제공해주며, 이러한 정보들을 반영하여 교사는 개별 유아에게 적합한 교육과정과 교수활동 개선에 도움을 줄 수 있다. 또한 이러한 관찰자료들은 유아들을 둘러싼 주변 환경인 부모와의 소통에서도 적절한 정보를 제공해주는 종합적인 과정들은 최종적으로 유아의 성장과 발달에 도움이 되기 위함이다.

다시 말해 평가의 목적은 궁극적으로 유아의 행복과 전인적인 발달을 위한 것이며, 개별 유아의 특성을 고려한 성장과 배움을 위한 모든 과정을 의미한다(김효영, 2023).

2) 평가의 내용

평가에서 어떤 내용을 평가할 것인가는 매우 중요한 부분이다. 평가내용은 목적을 어디에 두느냐에 따라 그 내용 또한 달라지기 마련이다. 즉, 국가 수준의 교육과정이 무엇을 지향하며 어떠한 인재상과 연계성을 가지느냐에 따라 내용도 달라진다. 이전의 유아교육 평가에서는 평가의 대상에 따라 유아평가와 운영평가로 나누어져 각각 독립된 평가체계와 내용을 가졌었다(제희선, 황해익, 2019). 여기서 유아평가는 유아의 발달 및 성장, 개인의 흥미 등 개별 유아의 행복과 전인 발달을 위한 총체적이고 통합적인 평가내용으로 구성된다. 구체적으로 유아평가의 내용은 발달영역에 따라 신체발달, 언어발달, 정서발달, 인지발달, 사회성발달 등으로 구분할 수 있으며, 제4차 표준보육과정에서는 기본생활, 신체운동, 의사소통, 사회관계, 예술경험, 자연탐구의 6개 영역을 중심으로, 개정 누리과정에서는 신체운동·건강, 의사소통, 사회관계, 예술경험, 자연탐구 등 5개의 영역별 내용에 대해 유아가 일상생활과 놀이를 통해 배우며 궁극적으로 추구하는 인간상을 향해 성장하도록 돕는 내용을 포함하고 있으며(교육부, 보건복지부, 2019), 평가도 영역별 목표에 달성 정도가 유아평가의 내용이 된다. 그리고 교육과정의 운영평가는 교육과정의 수립 및 운영의 적합성, 교육환경의 적절성 등이 포함된 평가로 구성되어 있다.

다시 말해 표준보육과정과 개정 누리과정의 평가는 평가의 목적에 따라 적합한 방법을 사용하여 영유아의 특성과 변화 정도 및 표준보육과정의 운영을 평가하게 된다. 평가의 목적은 표준보육과정과 누리과정 운영의 질을 진단하고 개선하기 위해서이며, 평가결과의 활용은 영유아에 대해 이해하고 표준보육과정과 누리과정 운영 개선을 위한 자료로 활용하게 된다. 구체적인 표준보육과정과 누리과정의 평가 내용은 〈표 7-2〉와 같다.

표 7-2. 표준보육과정과 누리과정의 평가

제4차 어린이집 표준보육과정 개정(2020)	개정 누리과정(2019)
평가는 다음 사항에 중점을 두고 실시한다. • 표준보육과정 운영의 질을 진단하고 개선하기 위해 평가를 계획하고 실시한다. • 영유아의 특성 및 변화 정도와 표준보육과정의 운영을 평가한다. • 평가의 목적에 따라 적합한 방법을 사용하여 평가한다. • 평가의 결과는 영유아에 대한 이해와 표준보육과정 운영 개선을 위한 자료로 활용할 수 있다.	평가는 다음 사항에 중점을 두고 실시한다. • 누리과정 운영의 질을 진단하고 개선하기 위해 평가를 계획하고 실시한다. • 유아의 특성 및 변화 정도와 누리과정의 운영을 평가한다. • 평가의 목적에 따라 적합한 방법을 사용하여 평가한다. • 평가의 결과는 유아에 대한 이해와 누리과정 운영 개선을 위한 자료로 활용할 수 있다.

국가 수준 교육과정의 표준보육과정과 누리과정은 모든 유아가 공통으로 경험해야 하는 목적과 내용을 제시하고 있지만, 국가 수준의 교육과정에서 평가내용은 교육과정에서 정해진 내용만으로 의미를 가지는 것이 아니므로 모든 유아의 일상생활과 놀이를 통한 경험이 반영된 통합적인 평가가 이루어져야 할 필요성이 있다(교육부, 보건복지부, 2019; 제희선, 황해익, 2019).

2. 평가의 방법

유아평가의 방법은 유아에 대한 정보를 얻기 위하여 자료를 수집하는 방식을 뜻한다. 유아를 평가하는 방법은 크게 형식적인 평가와 비형식적인 평가로 나눌 수 있다. 즉, 개인 간의 능력을 비교하기 위해 각종 표준화된 검사도구를 활용하는 형식적 평가가 있고, 개인 내의 성장 및 발달을 살펴보기 위한 유아관찰, 부모면담, 사진 등을 활용하는 비형식적 평가가 있다(황해익, 2022).

최근 국가 수준의 표준보육과정과 누리과정에서의 유아평가는 유아의 일상생활과 경험을 중시하는 과정중심의 평가를 지향하며, 비형식적 평가에 대한 의미와 가치를 강조하고 있다. 표준화된 검사와 같은 형식적 평가의 경우, 어떤 기준에 따라 수치화하여 객관적인 정보를 알려준다는 장점을 지니고 있지만, 유아의 놀이경험을 바탕으로 발달하는 과정을 평가하기에는 한계점을 지니고 있다. 이는 형식적인 평가에서 중시하는 평가의 효율성보다는 반성과 성찰을 중시하는 비형적인 평가와 방향성이 다르기 때문이다(박장미, 2022).

그리고 이전 교육과정에서는 계획-실행-평가가 순환적으로 이루어지는 선형적 과정의 유아관찰만을 강조하였다. 하지만 이전과 달리 국가 수준의 표준보육과정과 누리과정에서는 유아의 놀이에서 배움을 발견하고, 놀이를 이해하며, 그에 따른 지원을 위한 관찰과 기록을 할 것을 제안하고 있다. 놀이관찰과 기록은 표준보육과정과 누리과정에서 말하는 교육과정 실행의 총체라고 주장하고 있다(박보영, 정선아, 2021). 대표적인 비형식적 평가를 관찰법, 기록, 면담법 및 사회측정법으로 구분하여 살펴보면 다음과 같다(김효영, 2023).

1) 관찰법

현장에서 주로 사용하고 유아의 발달 및 행동을 잘 이해할 수 있는 대표적인 평가 방법으로는 관찰법(observation method)이 있다. 유아평가 방법으로 관찰이 가장 많이 활용되는 이유는 의사소통이 원활하지 않고, 자극을 수용하는 인지구조가 성인과 다른 유아기의 발달특징 때문이며, 자유롭게 표출되는 유아의 생각, 느낌과 행동을 기록하는 관찰은 특히 유아기의 평가방법으로 적합하기 때문이다. 그러므로 관찰은 유아가 여러 가지 상황 속에서 보여주는 모습들을 자세히 관찰하고 기록·분석함으로써 유아의 발달과 행동을 잘 이해할 수 있다. 이러한 관찰법의 종류에는 〈표 7-3〉과 같이 표준기록법, 사건표집법, 시간표집법, 체크리스트법, 평정척도법 및 일화기록법으로 구분할 수 있다(황해익 외, 2021; 황해익, 2022).

표 7-3. 관찰법의 종류 및 특징

구분	특징
표준기록법	표준기록법(specimen record)은 자세하고 완전하게 행동을 기록하는 관찰방법이다. 즉, 관찰자는 관찰대상, 장면, 시간을 미리 결정하고 그 상황에서 일어나는 모든 행동이나 변화를 연속적으로 관찰하고 기록하는 방법이다. 일어나는 전체를 기록하므로 유아에 대한 많은 정보를 얻을 수 있으며, 사건의 전·후 관계를 알 수 있다는 장점이 있지만 기록 시간이 오래 걸리며, 수집된 자료를 분류하고 분석하는 데 쉽지 않고 교사의 주관적인 해석과 개인적인 기대를 담은 내용이 포함될 수 있다는 단점이 있다.
사건표집법	사건표집법(event sampling)은 관찰이 필요한 특정한 행동이나 사건이 일어나면 일정한 형식에 따라 행동순서를 기술하는 방법이다. 사건표집법에는 관찰하고 싶은 행동과 사건의 전·후 관계를 알 수 있는 서술식 사건표집법과 관찰행동이 발생할 때마다 사건의 횟수를 기록하여 얼마나 자주 일어나는지 알 수 있는 빈도 사건표집법이 있다.
시간표집법	시간표집법(time samling)은 관찰하고자 하는 특정 행동과 사건이 정해진 시간 동안 얼마나 자주 일어나는지 행동 출현 빈도를 수집하는 방법이다. 즉, 미리 선정된 행동을 정해진 시간 동안 관찰하며 시간 간격에 맞추어 여러 번 반복하여 관찰하는 것이다. 관찰하려는 행동이나 시간에 초점을 맞춤으로 조작적 정의로 통제가 이루어지기 때문에 다른 관찰방법에 비해 신뢰도와 객관성 및 대표성이 높으며, 자료수집 면에서도 효율적이다. 하지만 특정한 행동과 사건에만 초점을 두고 관찰하기 때문에 자료가 단편적이고, 인과관계를 파악하는 데 어려움이 있다.
체크리스트	체크리스트(checklist)는 행동목록법라고도 하며, 관찰하고자 하는 행동의 목록을 선정하고 특정 행동이 나타나는지, 나타나지 않는지를 관찰하여 기록하는 방법이다. 즉, 관찰자가 단순히 특정한 행동의 유무를 확인하기 위한 관찰방법이다. 단순한 방법으로 기록하고 결과를 통계적으로 처리하기 쉽다는 장점이 있지만 행동이 출현한 빈도나 지속성 등 행동의 질적 수준에 대한 정보를 얻을 수 없다는 단점이 있다.
평정척도법	평정척도법(rating scale)은 사전에 준비된 범주에 따라 특정하게 보이는 행동을 관찰하고, 이러한 특성, 특질 혹은 성격의 특성을 몇 등급으로 구분하여 기록하는 방법이다. 사용하기가 편리하며 짧은 시간에 항목을 한꺼번에 평가할 수 있으며, 특정

구분	특징
	행동의 출현 유무뿐 아니라 질적 수준의 정보를 제공해주는 장점이 있다. 하지만 각 행동이 관찰되는 상황의 원인이나 전·후 관계를 설명해주지 못하며, 직접 현장에서 기록하는 것이 아니므로 관찰자의 기억이나 개인의 편견이 개입될 여지가 있다는 단점이 있다.
일화기록법	일화기록법(anecdotal record)은 개인의 구체적인 행동사례나 어떤 사건에서 보이는 행동을 사실적으로 기록하는 것을 말한다. 관찰과 기록에 있어 특정한 시간에 얽매이지 않고, 유아가 보이는 의미있는 행동을 어느 곳에서나 일화기록이 가능하다는 것이 장점이다. 하지만 일화기록은 유아가 속한 사회·문화적 상황이나 주변 환경과의 관계 속에서 전체적으로 유아의 행동을 서술해야 한다. 즉, 일화기록법은 유아가 보이는 의미있는 행동을 관찰과 기록을 통해 사실적으로 기록해야 하며, 유아가 보이는 행동을 유아의 상황과 물리적인 환경을 고려하여 이해하여야 한다.

2) 기록법

기록법(recording method)은 교사가 유아관찰을 바탕으로 배움의 내용과 과정을 서술하는 것이다. 국가 수준의 표준보육과정과 누리과정에서 유아평가 방법으로 놀이의 기록을 중요하게 강조하며, 교사의 교육적 행위로 지향하고 있다(교육부, 보건복지부, 2019). 기록법은 일화기록법과 달리 객관적인 사실을 관찰하고 기록하는 것이 아니라 유아의 놀이를 관찰하고 배움을 발견하여 교육과정에서의 의미와 연결하여 기록하는 것을 의미한다. 또한 교사는 유아가 놀이하는 사진, 유아의 그림, 글 등의 다양한 방법으로 기록하고 이를 반영하여 유아에게 필요한 지원을 해주며, 다시 유아의 놀이관찰을 통해 유아의 성장과 발달의 변화를 살펴볼 수 있다. 이러한 반복적인 평가기록을 통해 유아를 이해하는 의미에서의 기록을 의미한다(교육부, 보건복지부, 2019; 유해령, 2012). 즉, 표준보육과정과 누리과정에서 말하는 기록은 유아의 관찰을 통해 배움을 이해하고, 교사는 유아에게 필요한 교육적 지원을 해주며 유아의 성장과 발달을 돕는 것이다.

3) 면담법

면담법(interview method)은 아직 연령이 어려 문해 능력이 필요한 평가방법의 진행이 부적절한 경우에 면접대상이 이해하지 못한 부분을 다시 추가로 설명하고 질문이 가능하므로, 유아평가에 이롭게 사용될 수 있는 평가방법이다. 그리고 면담법은 유아나 부모 또는 교사를 직접 만나서 언어적인 반응을 통하여 알아보는 것으로 심층적이고 여러 가지 정보와 개개인의 상황에 맞는 자료를 얻을 수 있다. 지금까지의 유아평가가 유아를 수동적인 존재로 보았다면, 면접과정에서 유아의 의견을 반영할 수 있는 면담법은 유아가 능동적인 역할을 하는 존재로 인식할 수 있게 한다. 즉, 유아가 자신에 대한 평가에 참여함으로써 생활 속에서 주도적으로 자신을 인식할 수 있게 도움을 줄 수 있다.

4) 사회측정법

최근 교육현장에서 바람직한 사회적 행동, 즉 유아기의 친사회적 행동발달의 중요성에 대한 관심이 높아지고 있다. 유아기의 사회적 관계는 동료 강화자, 모델, 준거로서의 역할을 하게 되어 아동의 사회화 과정에 큰 영향을 미칠 뿐만 아니라 유아기의 또래와 맺은 사회적 경험이 이후에 맺게 될 모든 관계의 기초가 된다. 그러므로 유아가 또래관계에서 서로를 알아가고 이해하며, 그 속에서 긍정적인 관계를 맺어나가고 협력하는 학급을 만드는 것은 중요한 일이다. 이에 학급 내에서 유아가 맺고 있는 관계망을 알고 관계 내에서 상호작용 양상을 알아가는 데 필요한 평가방법이 사회측정법(sociometry method)이다.

사회측정법은 집단 내의 개인 간에 존재하는 사회적 관계 과정에서 보이는 상태를 알아보고자 할 때 사용하는 방법이다. 즉, 한 유아를 중심으로 주변 친구들에 의해 어떻게 인식되고 수용되는가를 평가하는 데 이용한다. 사회측정법의 종류로는 '또래평정법', '또래지명법' 등이 있다(최연철, 2012). 이 중 가장 기본이 되는 또래지명법은 선택 수를 자유롭게 하여 유아가 몇 명의 친구를 고르게 하고 친구의 수를 많고-적게 선택함에 따라 해당 유아가 대인관계에서 '자기확정적인지' 혹은 '자기폐쇄적인지'를 판단할 수 있다. 이에 비해 '또래평정법'은 특정 준거에 따라 모든 구성원을 평정하여 종합하는 방법이다. 다시 말해 한 유아가 자신의 반 친구들을 특정 기준으로 평가하는 방법이다. 즉, 좋아하는 유아, 좋아하지도 싫지도 않은 유아, 싫어하는 유아로 나누어 평정하는 방식이기 때문에 모든 유아를 평가하는 것이다.

이처럼 사회측정법은 개인이 관계를 형성할 때 보이는 행동을 파악하여 강점을 지지하며 또래 간의 관계를 개선하는 데 도움을 줄 수 있다. 이렇듯 평가의 목적과 내용에 따라 평가의 방법이 달라지는 것을 볼 수 있으며, 도구의 특징마다 장점이 다르므로 유아평가 시 적절하게 활용하여야 한다.

3. 교육과정의 평가

1) 제4차 표준보육과정에서의 평가

제1차 어린이집 표준보육과정에서는 평가에 대한 내용이 제시되지 않았으며, 제2차 어린이집 표준보육과정에서의 보육과정 운영평가는 어린이집 보육내용의 선정과 실시 과정이 적절한지 보육계획을 문서화하여 정기적으로 평가해야 함을 명시하였다(조성경, 2021). 그리고 제3차 어린이집 표준보육과정에서는 어린이집의 만 0~5세 영유아들에게 국가 수준에서 제공하는 보편적이고 공통적인 보육의 목표와 내용을 제시하였는데, 표준보육과정은 0~1세 및 2세 보육과정, 3~5세 보육과정(누리과정 포함)으로 구성하였다. 또한 국가 수준의 어린이집 표준보육과정을 시행함으로써 영유아의 전인적 발달과 우리 문화에 적합한 내용을 일관성 있고 연계적으로 실천하며, 궁극적으로는 사회에서 추구하는 인간상을 구현하고 어린이집의 질적 수준을 높이는 데 기여하고자 하였다. 이러한 제3차 어린이집 표준보육과정에서의 평가는 영유아평가와 어린이집 운영평가로 구분하여 세부적으로 제시하였다.

기존의 표준보육과정은 표준보육과정의 운영평가와 영유아평가를 별도로 기술하고, 내용으로 구체적인 방법을 기술했던 것에서 2020 제4차 어린이집 표준보육과정은 평가의 목적, 대상, 방법, 활용으로 나누어 간략하게 기술함으로써 현장의 자율성을 부여하고 있다(이미화, 2020). 제4차 어린이집 표준보육과정에서 평가는 2019 개정 누리과정에서의 평가로 영유아가 중심이 되고 놀이가 살아나는 표준보육과정의 운영을 되돌아보고 개선하는 과정을 말한다. 또한 평가를 간략화하며 어린이집의 평가의 목적, 대상, 방법, 결과의 활용을 바탕으로 표준보육과정 평가를 자율적으로 실시할 것을 강조하고 있다. 평가는 〈표 7-4〉와 같은 사항에 중점을 두고 실시할 수 있도록 제시하고 있다(보건복지부, 2020).

표 7-4. 제4차 표준보육과정에서 평가

• 표준보육과정 운영의 질을 진단하고 개선하기 위해 평가를 계획하고 실시한다. • 영유아의 특성 및 변화 정도와 표준보육과정의 운영을 평가한다. • 평가의 목적에 따라 적합한 방법을 사용하여 평가한다. • 평가의 결과는 영유아에 대한 이해와 표준보육과정 운영 개선을 위한 자료로 활용할 수 있다.

제4차 표준보육과정의 평가목적은 제3차 표준보육과정과 달리 '놀이를 통해'라는 핵심 용어를 제시하고 영유아가 중심이 되고 놀이가 살아나는 표준보육과정 운영을 자체적으로 평가하고, 운영의 질을 진단하여 표준보육과정 운영을 보다 나은 방향으로 개선하는 데 있다. 자율적으로 평가의 계획을 수립하고 평가내용, 주기 및 시기, 방법 등에 대한 계획은 어린이집 구성원들 간의 민주적인 협의를 통해 결정한다.

그리고 평가는 영유아평가와 표준보육과정의 운영평가로 이루어진다. 영유아평가는 영유아의 행복과 전인적인 발달을 지원하는 것을 목적으로 한다. 교사는 영유아의 일상생활, 놀이, 활동 속에서 개인의 고유한 특성과 의미 있는 변화를 발견하고, 영유아의 배움과 성장을 위한 평가를 할 수 있다. 특히 영유아가 좋아하고 잘하는 것, 또래관계, 놀이자료의 활용 등에 주목하여 관찰하고 영유아의 특성과 변화 정도를 이해하도록 한다.

표준보육과정 운영평가는 '영유아중심, 놀이중심으로 보육과정이 적절하게 운영되고 있는지'를 평가하는 것이다. 구체적으로 놀이시간은 충분한지, 영유아가 주도적으로 놀이를 이끄는지, 그 속에서 배움이 일어나고 있으며 적절한 지원을 하는지 등에 대해 평가를 하게 된다. 그리고 필요에 따라 부모와의 협력, 행·재정적 지원이 적절하게 이루어지고 있는지에 대한 평가도 함께 할 수 있다. 평가방법으로 교사는 영유아의 특성 및 변화를 파악하기 위해 실제 놀이 시 영유아를 위한 계획안에 기록하고, 작품과 놀이 결과물을 일상적으로 수집하고 있는지에 대해 평가를 할 수 있다.

놀이를 관찰할 때는 영유아의 언어와 비언어 등을 중심으로 사진, 메모 등 교사가 할 수 있는 다양한 방법으로 기록한다. 영유아의 일상과 놀이과정에서 자연스럽게 영유아의 특성과 변화를 이해하는 평가가 이루어지도록 한다. 평가결과로는 영유아의 일상생활, 활동과 놀이를 통해 수집된 자료를 평가에 목적에 맞게 얻을 수 있다. 영유아의 평가결과는 영유아의 행복감과 전인적인 발달에 도움을 주는 데 활용하며, 수집된 모든 자료를 바탕으로 부모와의 면담자료 및 영유아의 생활지도 등에 활용할 수 있다(김효영, 2023).

2) 개정 누리과정에서의 평가

2019 개정 누리과정에서의 평가는 유아가 중심이 되고 놀이가 살아나는 누리과정의 운영을 되돌아보고 개선해가는 과정이다(교육부, 보건복지부, 2019). 개정 누리과정에서는 평가를 간략화하고 각 기관의 자율적인 평가를 강조하여 유아·놀이 중심 교육과정을 운영하는 데 도움을 주고자 하였으며, 평가의 대상과 목적, 방법, 결과의 활용을 바탕으로 누리과정 평가를 자율적으로 실시할 수 있다. 개정 누리과정의 평가의 구체적인 내용은 〈표 7-5〉와 같다(교육부, 보건복지부, 2019).

표 7-5. 개정 누리과정의 평가

• 누리과정 운영의 질을 진단하고 개선하기 위해 평가를 계획하고 실시한다. • 유아의 특성 및 변화 정도와 누리과정의 운영을 평가한다. • 평가의 목적에 따라 적합한 방법을 사용하여 평가한다. • 평가의 결과는 유아에 대한 이해와 누리과정 운영 개선을 위한 자료로 활용할 수 있다.

개정 누리과정 평가의 중점사항을 살펴보면, 누리과정의 획일화를 심화시킨 기존의 평가와 달라진 점을 알 수 있다. 다시 말해 유치원과 어린이집의 질을 일률적으로 정의하는 일련의 준거로 규정하였던 이전과 달리, 개정 누리과정에서 평가의 목적은 기관마다 지역 특성과 상황과 요구를 고려하여, 교육과정을 자율적으로 개선하기 위한 과정으로 이해할 수 있다(김효영, 2023).

개정 누리과정에서 평가는 유아평가와 누리과정의 운영평가로 구분할 수 있는데, 유아평가에 대한 구체적인 내용은 〈표 7-6〉과 같다(교육부, 보건복지부, 2019).

표 7-6. 개정 누리과정의 유아평가

유아평가는 궁극적으로 유아의 행복과 전인적 발달을 지원하는 데 그 목적이 있다. 교사는 유아의 놀이, 일상생활, 활동 속에서 유아의 고유한 특성이나 의미 있는 변화를 발견하고, 그것을 바탕으로 유아의 배움과 성장을 돕기 위하여 평가를 할 수 있다. 교사는 유아의 배움이 나타나는 놀이, 일상생활, 활동에서 유아가 가장 즐기고 잘 하는 것, 놀이의 특성, 흥미와 관심, 친구 관계, 놀이를 이어가기 위한 자료의 활용 등에 주목하여 유아 놀이를 관찰하고 이를 통해 유아의 특성과 변화를 이해하도록 한다.

유아평가의 목적은 유아가 하루 일과를 보내며 실제로 놀이, 활동을 통해 무엇을 경험하고 있고, 그 속에서 어떠한 배움을 얻었는지를 이해하는 방향으로 전환되고자 하며, 유아의 특성과 발달 이외에도 유아의 주변을 둘러싼 다양한 관계성 등도 평가내용에 포함하고 있다. 이때 누리과정 5개 영역의 내용이 놀이에서 어떻게 경험되어지고 어떤 배움이 일어났는지 살펴보고, 이후 놀이에서 이를 반영한 지원이 이루어지도록 한다(교육부, 보건복지부, 2019). 즉, 유아가 실제 경험한 일상생활의 삶이 평가의 내용이 되어야 한다고 보는 것이다. 또한 유아들이 놀이에서 나타내는 흥미, 주도성, 즐거움, 몰입, 선택, 과정지향 등 놀이의 특성을 포함하여 배움의 주체인 유아가 경험하는 의미를 읽어내는 것이 평가의 내용에 포함되어 있다. 유아평가를 위한 방법으로는 '관찰과 기록', '면담'이 강조되고 있다. 유아의 놀이 속에서의 배움을 읽어내고 이해하며, 지원하기 위해 관찰하고 기록하는 것을 제안한다. 또한 피평가자인 유아가 주체가 되어 함께 할 수 있는 좋은 방안 중의 하나가 면담이다. 기존의 유아평가에서는 구조화된 연령별 발달과업 평가양식으로 교사가 유아의 성

취수준 도구로 이해하는 데 그치고 놀이과정 속에서 유아의 변화와 배움의 순간을 포착하지 못했다면 개정된 교육과정에서는 유아의 발달에서의 변화를 재해석하는 데 활용되어야 한다. 즉, 개정 누리과정에의 유아평가에 대한 활용은 발달에 대한 성취수준을 파악하는 것에서만 그치는 것이 아닌 유아의 고유한 개인적 특성과 변화를 이해하는 데 활용될 수 있다. 개정 누리과정의 운영평가 대한 구체적인 내용은 〈표 7-7〉과 같다(교육부, 보건복지부, 2019).

표 7-7. 개정 누리과정의 운영평가

누리과정 운영평가는 유치원과 어린이집의 교육과정이 유아 · 놀이중심으로 적절하게 운영되고 있는지 평가하는 데 그 목적이 있다. 유치원과 어린이집의 누리과정 운영평가에서는 놀이시간을 충분히 운영하였는지, 유아 주도적인 놀이와 배움이 이루어지고 있는지, 놀이 지원이 적절한지 등을 평가할 수 있다. 이는 놀이 속에서 나타나는 유아의 특성 및 변화 정도와 연계하여 파악할 수 있다. 필요에 따라 부모와의 협력이나 행 · 재정적 지원이 적절하게 이루어지고 있는지 등을 평가할 수도 있다.

유아의 놀이를 지원하기 위한 누리과정의 운영평가의 목적은 유아 · 놀이중심의 교육과정이 유치원과 어린이집에서 적절하게 운영되고 있는지 평가하는 것이며, 즉 유아의 놀이시간, 놀이지원 등이 충분하였는지, 유아 주도적인 놀이와 배움이 이루어지는지에 대한 평가와 유아의 변화 정도를 연계하여 파악할 수 있다는 것이다. 그리고 필요하다면 부모와의 협력이나 행 · 재정적 지원이 적절하게 이루어지고 있는지 등을 평가한다. 운영평가를 위한 방법으로는 관찰과 면담, 부모 만족도 조사 등을 활용할 수 있으며, 평가를 위해 과도한 자료를 모으는 것에 집중하기보다는 유아의 놀이를 살피고 이해하는 데 초점을 두고 유아에게 어떠한 방법으로 놀이를 지원할 수 있는지에 중점을 두어야 한다. 이러한 과정을 통해 교사는 누리과정이 추구하는 인간상과 목적과 목표에 부합하는 교육과정을 운영하였는지 판단하고 운영평가는 기관의 구성원인 유아, 교사, 부모가 평가과정을 함께 공유하며 유아 · 놀이중심 교육과정의 운영을 보다 나은 방향으로 개선하는 데 의미를 가진다(교육부, 보건복지부, 2019; 김효영, 2023; 황해익, 2022).

4. 교육기관의 평가

1) 어린이집 평가제

최근 영유아교육의 중요성이 강조되면서 여러 나라에서는 교육기관의 질적 수준을 강화하기 위하여 재정적 지원을 확충하고, 국가의 책무성을 높이기 위한 수단으로 유아교육기관에 대한 평가제를 실시하고 있다. 예를 들어, 미국에서는 민간전문단체인 NAEYC(National Association for the Educational Young Children)가 학회 차원의 영유아교육기관 평가인증제도를 개발하여 1986년부터 시행하고 있고, 이를 참고로 하여 호주에서는 1994년부터 국가의 위탁을 받은 NCAC(National Childcare Accreditation Association)가 평가인증제도를 시행하고 있으며, 영국에서는 1992년에 국가기관으로 설립된 OFSTED(Office for Standards, in Education)가 영유아교육기관을 대상으로 평가를 시행하고 있다. 우리나라에서도 2005년부터 어린이집 평가인증제도가 도입되어 시행되어 왔으며, 2019년 6월부터 어린이집 평가제를 시행하고 있다.

(1) 어린이집 평가제의 목적과 특징

어린이집 평가제는 전체 어린이집의 질 관리를 위하여 평가 자체에 목적을 두기보다는 정기적인 평가를 통해 어린이집이 지속적으로 보육의 질적 수준을 향상시키고 유지하게 함으로써 영유아의 안전과 건강, 조화로운 성장과 발달을 도모하여 부모가 믿고 맡길 수 있는 안심 보육환경 조성에 기여하고자 한다. 다시 말해 이전의 어린이집 평가인증제도는 어린이집의 자발적 신청에 의한 평가였지만 어린이집 평가제는 의무적으로 실시되는 평가제로의 전환을 통해 이런 문제점을 해결하고자 하는 제도이다. 이와 같은 어린이집 평가제의 구체적인 시행 목적은 〈표 7-8〉과 같다.

표 7-8. 어린이집 평가제의 시행 목적

- 상시적인 보육서비스 질 관리를 위해 주요핵심지표를 중심으로 질 관리 표준을 제시하고 어린이집 스스로 질적 수준을 제고하도록 한다.
- 전체 어린이집에 대한 주기적인 평가를 통하여 보육서비스 품질관리의 사각지대를 해소하고 전반적인 보육서비스 수준을 지속적으로 관리하여 국가의 책무성을 강화하고자 한다.
- 궁극적으로 평가제를 통해 보육서비스의 질 향상을 제고함으로써 영유아의 안전과 건강, 조화로운 성장과 발달을 도모하고자 한다. 이를 위해 영유아의 인권과 놀 권리를 보장하고 영유아가 건강하고 행복하게 성장할 수 있는 안심 보육환경을 조성하며, 보육교직원이 영유아보육에 집중할 수 있는 여건을 조성한다.

어린이집 평가제는 전체 어린이집에 대하여 평가를 주기적으로 진행하고, 결과 등급에 따라 관리하도록 설계되었다. 어린이집에는 평가의무가 부여되므로 영유아보육법 제44조 제4의 6호에 따라 평가를 거부, 방해 또는 기피하거나 거짓, 그 밖의 부정한 방법으로 평가를 받은 경우 그에 따른 시정명령 및 행정처분을 받을 수 있다.

(2) 운영체계

어린이집의 평가시기는 평가주기(기존 인증제의 인증유지 어린이집은 인증유효기간과 연계하여 평가시기를 맞추어 대상 통보함)와 연계하여 결정되며, 정해진 평가주기 외 신규개원, 대표자 변경, 행정처분 등의 사유 발생 시에는 별도로 정해진 평가시기에 맞추어 통보가 이루어진다. 또한 어린이집 평가제 시행 이후에는 평가참여 수수료를 국가가 전액 부담한다.

어린이집 평가제의 평가대상은 「영유아보육법」에 따라 설치한 모든 종일제 어린이집(방과후 전담 어린이집 제외)으로 하며, 어린이집 평가제의 전반적인 진행과정은 〈그림 7-1〉과 같다.

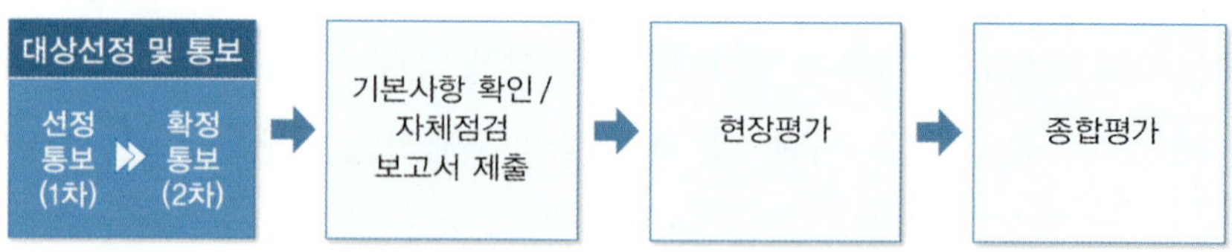

그림 7-1. 어린이집 평가제의 진행과정

출처: 보건복지부, 한국보육진흥원(2022). 2022 어린이집 평가 매뉴얼(어린이집용).

〈그림 7-1〉과 같이 어린이집 평가제의 진행과정은 전반적으로, 대상선정 및 통보, 기본사항 확인 및 자체점검보고서 제출, 현장평가 및 종합평가 순으로 이루어지게 된다.

(3) 평가지표와 지표 구성체계

어린이집의 평가제의 평가지표는 제3차 평가인증에서 적용하였던 통합지표를 기반으로 하며, 더하여 어린이집의 고유한 특성을 반영하였고, 또한 2020년에는 개정 누리과정 및 개정 표준보육과정의 시행, 보육지원 체계 개편 등 보육정책을 반영하여 평가항목을 구성하였다. 어린이집 평가제 평가지표는 4영역, 18지표, 59항목으로 구성되어 있다. 어린이집 평가제 지표의 주요 특징은 〈표 7-9〉, 구체적인 평가영역 및 평가항목에 대한 내용은 〈표 7-10〉과 같다.

표 7-9. 어린이집 평가제 지표의 주요 특징

- 기존 지표 간 항목 수 차이로 나타났던 등급 산정의 불합리성을 해소하고자 지표를 21지표에서 18지표로, 79항목에서 59항목으로 축소하였고, 지표별 평가항목 수를 평균 3~4개로 균형 배치하였다.
- '영유아 권리 존중', '놀이', '안전'가치 강조를 통해 영유아 중심의 안심 보육환경을 조성하고자, 영유아 권리 존중(1-1) 지표를 필수지표로 지정하여 그 의미를 강조하고 놀이중심의 보육과정 운영을 강화하였다. 또한 급 · 간식 위생 및 안전 항목 중 영유아의 등원부터 하원까지 안전하게 생활하는 데 반드시 필요한 필수요소(8개)를 지정하여, 필수지표 또는 필수요소 충족이 최상위 등급을 받을 수 있는 필수조건이 되도록 하였다.
- 보육교직원의 근무여건 개선과 보육에 집중할 수 있는 보육환경 마련을 위하여 보육교직원의 처우, 스트레스 관리 관련 지표를 강조하고 직무역량 제고를 위한 항목을 강화하였다.

표 7-10. 평가영역 및 평가항목 수

평가영역(항목수)	평가지표	평가항목수
1. 보육과정 및 상호작용(18)	1-1. 영유아 권리 존중 필수	2
	1-2. 보육계획 수립 및 실행	6
	1-3. 놀이 및 활동 지원	3
	1-4. 영유아 간 상호작용 지원	4
	1-5. 보육과정 평가	3

평가영역(항목수)	평가지표	평가항목수
2. 보육환경 및 운영관리(14)	2-1. 실내 공간 구성 및 운영	4
	2-2. 실외 공간 구성 및 운영	3
	2-3. 기관 운영	4
	2-4. 가정 및 지역사회와의 연계	3
3. 건강 · 안전(15)	3-1. 실내 · 외 공간의 청결 및 안전	3
	3-2. 급 · 간식	3
	3-3. 건강증진을 위한 교육 및 관리	3
	3-4. 등 · 하원의 안전	3
	3-5. 안전교육과 사고예방	3
4. 교직원(12)	4-1. 원장의 리더십	3
	4-2. 보육교직원의 근무환경	3
	4-3. 보육교직원의 처우와 복지	3
	4-4. 보육교직원의 전문성 제고	3

* 3-2, 3-4, 3-5 지표 내 필수요소 8개 포함
출처: 한국보육진흥원(2022). 2022 어린이집 평가 매뉴얼(어린이집용).

2) 유치원 평가

2007년 5월에 '유치원 평가 기본계획'을 수립하여 시범 평가 후 시 · 도 교육청 주관으로 제1주기 유치원 평가(2008~2010년)가 실시되었고, 제2주기 유치원 평가(2011~2013년), 제3주기 유치원 평가(2014~2016년), 제4주기 유치원 평가(2017~2019년), 제5주기(2020~2022) 유치원 평가, 제6주기(2023~2025) 유치원 평가가 3년을 주기로 실시되고 있다.

(1) 유치원 평가의 개념

유치원 평가는 유아교육을 위하여 법에 따라 설립 · 운영되는 기관을 대상으로 정부 차원에서의 유치원의 질적 수준을 평가하는 제도를 말한다. 다시 말해 유아교육기관 평가란 유아교육기관에서 이루어지는 유아교육의 질과 관련된 다양한 요인들을 평가함으로써 프로그램의 교육목표 수행 여부는 물론, 프로그램의 효과 검증,

수정 · 보완이 필요한 부분에 대해 찾아내고 이를 개선해 나가는 과정이라고 말할 수 있다(교육과학기술부, 2011). 구체적으로 장명림 등(2011)은 유치원 평가는 유아교육기관으로서 유치원 운영실태를 총체적으로 점검하고, 이를 토대로 유치원의 강 · 약점을 파악하여 개선을 위한 정보를 제공하는 일련의 과정이라고 설명하고 있으며, 이승희 등(2004)은 유아교육기관의 질 향상을 위한 기관평가는 매우 중요한 과제로서, 기관의 가치를 체계적으로 조사하고 판단하기 위해 기관의 역할과 기능을 효과적으로 수행할 수 있는 기관의 종합적 능력을 평가하는 기준으로 정의하고 있다.

(2) 유치원 평가의 목적

유치원 평가를 효과적으로 시행하기 위해서는 평가과정을 통해 성취되어야 할 평가의 목적을 명확히 제시하여야 한다. 우리나라 유치원 평가의 목적을 살펴보면, 첫째, 국가 수준의 체계적인 평가시스템 구축을 통해 학교로서 유치원의 책무성과 질적 수준을 제고하여 유아교육의 공교육화를 조기에 정착시키고자 한다. 그리고 유치원의 운영실태 진단과 개선방안 제안을 통한 책무성을 강화하고, 평가결과를 환류시킴으로써 유치원 운영의 효율성과 유아교육의 질적 수준을 제고한다. 또한 설립유형별, 지역별 유치원 교육의 차이를 줄이고, 일정 수준 이상의 질적 수준을 담보함으로써 공교육체제 내 학교로서의 기본요건을 구비한다. 둘째, 국가 정책적으로 평가결과에 근거하여 효과적인 유아교육진흥 정책개발을 추진하기 위함이다. 2008년부터 유아교육재정의 지방 이양에 따라 국가 수준의 정책적 관리시스템이 필요하며, 평가결과에 근거하여 전국 유치원의 운영실태 파악 및 정책적 지원 우선순위 판단이 가능하다. 유치원 평가를 통한 교육과정 및 기관운영 우수사례 발굴, 확산으로 유치원의 자율적, 창의적 유아교육 활동 활성화를 이룬다. 셋째, 바람직한 유아교육 특성을 반영한 체계적 정보제공을 통하여 학부모의 기관선택을 지원하고자 한다. 초 · 중학교와 달리 기관 선택권이 주어지는 유아교육기관에 대한 정보를 제공하여 학부모의 선택을 지원하며, 올바른 유아교육에 대한 정보를 제공하여 학부모의 유치원 교육에 대한 인식 및 만족도를 제고하는 것이다.

(3) 유치원 평가지표

유치원 평가의 내용과 관련된 법적 근거는 유아교육법 시행령 중 제21조(평가의 기준)와 제22조(평가의 절차 등)에 규정되어 있다. 2023 유치원 평가지표는 2019 개정 누리과정의 취지를 반영하고, 현장지원 중심의 유치원 평가를 위한 지표를 마련하고 있다. 하지만 유치원 평가에 대한 평가지표 및 평가항목은 지역마다 다르게 제시되고 있는데, 그 이유는 5주기(2020~2022) 유치원 평가와 마찬가지로 시·도별로 각각 자체적인 계획하에(평가주체: 교육감) 운영되고 있기 때문이다.

5. 평가를 위한 교사의 역할

국가 수준의 제4차 표준보육과정과 개정 누리과정에서 평가를 위한 교사의 역할에 대해 구체적으로 살펴보면 다음과 같다(교육부, 보건복지부 2019; 이순복, 2021; 이진희, 2016; 이진희, 신은미, 2019; 황해익, 2022).

첫째, 평가의 의미에 대해서 생각해보아야 한다. 교육과정과 평가는 떼려야 뗄 수 없는 공동운명체라고 할 수 있다. 국가 수준 교육과정의 방향에 따라 평가의 내용과 방식에 영향을 받으며, 교육과정이 어디로 가고 있는지를 알 수 있는 방법 중 하나가 평가이다. 교사는 현재 국가 수준의 교육과정에 따라 유아·놀이중심 교육과정을 이해하고 유아와 함께 만들어가는 교육과정을 실천하는 역할을 한다. 그 속에서 유아의 특성과 성장 과정의 평가를 통해 유아의 주체성인 놀이를 통해 유아의 변화와 성장의 평가를 통해 교육과정에서 추구하는 유아의 행복과 전인적인 발달에 도모하였는지 평가할 수 있어야 한다.

둘째, 평가에 실행하는 데 있어서 교사는 자율성을 가져야 한다. 국가 수준의 표준보육과정과 누리과정에서는 기관 및 학급 수준에 따라 평가의 자율적 시행을 강조하고 있다. 교사가 교육과정 계획과 실행에 있어서 그 학급의 유아들을 가장 잘 아는 것은 그 반의 교사이다. 유아들의 의미있는 경험과 평가와 연계하여 이해하도록 평가해야 한다. 즉, 학급을 담당하는 교사의 자율성이 발휘되어야 다양한 평가와 그에 따른 실행력도 발휘될 수 있다.

셋째, 교사의 평가는 성취수준에 도달하였는지에 대한 제도적 형식과 수단을 넘어 과정에서 드러난 개별 유아의 성장과 주변 환경까지 고려하는 기회가 되어야 한다. 교사는 평가에 있어 유아의 지식, 기능, 태도, 가치를 측정하고 수량화하는 것이 아니라 유아의 주변 환경, 특히 유아의 가장 중요한 환경인 가정에 대한 이해를 비롯하여 유아의 배움으로부터의 성장에 귀 기울여야 한다.

넷째, 교사는 평가과정의 의미를 중요하게 생각해야 한다. 놀이중심 교육과정에서 평가는 실행된 주제와 관련 활동과 놀이에 따라 표준보육과정의 6개 영역과 누리과정의 5개 영역 중 몇 개 영역만 두드러지거나 인간상을 중점으로 평가할 수 있으므로 실행된 놀이와 활동 및 일상생활을 누적하여 기록하며, 평가가 통합적으로 이루어질 수 있도록 고려하여야 한다. 이를 위해 유아의 흥미를 보이는 놀이를 시작과 진행과정, 유아의 흥미가 이동하여 또 다른 놀이로 이어가는 놀이의 확장과 같이 정말 배움이 일어났는지에 대한 과정에 더 관심을 가져야 한다.

다섯째, 평가 주체가 교사 혼자가 아닌 동료교사, 유아, 부모와 함께 의견을 나누고 협의하는 과정에서 평가를 더 잘 수행할 수 있다. 교사, 부모, 유아가 함께 평가방법의 탐색과 실천으로 인해 '위에서 아래로' 권위적으로 이루어졌던 평가가 아니라 함께 만들어가는 공동의 과정이 이루어질 수 있으며, 특히 소통과 협력의 중요성으로 부모의 참여와 유아의 자기주도적 참여를 이끌 수 있다. 또한 유아들의 놀이하는 실제에서 관찰, 기록에 대해 동료교사 간의 학습공동체를 형성을 통해 평가결과에 대한 책무성(accountability)이 아닌 모든 학습자의 교육에 대한 책임감(responsibility)을 나눠 가지게 된다.

여섯째, 여러 가지 자료를 활용하여 평가할 수 있어야 한다. 표준보육과정과 개정 누리과정에서는 학급수준의 교육과정 운영과 기관의 자율성이 강화됨에 따라 평가 또한 그 방법과 시기에 대해서도 자율성을 가지도록 하고 있다. 따라서 교사는 유아가 일상생활과 놀이, 활동에서 보이는 말이나 행동을 기록한 것, 유아의 발달과 놀이를 기록하기 위한 사진, 유아의 작품 등 관찰과 기록, 수집, 부모 질문지 등의 다양한 방법을 활용하여 유아와 누리과정 운영에 대한 평가를 실시할 수 있어야 한다.

08
Chapter

교수학습 환경

배울내용

1. 교수학습 환경의 중요성 및 구성원리
2. 실내 · 외 교수학습의 환경

학습목표

1. 교수학습 환경의 중요성과 구성원리를 설명할 수 있다.
2. 영유아 발달수준에 적합한 실내 · 외 교수학습 환경을 구성할 수 있다.

영유아들은 유아교육기관에서 하루 일과 대부분의 시간을 활동실에서 보내고 있다. 유아교육기관의 학급 시설 및 환경은 영유아의 발달에 끊임없이 상호작용하며 신체적 · 정신적 영향을 주는 요소이며, 또한 교수학습의 효율성, 능률성, 최적성을 강조하는 교육적 여건을 조성하는 일은 매우 중요하다. 교수학습 환경은 유아교육기관의 건물 · 시설, 실내 · 외 환경, 실내 · 외 설비 기구를 비롯하여 다양한 교재 · 교구까지도 포함시킬 수 있다. 본 장에서는 교수학습 환경에 대한 이론적 기초와 영유아 교수학습에 영향을 주는 연령별 교수학습 환경을 살펴보고자 한다.

1. 교수학습 환경의 중요성 및 구성원리

1) 교수학습 환경의 중요성

유치원과 어린이집은 유아교육 및 보육기관으로서 영유아발달을 지원하는 대표적인 시설이다. 영유아는 호기심이 많아 자신을 둘러싸고 있는 주변 환경과의 역동적 상호작용을 통해 신체, 정서, 언어, 사회, 인지적 발달을 도모하고 있다. 따라서 영유아의 발달에 적합한 유아교육기관의 환경은 가정에서와 같이 편안하고 안전한 실내 · 외 환경을 구성하여 교육적 기능을 실현할 수 있도록 해야 한다.

유아교육기관의 물리적 환경은 영유아와 교사를 포함하여 시설 종사자, 학부모 모두의 요구와 상황에 맞추어 마련되어야 한다. 교수학습 환경이 어떻게 조직되었느냐에 따라 영유아에게 균형 있는 성장과 발달에 영향을 미치므로 편안하고 위생적인 교수학습 환경을 조성하는 일은 중요하다고 할 수 있다. 특히, 적절한 시설 및 설비, 교구가 갖추어진 영유아교육의 물리적 환경은 인적 요인과 더불어 영유아 발달과 교육의 질을 결정짓는 중요한 변인이 된다.

영유아교육의 시설 · 설비환경은 넓은 의미로는 교육 프로그램에 영향을 미치는 여러 변인을 총칭하며, 영유아교육과정에서의 환경이란 효과적인 교육과정 운영 및 영유아의 발달을 촉진시키는 최적의 환경구성을 의미한다(김운삼 외, 2018).

2) 교수학습 환경의 구성원리

영유아의 바람직한 행동 및 성장·발달을 가져올 수 있는 교수학습 환경의 구성원리는 〈표 8-1〉과 같다.

표 8-1. 교수학습 환경의 구성원리

구분	내용
역동성의 원리	영유아의 놀이와 일상생활에 영향을 미치는 환경구성은 생활의 장과 행동의 장으로 환경구성은 역동적이어야 한다.
유용성의 원리	영유아의 놀이중심 활동 공간 구성을 균형적으로 배치하여 영유아의 놀이활동이 유용해야 한다.
건강성의 원리	영유아의 건강과 위생을 고려하여 물리적 환경을 최우선으로 구성되어야 한다.
심미성의 원리	환경은 그 속에서 덕성을 함양하고 영유아의 개성과 취향에 따라 예술성과 감상력을 발달시키고 창의성을 발휘할 수 있게 한다.
입체성의 원리	평면적인 것만으로 환경을 구성하기보다는 입체적이고 다양한 자료를 활용하기에 편리해야 한다.
협동성의 원리	공동 사회의 책임감을 길러주기 위해 유아와 유아, 유아와 교사가 협동하여 구성할 수 있게 환경이 설비되어야 한다.
능률성의 원리	학습동기의 유발, 문제해결 등이 능률적으로 이루어지며 특정 영역에 대한 편향성이 없도록 구성되어야 한다.
계속성의 원리	계절, 놀이주제, 행사, 영유아의 요구와 기대에 따라 수시로 변화되는 환경으로 구성되어야 한다.
통합성의 원리	영유아의 발달수준과 흥미를 고려한 환경구성과 교구 선정에 있어서 환경구성은 통합적으로 구성되어야 한다.
안전성의 원리	영유아가 마음 놓고 활동할 수 있게 쾌적하고 위생적이며 안전해야 한다.
교육성의 원리	시설·기구 하나 하나가 교육적 가치를 지니고 영유아의 성장·발달을 직접적으로 돕는 교육성이 고려되어야 한다.

2. 실내 · 외 교수학습의 환경

유아교육기관의 보육실과 교실은 영유아가 하루 일과 대부분의 시간을 보내는 공간이며 놀이중심 교육과정 운영과 직결된 공간으로 다양한 흥미영역을 구성한다. 흥미영역의 종류와 수는 영유아의 연령과 보육실 · 교실의 크기에 따라 결정된다. 영아반의 경우 수유, 낮잠, 대소변 등 일상생활 공간을 우선적으로 확보하고, 연령이 증가함에 따라 역할놀이 영역, 쌓기놀이 영역, 수 · 조작 영역, 언어 영역, 미술 영역, 음률 영역으로 구성할 수 있다. 표준보육과정 및 누리과정에서 제시하는 영유아의 성장과 발달을 돕는 물리적 환경구성에 관한 내용을 살펴보면 다음과 같다.

1) 실내 교수학습 환경구성

(1) 0~1세 영아를 위한 흥미 영역

① 일상생활 영역

가. 개인 사물함

영아의 겉옷, 여벌, 기저귀 가방, 개인 소지품이나 일과 중 만든 물건을 정리 · 보관한다. 사물함은 가능한 보육실 내 또는 입구 가까운 곳에 비치하여 물품의 정리가 용이하도록 한다. 개인 사물함의 환경구성을 할 때 유의사항은 〈표 8-2〉와 같다.

표 8-2. 개인 사물함 환경구성의 유의사항

• 사물함이나 개인 서랍에는 영아의 이름과 사진을 부착하여 영아 스스로 자기 것을 구분할 수 있게 한다. • 사물함 대신 선반을 활용해도 좋다. • 영아가 자기 물건 등을 넣어두거나 찾아갈 수 있도록 아래쪽에 바구니 등을 놓아두는 것도 좋다.

나. 휴식 영역

조용한 곳에 아늑함과 부드러움을 느낄 수 있는 공간으로 교사가 관찰하기 쉬운 곳에 마련한다. 영아가 자유롭게 이용할 수 있는 휴식공간을 설비하고 인형이나 애착물을 비치하여 안정감을 느끼도록 한다. 영아가 누워서 볼 수 있는 곳에 모빌을 설치하거나, 잠에서 깨거나 잠들려는 영아에게 부드러운 음악을 제공하기 위한 카세트 등을 비치한다. 휴식 영역의 환경구성을 할 때 유의사항은 〈표 8-3〉과 같다.

표 8-3. 휴식 영역 환경구성의 유의사항

- 휴식공간을 별도로 마련하기 힘든 경우에는 놀이공간 중 의사소통을 위한 영역을 이용하여 휴식을 취할 수 있게 한다.
- 영아의 질식사고 예방을 위해 바닥깔개나 침구류는 너무 푹신하지 않도록 한다.
- 0~1세 영아는 월령 및 개인 특성에 따라 낮잠 자는 시간이 불규칙하고 개별적이기 때문에 좀 더 오래 자는 영아를 위한 배려가 필요하다.

다. 수유 영역

0~1세 영아는 월령이 증가함에 따라 수유 및 식사 자세의 변화가 나타난다. 모유수유처럼 성인에게 안겨 수유하는 상태에서 우유병 혼자 잡고 마시기, 이유식 먹기, 의자에 앉아서 성인의 도움으로 먹기, 식탁에 앉아 혼자 먹기 등의 순서로 나타난다. 0~1세 영아의 발달특성을 고려하여 위생적이고 편안한 수유 및 식사를 위한 공간의 확보가 필요하다.

우유병과 젖꼭지는 사용할 때마다 소독해야 하는데 매번 소독하기 어려울 경우 소독된 우유병과 젖꼭지를 충분히 준비해 둔다. 이유식을 하는 영아, 또는 식사를 시작하는 영아를 위한 별도의 테이블을 마련하거나 보육실 안에 낮은 책상을 이용하기도 한다. 수유 영역의 환경구성을 할 때 유의사항은 〈표 8-4〉와 같다.

표 8-4. 수유 영역 환경구성의 유의사항

- 우유는 냉장고에 보관하고 분유는 건조하고 서늘한 곳에 보관한다.
- 식탁에 앉아 혼자 먹기가 가능한 월령인 영아는 낮은 책상에서 다른 영아들과 함께 식사할 수 있게 한다.

라. 기저귀 갈이 영역

기저귀 갈기는 영아와 교사 간 긴밀한 상호작용이 이루어지는 시간으로 교사와의 언어적 상호작용을 통해 영아의 언어발달을 촉진할 수 있다. 기저귀 갈이 영역은 영아의 휴식공간 가까이에 따뜻한 공간이어야 한다. 영아를 눕히기에 적당한 크기, 청소하기 쉬운 마감재를 사용한 매트를 사용한다. 사용한 기저귀를 처리할 폐기용 비닐과 휴지통을 준비하고 기저귀를 가는 데 필요한 도구를 수납할 장이나 선반을 비치한다.

배변훈련을 시작하는 영아를 위해 화장실을 안전하게 구성한다. 영아가 미끄러지지 않도록 바닥에 미끄럼 방지매트를 깔고, 손을 씻을 수 있도록 수건 · 물비누 등을 비치한다. 영아용 변기를 비치하여 영아의 배변훈련을 도우며, 성인용 변기일 경우에는 성인용 변기 위에 영아용 변기 뚜껑을 올려서 사용하도록 한다. 기저귀 갈이 영역의 환경구성을 할 때 유의사항은 〈표 8-5〉와 같다.

표 8-5. 기저귀 갈이 영역 환경구성의 유의사항

• 기저귀 갈이 영역은 음식을 준비하는 곳과 떨어진 곳에 배치하도록 한다. • 기저귀를 가는 동안 영아가 탐색할 수 있도록 거울이나 모빌 등을 설치해 둔다. • 화장실 청소용품이나 소독제 등은 영아의 손이 닿지 않는 곳에 보관하거나 안전고리를 설치한다.

② 놀이 영역

가. 신체 영역

영아기는 신체 및 운동기능의 발달과 협응이 급격한 성장을 보이는 시기로 일상생활을 통해 다양한 대근육 활동을 할 수 있는 환경으로 구성한다. 영아가 기고, 걷고 움직이기 시작하면서 영아의 움직임 발달을 고려한 안전하면서도 도전적인 환경을 제공한다. 보육실 내에서 영아가 오르고 내리고, 타고, 밀고, 뛰고 길 수 있는 시설과 설비를 갖춘다.

잡고 걸을 수 있도록 벽을 따라 설치된 봉, 잡고 서서 밀고 걸을 수 있는 바퀴 달린 장난감, 실내용 미끄럼틀, 그네, 흔들말, 세발자전거나 붕붕차, 낮은 계단과 경사로, 건너뛰거나 통과하는 장애물, 영아용 침대에서 사용 가능한 놀이기구, 스펀지 블록, 공 등의 놀잇감 등이 필요하다. 신체 영역의 환경구성을 할 때 유의사항은 〈표 8-6〉과 같다.

표 8-6. 신체 영역 환경구성의 유의사항

• 1세 영아들은 걷기 시작하면서 활동의 범위가 넓어지기 시작하나, 스스로 조절력은 충분하게 발달하지 못하기 때문에 안전사고가 일어나기 쉬우므로 공간 구성 안에 이에 대한 배려가 필요하다.

나. 언어 영역

언어 영역은 보육실 중 가장 조용하고 밝은 곳에 두되 출입구, 화장실, 피아노 등과 떨어진 곳에 배치한다. 교사와 함께 앉아 책을 읽어 줄 수 있을 만큼의 공간을 확보하고 영아와 교사의 언어적 상호작용을 풍부하게 경험할 수 있는 공간으로 구성한다. 영아를 위해 감각 책, 그림책뿐만 아니라 인형이나 그림, 사진 같은 다양한 자료를 준비하여 언어적 상호작용이 충분히 일어날 수 있도록 한다. 책을 읽거나 놀이를 하면서 영아와 교사가 편안한 느낌을 받을 수 있도록 아늑한 분위기의 공간을 구성한다.

낮은 소파나 폭신한 등받이 쿠션, 방석, 책상이나 상자, 단순한 그림책, 감각 그림책, 스펀지 책, 헝겊 책, 손 인형, 그림이나 사진, 끄적거릴 도구, 모형 전화기나 카세트 등의 교재 · 교구 배치가 필요하다. 언어 영역의 환경구성을 할 때 유의사항은 〈표 8-7〉과 같다.

표 8-7. 언어 영역 환경구성의 유의사항

- 영아용 책꽂이에 그림책을 비치할 경우 글을 모르는 영아의 특성을 고려하여 책의 앞면을 볼 수 있도록 한다.
- 책이나 자료를 사용한 후에 영아가 스스로 정리하는 습관을 기르도록 한다.
- 자연조명이 잘 되는 밝은 곳에 배치하는 것이 좋으며 아늑한 분위기를 위해 적절한 조명을 할 수 있다.

다. 감각 및 탐색 영역

영아는 보고, 듣고, 만지고, 냄새 맡고, 맛보는 오감을 이용하여 자신의 환경을 탐색한다. 영아가 풍성한 감각적 경험을 형성할 수 있도록 다양한 재질과 형태의 놀잇감을 제공한다.

영아의 발달에 맞추어 놀잇감 종류를 선별하여 제공한다. 누워 있는 영아에게는 모빌, 딸랑이 등을 제공하고, 앉거나 이동하기 시작하면서는 쌓기 상자, 통 안에 모양 맞추어 넣기, 작동에 따라 소리나는 놀잇감 등 그 범위를 넓혀 제공한다. 손과 눈의 협응과 소근육의 발달이 이루어지기 시작하는 영아에게는 소근육 조작 경험을 충분히 할 수 있게 한다.

모빌, 딸랑이, 오뚝이, 손에 쥘 수 있는 놀잇감, 건드리면 다양한 소리가 나는 장난감, 상자 블록, 누르면 작동하는 놀잇감, 다양한 질감의 인형, 여러 가지 재질과 크기의 공, 모양 블록, 모양 끼우기 통, 고무나 플라스틱 재질의 고리 끼우기 등 적절한 교재 · 교구 배치가 필요하다. 감각 및 탐색 영역의 환경구성을 할 때 유의사항은 〈표 8-8〉과 같다.

표 8-8. 감각 및 탐색 영역 환경구성의 유의사항

- 영아는 밝은 색상, 대비가 분명한 것, 단순한 디자인, 두드러지는 특징이 있는 것, 사람 얼굴 모양 등을 선호하므로 이런 특징을 갖춘 놀잇감을 비치한다.
- 모든 자료는 항상 위생적, 청결하게 관리하고 파손된 자료는 즉시 수리한다.
- 영아가 삼킬 수 있는 작은 자료는 비치하지 않는다.

라. 역할 및 쌓기 영역

영아는 초보적 수준의 역할놀이를 통해서도 자신을 표현하는 기회를 갖게 된다. 가상놀이나 역할놀이가 가능한 놀잇감을 좋아하기 시작하면서 자신을 둘러싼 생활을 모방하는 놀이가 가능하므로 영아의 창의적 표현을 북돋을 수 있는 공간을 구성한다. 영아는 쌓기놀이를 통해 공간에 대한 지각력뿐 아니라 모양에 대한 이해의 기초를 형성한다. 특히 쌓기놀이 과정에서 일어나는 또래와의 자연적인 상호작용은 영아의 사회성 발달에 긍정적 영향을 미친다. 역할 및 쌓기 영역의 환경구성을 할 때 유의사항은 〈표 8-9〉와 같다.

표 8-9. 역할 및 쌓기 영역 환경구성의 유의사항

- 다양한 인형(인형놀이를 위한 인형, 봉제 인형), 밀고 당기는 놀잇감(쇼핑용 손수레, 유모차, 자동차), 부엌용품, 청소용품 등의 역할 놀잇감, 쌓기놀이에 함께 할 수 있는 모형, 자동차 및 인형 등의 교재 · 교구 배치가 필요하다.
- 영아가 삼킬 수 있는 작은 자료는 비치하지 않는다.
- 제공하는 자료가 위생적이고 안전한지 점검한다.

(2) 2세 영아를 위한 흥미 영역

① 일상생활 영역

가. 개인 사물함

영아의 개인 사물함은 여벌, 비품 등 개인용품을 보관 및 정리하기 위해 설치한다. 보육실 내 또는 입구 가까운 곳에 두어 물품의 정리가 용이하게 한다. 사물함이나 개인 서랍에 영아의 이름과 사진을 부착하여 영아 스스로 자기 것을 구분할 수 있도록 배려한다. 개인 사물함 환경구성의 유의사항은 〈표 8-10〉과 같다.

표 8-10. 개인 사물함 환경구성의 유의사항

- 2세 영아는 자기 스스로 하고자 하는 욕구가 강한 시기이다. 혼자서 옷을 입고 벗고 정리하며 자신감을 기르고, 자기 것에 대한 소유감을 갖도록 개인 사물함은 영아가 쉽게 접근할 수 있도록 구성한다.

나. 휴식 영역

영아가 조용히 쉴 때 이용하는 공간으로 조용한 곳에 아늑함과 부드러움을 느낄 수 있도록 구성한다. 2세 영아는 긴 낮잠을 자기도 하지만 기분이 좋으면 자지 않으려고 할 수 있다. 다른 활동 영역과는 분리된 조용하고 편안한 휴식공간이 필요하며 교사가 쉬고 있는 영아를 언제나 쉽게 관찰할 수 있는 곳에 마련한다. 휴식 영역의 환경구성의 유의사항은 〈표 8-11〉과 같다.

표 8-11. 휴식 영역 환경구성의 유의사항

- 영아가 선호하는 인형이나 애착물을 함께 두어 안정감을 느끼도록 한다.
- 휴식 영역을 별도로 마련하기 어려울 경우에는 놀이 공간 중 의사소통을 위한 영역을 이용하여 영아가 휴식을 취할 수 있게 한다.

다. 간식 및 식사 영역

간식 및 식사 시간은 음식을 먹으면서 교사와 또래와 같이 이야기를 나누며 상호작용을 할 수 있는 시간이다. 2세 영아들은 활동적이고 쉽게 산만해지기 때문에 음식을 엎지르거나, 떨어뜨리는 일이 빈번하게 발생한다. 따라서 간식 및 식사 영역에는 안전하고 쉽게 닦을 수 있는 재질의 바닥과 도구가 구비되어야 한다. 일반적으로 영아의 간식과 식사를 위해 보육실 내 낮은 책상을 준비하여 제공한다. 영아들이 빈번하게 지나다니거나 활발하게 놀이하는 곳과 떨어진 장소의 책상을 활용하고 간식 전과 후에는 물휴지나 행주로 책상을 깨끗이 닦는다. 간식 및 식사 영역의 환경구성을 할 때 유의사항은 〈표 8-12〉와 같다.

표 8-12. 간식 및 식사 영역 환경구성의 유의사항

- 식탁에 앉아 혼자 먹기가 가능하므로 또래 영아가 함께 하는 소집단으로 친밀하게 식사 공간을 구성한다.
- 영아 스스로 배식할 수 있도록 낮은 조리대나 급식대를 배치해도 좋다.

라. 화장실

배변훈련을 시작하는 영아를 위해 화장실을 안전하게 구성한다. 영아가 미끄러지지 않도록 바닥에 미끄럼 방지처리를 하고, 손을 씻을 수 있도록 수건 및 물비누 등을 비치한다. 2세 영아는 일상생활 중 옷 입기, 손 씻기, 배변 등 자조기술이 필요한 부분에서 혼자서 스스로 하려는 경향을 보인다. 영아가 혼자 할 수 있도록 화장실에서 변기를 사용하는 방법, 세면대에서 손 씻는 순서와 방법 등을 사진이나 그림으로 안내해 준다.

영아용 변기를 비치하여 영아의 배변훈련을 돕는다. 성인용 변기일 경우에는 성인용 변기 위에 영아용 변기 뚜껑을 올려서 사용한다. 이동용 변기를 사용할 경우에 항상 변기가 깨끗하게 비워져 있어야 한다. 화장실 환경구성을 할 때 유의사항은 〈표 8-13〉과 같다.

표 8-13. 화장실 환경구성의 유의사항

- 화장실은 영아가 접근하고 이용하기 쉽도록 구성되어야 한다.
- 부드러운 조명이나 큰 거울 등을 설치하면 좀 더 집 같은 편안한 느낌을 준다.
- 영아가 대소변 실수를 하거나 변기의 물을 내리지 않아 생기는 냄새를 제거하기 위해 환기에 신경을 써야 한다.
- 청소용품이나 소독제 등은 영아의 손이 닿지 않는 안전한 곳에 보관한다.

② 놀이 영역

가. 신체 영역

영아들은 움직임에 대한 욕구가 강하고 끊임없이 움직인다. 2세가 되면 신체의 움직임이 민첩해지고 신체활동을 더 즐기기 때문에 보다 넓은 대근육 활동 영역이 필요하다. 대근육 활동은 실외놀이터를 주로 이용하기도 하나 보육실 내에서 다른 활동에 방해가 되지 않는 범위 내에서 영아가 오르고 내리고, 타고, 밀고, 뛰고, 길 수 있는 시설과 설비를 갖추어야 한다. 신체 영역 환경구성의 유의사항은 〈표 8-14〉와 같다.

표 8-14. 신체 영역 환경구성의 유의사항

- 실내 미끄럼틀, 종합 놀이대, 이동식 목마, 자동차, 끌차, 공, 후프, 볼풀 놀이대, 낮은 계단과 경사로, 건너뛰거나 통과하는 장애물 등의 교재 · 교구 구비가 필요하다.
- 비가 오거나 추워서 실외활동이 어려운 날에는 실내에서 대근육 활동을 포함한 신체활동을 할 수 있도록 보육실 중심 공간을 이용하도록 한다.

나. 언어 영역

2세 영아는 자신의 의사를 말로 표현하기 시작하면서 언어를 이용한 의사소통에 많은 흥미를 보인다. 영아가 말하고, 듣고, 읽고, 쓰는 의사소통의 기회를 충분히 경험할 수 있도록 공간과 놀잇감을 배치한다. 교사뿐만 아니라 또래와의 언어적 상호작용을 풍부하게 경험할 수 있도록 배려한다. 이 시기에는 문자에 관심이 확장되므로 교사와 함께 앉아 책을 읽어 줄 수 있는 만큼의 공간을 확보하고 영아와 교사가 편안한 느낌을 가질 수 있도록 구성한다. 언어 영역에는 그림책을 포함하여 사진책, 포스터, 동시판, 노래판, 팜플렛, 전단지, 메뉴판 등을 준비하여 영아가 생활 속에서 문자의 역할을 이해하고 문자와 친숙해질 수 있도록 돕는다. 보육실 벽면에는 칠판이나 커다란 전지를 붙여주고 분필, 크레파스, 색연필, 사인펜 등을 비치하여 영아의 끼적거리는 활동을 격려한다. 카세트와 녹음기, 마이크 등을 이용하여 자신의 말소리를 녹음하고 듣는 등의 말하기와 듣기 경험을 확장하도록 한다. 언어 영역 환경구성을 할 때 유의사항은 〈표 8-15〉와 같다.

표 8-15. 언어 영역 환경구성의 유의사항

- 영아용 책꽂이에는 그림책의 앞면을 볼 수 있도록 정리한다.
- 책이나 자료는 사용 후 제자리에 스스로 정돈할 수 있도록 환경 구성 시 배려한다.
- 자연조명이 잘 되는 밝은 곳에 배치하는 것이 좋으며 또한 아늑한 분위기를 위해 적절한 조명을 할 수 있다.
- 공간이 부족한 경우 언어 영역을 안락하게 구성하여 휴식 영역으로 공유할 수 있다.

다. 감각 및 탐색 영역

2세 영아는 손의 소근육 발달이 정교해지는 시기로 다양한 조작놀이를 제공함이 효과적이다. 자연물, 소형 블록, 구슬 꿰기 등 영아가 정교하게 손을 이용할 수 있는 경험을 하도록 배려한다. 퍼즐이나 분류 등의 활동을 즐기기도 한다. 감각 및 탐색 영역의 놀잇감들은 낮은 교구대에 바구니나 쟁반에 담아 준비해 두어 영아가 흥미에 따라 선택하여 활동을 할 수 있게 배치한다. 2세가 되면 동식물에 관심을 가지기 시작하므로 실내에서 기를 수 있는 동물(거북이, 달팽이, 토끼 등)이나 식물, 주변의 다양한 자연물 등을 관찰할 수 있는 공간을 확보해 주어도 좋다. 감각 및 탐색 영역 환경구성을 할 때 유의사항은 〈표 8-16〉과 같다.

표 8-16. 감각 및 탐색 영역 환경구성의 유의사항

- 놀잇감은 영아의 시선을 끌 수 있도록 영아의 눈높이에 맞추어 비치한다.
- 영아가 삼킬 위험이 있는 작은 크기의 놀잇감은 가능한 한 피하고 사용할 시에는 영아에게 충분한 주의를 준다.
- 자료를 보관하는 교구대 바닥에 놀잇감의 사진을 붙여주어 영아 스스로 정리할 수 있도록 돕는다.

라. 역할 및 쌓기 영역

2세 영아는 가족과 관련된 역할놀이를 선호하므로 가족놀이, 아기놀이 등을 위한 놀잇감을 제공한다. 2세 영아는 친구를 배려하고 놀잇감을 공유하면서 활동하는 데 어려운 시기이다. 따라서 분쟁의 소지를 사전에 예방하기 위해 충분한 양의 쌓기 놀잇감을 준비하는 것이 중요하다. 놀잇감으로 울타리를 만들고, 집 짓기, 성 쌓기, 도로나 기차 만들기를 즐긴다.

다양한 인형(인형놀이를 위한 인형, 봉제인형), 밀고 당기는 놀잇감(쇼핑용 손수레, 유모차, 자동차), 역할 놀잇감(부엌용품, 청소용품 등), 크기가 너무 작지 않은 다양한 재질과 크기의 블록, 동물, 자동차, 사람 등의 교재 · 교구 구비가 필요하다. 역할 및 쌓기 영역 환경구성을 할 때 유의사항은 〈표 8-17〉과 같다.

표 8-17. 역할 및 쌓기 영역 환경구성의 유의사항

- 블록 등의 놀잇감을 보관하는 교구대 바닥 밑면에 모양이나 사진을 붙여주어 영아 스스로 정리할 수 있도록 돕는다.
- 영아의 수를 고려하여 충분한 놀잇감을 비치한다.
- 계절을 고려하여 역할 놀잇감을 교체한다.

마. 미술 영역

세면대나 출입구 가까운 곳에 배치한다. 끼적거리고, 찢고, 오리고, 자르고, 붙이는 다양한 조형 경험이 영아의 탐색 능력과 더불어 대근육 및 소근육 조절능력과 협응력을 길러준다. 2세의 표현활동은 그리기, 찍기 같은 평면적 조형 활동과 꾸미기, 붙이기, 판화 같은 입체적 조형 활동으로 이루어질 수 있다. 아름다움을 감상할 수 있는 공간적 배려도 필요하다. 명화나 아름다운 그림이나 사진 등을 영아의 눈높이에 맞추어 붙여주는 것도 좋다.

다양한 크기와 모양의 종이, 색종이, 구길 수 있는 재료, 끼적거릴 수 있는 도구(크레파스 색연필 등), 물감, 붓, 사진이 많은 잡지책, 모루, 수수깡, 빈 과자 상자나 봉투, 안전가위, 풀, 접착용 테이프, 명화, 아름다운 그림이나 사진, 밀가루 반죽, 풀, 물감, 찍기놀이 도장, 스티커 등의 교재 및 교구를 비치한다. 미술 영역 환경구성을 할 때 유의사항은 〈표 8-18〉과 같다.

표 8-18. 미술 영역 환경구성의 유의사항

- 영아가 삼킬 수 있는 작은 크기의 자료는 비치하지 않는다.
- 책상 위나 바닥에 비닐 등의 깔개를 깔아 보호하고 쉽게 청소할 수 있도록 한다.
- 제공하는 자료가 위생적이고 안전한지 점검한다.
- 바닥에 물이나 물감 등이 떨어져 영아가 미끄러지는 사고가 발생하지 않도록 유의한다.

바. 음률 영역

영아는 자신의 요구에 따라 악기를 이용하여 소리를 내보며 음악을 통해 자신의 감정을 표현하는 경험을 갖게 한다. 영아는 여러 가지 음악을 들으면서 그 속에 담긴 감정을 느껴볼 수 있다. 음률 영역 환경구성의 유의사항은 〈표 8-19〉와 같다.

표 8-19. 음률 영역 환경구성의 유의사항

- 카세트나 녹음기, 리듬 악기(북, 트라이앵글, 마라카스, 탬버린, 캐스터네츠 등) 등의 교재 및 교구의 구비가 필요하다.
- 영아가 스스로 예술적인 경험을 할 수 있도록 여러 가지 자료(악기, 음악 테이프, 리본, 스카프, 의상 등)를 준비하고 움직이는 모습을 볼 수 있도록 벽에 큰 거울을 비치한다.

(3) 3~5세 유아를 위한 흥미 영역

① 언어 영역

언어 영역은 듣기, 말하기, 읽기, 쓰기와 관련된 활동을 경험하는 놀이 영역이다. 유아는 언어 영역의 활동을 통해 일상생활에 필요한 언어능력을 향상시키고 올바른 의사소통능력 및 태도를 기를 수 있다. 언어 영역은 주변의 자극으로부터 분리될 수 있도록 조용하고 안정된 공간에 배치하는 것이 좋으며, 놀이활동 주제나 유아의 흥미에 따라 다양한 언어활동 자료를 비치하여 듣기, 말하기, 읽기, 쓰기 활동을 골고루 이루어지도록 한다. 언어활동에 몰입할 수 있게 안락한 의자나 쿠션 등을 두어 편안한 분위기를 마련하여 놀이활동을 지원한다. 언어 영역 환경구성을 할 때 유의사항은 〈표 8-20〉과 같다.

표 8-20. 언어 영역 환경구성의 유의사항

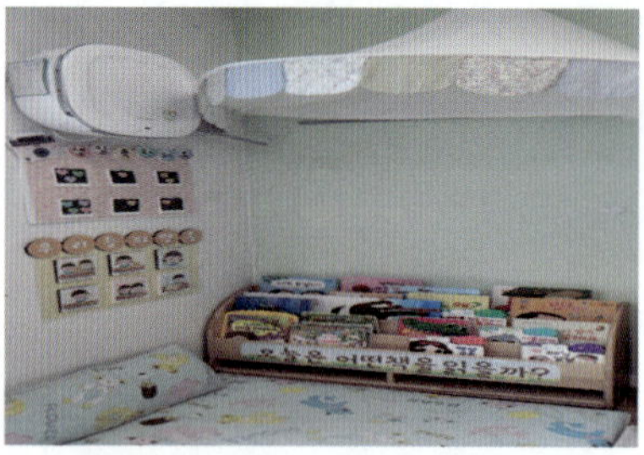

- 책이나 자료는 사용한 후 제자리에 정리할 수 있게 한다.
- 유아가 이야기를 직접 만들거나 소리를 녹음해 보는 기회를 가질 수 있도록 다양한 손 인형이나 동화를 준비한다.
- 초기에는 주로 책 보기나 듣기 활동을 계획하고 점차 읽기나 쓰기를 위한 활동을 구성하는 것이 좋다.
- 읽기나 쓰기 활동을 위해서는 자연조명이 되는 밝은 곳에 배치하도록 하는 것이 좋으며, 조금 더 아늑한 곳에서 듣거나 말하기 활동을 하기 원하는 유아를 위해 적절한 조명을 할 수 있도록 한다.

② 수 · 조작 영역

수 · 조작 영역은 일대일 대응, 분류, 비교, 서열 등의 수활동이나 퍼즐 맞추기나 끼워서 구성하기, 간단한 게임 등 논리적 문제해결, 소근육 조작 등과 관련된 활동을 주로 하는 놀이 영역이다. 유아는 수 · 조작 활동을 통해 눈과 손의 협응력과 소근육 발달, 논리 · 수학적 개념 발달, 문제해결력과 집중력을 향상시킬 수 있으며, 문제를 탐색하고 해결해 가는 과정에서 자신감과 자율성을 배울 수 있다. 수 · 조작 영역은 개별적 탐색활동이 많이 이루어지는 곳으로 주의집중이 잘 되도록 조용한 곳에 배치하며, 난이도가 다른 다양한 놀잇감을 준비하여 유아의 발달수준과 흥미에 따른 활동이 이루어지도록 한다. 수 · 조작 영역 환경구성을 할 때 유의사항은 〈표 8-21〉과 같다.

표 8-21. 수 · 조작 영역 환경구성의 유의사항

- 놀잇감은 유아의 시선을 끌 수 있도록 눈높이에 맞추어 비치하며, 특히 무거운 것은 유아가 안전하게 꺼내 사용할 수 있는 위치에 놓도록 한다.
- 다양한 교재 및 교구를 제공함으로써 그래프나 공간, 도형 등과 관련된 대 · 소집단활동이 자연스럽게 확장될 수 있도록 한다.
- 퍼즐의 조작들이 분실되거나 흩어져서 정리되지 않은 상태로 유아에게 제공되지 않도록 하며 정리정돈이 쉽도록 바구니나 쟁반에 담아 제시한다.
- 자료들을 보관하는 교구장의 바닥에는 자료의 모양이나 사진을 붙여줌으로써 유아가 스스로 자료를 꺼내고 정리할 수 있게 한다.

③ 쌓기놀이 영역

다양한 크기와 모양의 블록과 소품을 이용하여 특정한 구조물을 구성하여 놀이하는 영역이다. 교실의 중앙에 설비하여 다른 영역과 연계가 잘 이루어지도록 하거나, 교실의 구조에 따라 블록에 의한 소음을 피하기 위해 교실 코너나 출입문 옆에 설치할 수 있다. 여러 블록을 이용하여 구성물을 만들 때 소음을 제거하기 위해 카펫이나 매트를 깐다. 주제에 따라 함께 사용할 수 있는 소품도 그때그때 제시하며 유아가 제작한 작품을 전시할 수 있는 공간을 확보한다. 교사는 유아의 개별적인 관찰을 통해 쌓기놀이 발달단계 중 어디에 속하는지 파악해야 하므로 중재 시기와 방법을 결정해야 한다. 또한 유아가 흥미를 갖고 놀이를 즐길 수 있도록 하며 유아와 교사, 유아와 유아 간의 놀이 협동을 격려함으로써 긍정적인 상호작용을 통해 유아가 배움을 형성할 수 있게 한다. 쌓기놀이 영역의 환경구성을 할 때 유의사항은 〈표 8-22〉와 같다.

표 8-22. 쌓기놀이 영역 환경구성의 유의사항

- 유아의 구성능력 및 조작능력을 고려하여 다양한 종류의 블록을 순차적으로 제공한다.
- 확장 활동으로 발전시킬 수 있도록 관련 사진이나 그림 카드를 제공한다.
- 쌓기놀이 공간의 높낮이를 조절하여 구성할 수 있도록 책상, 널빤지, 의자 등을 제공한다.
- 유아가 구조물을 쌓을 때 방해받지 않고 활동에 몰두할 수 있도록 충분한 공간을 마련해 주며 통행이 많지 않은 곳에 배치한다.
- 역할놀이 영역과 인접하여 배치하면 두 영역의 통합적 활동이 활발하게 이루어지는 효과가 있다.

④ 역할놀이 영역

유아들이 흥미롭게 여겼던 다양한 사건, 경험, 역할, 대상을 구체적인 사물을 가지고 놀이로 재연하는 영역이다. 쌓기놀이 영역과 이웃되게 배치하나 과학, 수·조작놀이 영역과는 멀리 떨어지게 배치한다. 일상생활 역할놀이이기 때문에 유아에게 알맞은 크기의 가구, 싱크대, 테이블, 의자, 거울을 비치하고, 주제에 따라 필요한 소품을 낮은 선반에 준비한다.

안락한 분위기가 조성될 수 있도록 천장에 캐노피를 달아주고 침대나 침대 대용으로 쿠션, 이불, 베개를 배치하고 다양한 역할놀이를 할 수 있도록 충분한 공간을 확보한다. 교사는 놀잇감이나 자료는 무엇을 활용하며 상호작용은 어떻게 일어나는지, 참여하는 시간 정도, 놀이 집단이 어떻게 구성되는지를 주의 깊게 파악함으로써 놀이의 내용이나 놀이환경을 지원해 주어야 한다. 역할놀이 영역의 환경구성을 할 때 유의사항은 〈표 8-23〉과 같다.

표 8-23. 역할놀이 영역 환경구성의 유의사항

- 유아가 많이 참여할 수 있도록 충분한 공간을 제공하며 쌓기놀이 영역과 가깝게 배치함으로써 놀이의 확장이 이루어질 수 있다.
- 모든 자료는 항상 청결하게 관리하고 파손된 자료는 즉시 수선한다.
- 양성평등 교육, 다문화 이해 교육 등이 이루어질 수 있는 장소이므로 관련 소품을 제공하여 자연스럽게 놀이로 유도한다.
- 교사의 적절한 개입 및 자료 제시는 유아의 적극적인 참여를 돕고 경험을 풍부하게 한다.
- 주도적인 성향이 있는 유아들이 항상 역할놀이를 통제할 수 있으므로 각 역할을 저 나름대로의 중요성과 의미가 있음을 이해하도록 알려주며 자연스럽게 서로 역할을 바꾸어 할 수 있게 한다.

⑤ 과학 영역

생활 주변에서 관찰할 수 있는 다양한 사물, 동식물, 자연현상에 관심을 가지고 주의 깊게 관찰하며, 끊임없이 탐구하고 실험하는 영역이다. 유아는 과학 영역의 활동을 통해 주변의 환경이나 사물, 생명체에 대해 알고 지속적으로 탐색하고 과학적인 사고를 형성할 수 있다. 동물·식물 재배가 가능한 햇빛이 잘 들고 물 공급이 원활한 공간에 설치하며 여러 가지 꽃씨나 채소류 농작물의 싹을 틔우고 물을 주고 재배하면서 관찰할 수 있는 시설·기구를 설비한다. 주제에 따라 과학실험을 할 수 있는 다양한 자료를 준비하며 관찰일지, 과학활동 기록지를 모을 수 있는 파일을 비치한다. 교사는 유아의 과학적 개념과 과학적 기술 및 태도를 함양하기 위해 호기심을 자극할 수 있는 자료와 환경을 구성하도록 한다. 과학 영역 환경구성을 할 때 유의사항은 〈표 8-24〉와 같다.

표 8-24. 과학 영역 환경구성의 유의사항

- 과학 영역의 교재 및 교구는 계절, 놀이주제, 유아의 흥미에 기초하여 다양한 자연물이나 실물을 제시한다.
- 유아 스스로 관찰 탐색활동이 가능한 자료를 준비해 주고 또래 친구와 함께 찾아볼 수 있는 과학 사전, 그림책, 사진 등을 충분히 비치한다.
- 일회성 실험이나 전시보다 유아가 지속적으로 관찰하고 예측하며, 그 결과를 기록해 볼 수 있도록 기록지를 준비해 준다.
- 생물을 기를 경우 교실에서 충분히 관찰한 후 자연을 소중히 여길 수 있도록 원래 있었던 곳(예: 연못, 공원, 숲 등)으로 보내주는 과정이 필요하다.

⑥ 미술 영역

다양한 재료와 매체를 이용하여 유아는 자신의 생각, 느낌, 감정 등을 표현하고 아름다운 미술 작품을 감상할 수 있는 영역이다. 미술 영역은 조용하고 밝은 곳이 좋으며, 물을 사용할 수 있는 공간과 가까이 배치한다. 작업용 책상과 의자, 이젤 등을 설치해 두며, 밀가루 반죽, 손가락 그림을 그릴 수 있게 책상용 비닐 커버, 유아용 작업복을 준비해 둔다. 입체작품, 평면작품, 종이접기 작품을 전시 혹은 게시할 수 있는 공간을 확보하고, 작품 미완성 시 보관할 바구니를 준비하고 작품 전시 후 느낌을 쓰거나 그릴 수 있는 필기 도구를 준비한다. 교사는 유아의 미적 감각, 심미감, 창의적 표현을 증진하기 위해 다양한 재료를 자유롭게 사용할 수 있도록 제공하며 미술활동의 결과보다는 과정 자체를 즐길 수 있도록 한다. 미술 영역 환경구성을 할 때 유의사항은 〈표 8-25〉와 같다.

표 8-25. 미술 영역 환경구성의 유의사항

- 미술 영역에는 다양한 자료를 보관할 수 있는 자료 정리장을 구비하고, 유아가 손쉽게 자료를 꺼내어 활동할 수 있도록 배치한다. 또한 완성된 작품을 말릴 수 있는 설비도 준비한다.
- 미술 영역에서 사용하는 물이나 물감 등이 바닥에 떨어질 경우에 유아가 미끄러지는 사고가 발생할 수 있으므로 주의한다.
- 책상 위나 바닥에 비닐 등을 깔아 보호하고 쉽게 청소할 수 있도록 한다.
- 제공하는 자료가 위생적이고 안전한지 확인한다.
- 유아의 작품은 소중히 다루고 게시판이나 복도에 전시 공간을 마련하여 자주 전시한다.

⑦ 음률 영역

음악 감상, 악기 탐색 및 연주, 노래 부르기 등을 비롯하여 음악에 맞추어 신체를 자유롭게 움직이거나 창의적인 신체 표현활동을 경험하는 놀이 영역이다. 유아가 편안하게 생각에 따라 움직일 수 있는 공간을 확보하며, 소음을 줄일 수 있게 바닥에 카펫을 깔고 조용한 활동이 이루어지는 영역을 피하여 설치한다. 다양한 악기를 정비하되 일시에 전부 제시하지 않고 필요에 따라 하나씩 더 첨가하며 입으로 부는 악기는 알코올로 소독한다. 또한 신체를 표현할 수 있는 도구나 소품 등을 비치한다. 교사는 음률 영역의 활성화를 위해 유아의 다양한 소리를 탐색하고 소리를 만들어 보게 하는 허용된 분위기를 제공한다. 민요, 동요, 클래식 등의 다양한 음악을 감상할 수 있도록 하며, 여러 가지 악기를 제공하여 다른 영역과 통합이 되도록 지원하고 격려해 준다. 음률 영역 환경구성을 할 때 유의사항은 〈표 8-26〉과 같다.

표 8-26. 음률 영역 환경구성의 유의사항

- 유아가 스스로 음률 활동에 참여할 수 있도록 여러 가지 자료(예: 악기, 음악테이프, 리본, 의상 등)를 제공하고 움직이는 모습을 볼 있도록 벽에 큰 거울을 준비해 준다.
- 공연 관람, 지역 인사나 전문가 초대, 비디오 관람 등 다양한 방법으로 움직임과 춤 경험, 음악적 표현 및 감상활동을 하도록 한다.
- 유아가 소리를 변별하는 활동을 할 때는 집중할 수 있도록 주변 소리를 차단하는 장치를 하도록 한다.
- 움직임이나 춤과 관련된 활동을 할 때, 신체 접촉을 꺼리는 유아가 있으면 강요하지 않도록 하며 서로 부딪히거나 다치치 않도록 미리 주의하도록 안내한다.
- 우리나라 전통 악기와 함께 다른 나라의 악기를 다양하게 준비하고 유아가 쉽게 다룰 수 있는 리듬악기나 타악기에서 시작하여 점차 멜로디 악기로 확장한다.

2) 실외 교수학습 환경구성

(1) 0~1세 영아를 위한 실외환경

유아교육기관에서는 실내환경뿐만 아니라 실외환경에 흥미 영역을 설치하여 다양한 놀이가 진행되도록 구성한다. 실외 흥미 영역에서는 영아의 요구, 계절 및 놀이 활동 주제에 따라 확장하거나 축소하는 등 지속적으로 재구성할 수 있게 한다. 0~1세 영아를 위한 실외 환경구성을 할 때, 〈표 8-27〉과 같은 사항이 고려되어야 한다(고정곤 외, 2020).

표 8-27. 0~1세 영아의 실외 환경구성의 유의사항

- 0~1세 영아는 실외놀이가 매일 이루어지지 않더라도 영아 자신이 날씨의 변화와 자연현상을 감각적으로 경험할 수 있게 한다.
- 다른 연령의 영유아들이 실외활동을 관찰할 수 있는 공간을 구성한다.
- 실외환경은 동적 영역과 정적 영역으로 구분한다. 동적 영역은 유모차, 붕붕차, 미끄럼틀, 그네, 시소 등의 놀잇감을 설치하고 정적 영역은 휴식하기, 물놀이, 모래놀이 시설을 구비한다.

(2) 2세 영아를 위한 실외환경

실외환경은 실내환경과 연속적이며 연계적으로 구성하여 실내환경에서 경험할 수 없는 시설이나 설비를 통하여 실내학습에 대한 보완적 기능을 갖도록 한다. 2세 실외 환경구성을 할 때, 고려되어야 할 사항은 〈표 8-28〉과 같다.

표 8-28. 2세 영아의 실외 환경구성의 유의사항

- 영아의 신체 크기에 적합한 공간을 확보하고 발달단계에 따른 지각력과 개별 운동을 고려하여 구성한다.
- 동적 영역에는 바퀴 달린 소재와 흥미로운 시야, 소리, 냄새 등을 경험할 수 있게 구성한다.
- 정적 영역에는 휴식을 위한 공간과 영아가 만지고 탐구할 수 있는 잔디, 모래, 돌, 진흙, 물 등의 탐색공간을 포함하여 구성한다.
- 놀잇감 보관창고, 외부 차량이나 사람을 보호하고 영유아의 놀이상황을 관찰할 수 있는 공간을 구성하여 영유아의 안전에 최선을 다한다.

(3) 3~5세 유아를 위한 실외환경

실외 흥미 영역은 실내에 공간이 좁거나 움직임이나 활동량이 많아 실내 설치가 어려운 경우, 실외에 설치하여 실내 흥미 영역의 기능과 연계하거나 보완적인 역할을 할 수 있도록 한다. 실내 흥미 영역과 실외 흥미 영역은 독자적인 성격을 지니면서 서로 상보적인 역할을 하며 실외 유원장 또는 바깥놀이터라고도 한다. 3~5세 유아를 위한 실외환경을 구성할 때, 고려되어야 할 사항은 〈표 8-29〉와 같다.

표 8-29. 3~5세 유아의 실외 환경구성의 유의사항

- 바깥놀이터는 유아들이 마음껏 뛰어놀면서 날씨의 변화와 자연현상을 감각적으로 느낄 수 있도록 구성한다.
- 위험하지 않으면서 도전적이며 다양하게 창의적인 놀이를 할 수 있도록 조성한다.
- 유아의 안전을 위해 「어린이 놀이시설 안전관리법」에 따른 시설기준에 따라 설치한다.
- 정적 영역과 동적 영역으로 분리하여 달리기, 공놀이, 자전거 타기, 물 · 모래 놀이 등은 동적 영역에 배치하며, 작업하기, 휴식하기, 책 읽기 등은 정적 영역으로 배치한다.
- 운동놀이 영역, 모래 · 물놀이 영역, 자연탐구 및 관찰 영역, 작업 영역, 휴식 영역 및 놀잇감을 보관할 수 있는 보관창고를 설비한다.
- 교사는 외부차량이나 사람들로부터 유아를 보호할 수 있도록 울타리, 담장을 설치하고 전체적인 바깥놀이터 활동을 관찰할 수 있도록 영역을 구성한다.

① 운동놀이 영역

유아의 바른 자세 형성과 운동기능발달의 기초가 되며 몸의 균형을 유지하고 몸을 조정하여 움직일 수 있는 과정을 경험하게 한다. 또한 대근육 운동능력을 기르고 기구를 이용하는 방법을 습득할 수 있도록 하기 위해 기어오르기, 매달리기 등 다양한 운동 놀이를 할 수 있는 놀이시설을 설치하여 구성한다. 운동놀이 영역의 연령별 구성상의 강조점은 〈표 8-30〉과 같다.

표 8-30. 운동놀이 영역의 연령별 구성상의 강조점

- 만 3세: 미끄럼틀이나 오름틀은 경사가 완만하고 길이가 짧은 것, 자전거 등 탈것은 소형을 제공한다.
- 만 4세: 미끄럼틀, 오름틀은 신체조건에 적합한 것, 평균대 걷기, 공굴리기, 고무줄 뛰기 등의 운동놀이 기구를 비치한다.
- 만 5세: 모험놀이, 도전적인 놀이기구, 달리기, 구르기, 균형 잡기, 뛰어내리기를 할 수 있는 놀이기구를 비치한다.

② 모래 · 물놀이 영역

모래와 물은 사용방법이 다양하여 부담없이 즐거운 마음으로 활동에 몰입하는 과정은 유아로 하여금 성취감과 만족감을 느끼게 하여 정서적 안정감을 제공한다. 모래 · 물놀이 영역은 통행이 빈번하지 않은 곳, 햇볕이 잘 들고 배수가 잘 되는 곳에 배치한다. 모래 영역과 가까운 그늘진 곳에 유아의 상상력을 키울 수 있게 다양한 형태의 구조물, 놀이집, 테이블, 극화놀이 소품 등을 준비해 둔다. 모래 · 물놀이 영역의 연령별 구성상의 강조점은 〈표 8-31〉과 같다.

표 8-31. 모래 · 물놀이 영역의 연령별 구성상의 강조점

- 만 3세: 모래나 물을 그릇에 담기, 손으로 만지기, 모래 모양 찍기 등을 할 수 있도록 다양한 종류의 그릇, 인형, 공 등을 준비한다.
- 만 4세: 물의 특성을 이해하고 모래의 탐색활동 외에 소꿉놀이 도구, 인형, 자동차 모형, 자연물 등을 이용하여 여러 가지 놀이로 확장하도록 한다.
- 만 5세: 다양한 계량도구, 물과 모래를 이용한 실험할 수 있는 교재 · 교구, 모래삽, 수로용, 플라스틱관, 투명 호스를 준비해 둔다.

③ 자연탐구 및 관찰 영역

유아는 동식물을 기르면서 관찰하고 조사하고 실험하는 등의 탐구과정에 적극적으로 참여함으로써 탐구활동을 즐기게 된다. 이런 과정에서 자연물에 대한 전문적 지식을 얻고 개념을 형성하며 자연에 대한 이해와 정서적 교감을 나눌 수 있다.

식물 기르기 영역과 동물 기르기 영역으로 구분하여 구성한다. 식물 기르기 영역은 햇빛이 잘 들고 물을 사용하기 편리한 곳에 배치하며 텃밭을 만들 공간이 없으면 작은 화분을 이용한다. 유아가 직접 씨앗을 뿌리고 재배하고 수확하는 과정을 통해 식물의 성장과정과 변화를 관찰하고 꽃과 열매를 관찰할 수 있는 꽃나무와 유실수를 재배한다. 동물 기르기 영역은 햇볕이 잘 들고 바람이 잘 통하여 배수가 잘 되고 물과 사료 공급이 용이한 장소에 배치한다. 자연탐구 및 관찰 영역의 연령별 구성상의 강조점은 〈표 8-32〉와 같다.

표 8-32. 자연탐구 및 관찰 영역의 연령별 구성상의 강조점

- 만 3세: 성장 속도가 빨라 열매가 맺치는 식물(토마토, 고추)을 재배한다.
- 만 4세: 꽃밭과 텃밭을 가꾸며 식물을 기르도록 하고 관찰용지를 비치하여 동식물의 변화과정을 기록하도록 한다.
- 만 5세: 동식물 성장에 관련된 책을 비치하고 유아 개인별 재배 꽃밭과 텃밭을 제공하여 재배과정이나 변화를 글로 기록할 수 있게 한다.

④ 작업 영역

유아는 주변에서 수집한 다양한 재료의 특성을 활용한 작품 제작활동을 통하여 창의성과 미적 감상력을 길러준다. 작업 영역에는 물감으로 그림 그리기, 큰 블록 쌓기, 목공놀이, 점토놀이를 할 수 있는 다양한 작업용 재료와 도구류를 마련해 둔다. 작업 영역의 연령별 구성상의 강조점은 〈표 8-33〉과 같다.

표 8-33. 작업 영역의 연령별 구성상의 강조점

- 만 3세: 기본적인 자료를 자주 교체해 주고, 특히 핑거페인팅 재료, 큰 붓, 점토 등을 제공하여 작업활동을 자유롭게 표현하도록 한다.
- 만 4세: 자연물로 꾸미기, 모래 그림 그리기, 물감 흘려 벽화 꾸미기 등의 미술활동과 블록으로 구성하기 등의 활동을 제공한다.
- 만 5세: 다양한 미술 재료 및 자연물을 활용한 놀이, 목공 놀이 등 공동작업에 필요한 자료를 제공한다.

⑤ 휴식 영역

휴식 영역은 유아들이 동적 활동을 하거나 다른 유아들의 놀이를 편안한 마음으로 관찰하면서 다음 활동에 필요한 에너지를 비축하는 영역이다. 유아들이 편안하게 쉴 수 있는 조용한 공간으로 다양한 종류의 나무 그늘이나 정자 지붕이 있는 테라스, 텐트나 비치 파라솔을 설치하여 그늘을 조성한다. 유아의 연령에 따라 융통성 있게 시간과 활용방법을 조절한다.

⑥ 보관창고

보관창고는 바깥 놀이기구의 활용성을 높이고 안전한 보관을 통하여 사용 기간을 최대한 연장할 수 있게 한다. 물이 고이지 않게 경사진 곳에 설치하며 놀이기구의 종류와 크기를 고려하여 창고의 모양과 크기를 조절한다. 통풍과 환기가 잘 되는 곳에 설치한다.

4 PART

영아 교수학습활동의 실제

Chapter 09 영아 일상생활지도

Chapter 10 0~2세 실내 · 외 자유놀이지도

09
Chapter

영아 일상생활지도

배울내용

1. 영아 일상생활지도
   - 등원 및 맞이하기
   - 수유 및 이유
   - 간식 및 점심
   - 기저귀 갈이 및 배변지도
   - 낮잠과 휴식
2. 기본생활지도

학습목표

1. 영아의 일상생활지도 내용을 이해하고 지원 방법을 계획할 수 있다.
2. 영아의 기본생활지도 방법에 대해 알고 적용할 수 있다.

1. 영아 일상생활지도

영아는 대부분의 시간을 놀이에 집중하지만 먹고, 자고, 배변하기와 같은 일상생활에도 많은 시간을 보내고 있다. 이에 교사는 기저귀 갈이, 씻기, 간식 및 식사 등의 일상생활을 영아의 발달적 특성을 고려하여 연령별로 구성해야 한다. 즉, 영아 개개인의 발달적 차이와 개별적인 요구를 이해하여 영아의 행동에 민감하게 반응하며, 개별적인 영아 중심으로 지원이 이루어지고 있는지 살펴야 한다.

오른발 왼발
나란히 나란히

일상생활

편안하게 음악들으며 휴식해요

뽀드득! 세균이 달아나도록
깨끗하게 씻어요

착착! 양말도 제자리에 두어요

한마디 talk!!!!

Q. 일상생활지도는 왜 중요한가?

가정이라는 사회에서, 더 나아가 또래들이 함께 생활하는 '어린이집'에서 이루어지는 세심한 돌봄은 영아의 건강한 성장과 행복한 삶을 좌우한다. 보호와 교육이 함께 필요한 영아에게 영유아교육기관에서의 일상생활은 공동체 사회에서 필요한 기본생활습관을 습득할 수 있고 정서적 안정감을 제공한다. 이에 교사는 영아의 일상생활지도가 그저 '챙겨줘야 하는 시간'이라는 인식을 버리고 영아가 가진 욕구가 무엇인지 파악하고, 그 욕구를 충족시키기 위한 교사의 기본적인 태도는 무엇인지 살펴야 한다. 가장 기본적인 일상지도가 영아에게는 행복하고 의미 있는 순간임을 인지해야 한다.

교사의 고민나누기

Q. 만1세 담임 교사입니다.
영아들의 일상생활지도에 신경을 쓰고 있으나 잘 하고 있는지? 지원은 어떻게 하는 것이 좋은지 궁금합니다 .

A. 영아의 일상생활은 매우 중요합니다. 영아기 발달과업을 이루는 데 필요한 긍정적인 경험들이 이루어지는 시기이므로 교사의 지원이 필요합니다. 반에서 여러 또래들과 상호작용을 하지만 교사와 일대일대응을 하면서 기저귀 갈이를 하거나 선생님의 포근한 품에서 토닥토닥 잠이 드는 일상은 정서적 안정감을 느끼게 하는 순간입니다. 일상생활지도 시 충분한 상호작용이 이루어지고 있다면 놀이와 일상 지원을 잘 하고 있는 분입니다.

일상생활 지원 tip

- 놀이와 일상을 구분하지 않아요.
- 영아와 눈을 마주치며 미소를 지어요.
- 영아의 행동에 고개를 끄덕여주어요.
- 영아의 개인적 요구를 고려하여 다양한 상호작용을 해요.

출처: 제4차 어린이집 표준보육과정 '놀면서 자란다' (중앙육아종합지원센터, 2022).

1) 등원 및 맞이하기

건강한 어린이집 생활을 위한 등원은 영아, 부모, 교사 모두가 노력하여 함께 이루어가는 과정이다. 특히 영아와 부모를 따뜻하게 맞이하는 것은 안정적으로 하루를 시작하는 즐거움의 시작이다. 등원 전 교사는 교실 환기와 청결 상태 등 환경을 점검하고 안전 사항 확인 및 위생용품을 준비한다. 영아가 편안함을 느낄 수 있도록 가정과 같은 포근하고 안락한 환경을 구성하고, 부모와 분리되어 긴장감을 느낄 수 있으므로 양육자와 자연스럽게 분리될 수 있도록 심리적인 안정감을 제공한다. 특히 교사는 영아의 관심이 놀이로 전환하여 하루 일과에 잘 적응할 수 있도록 지원한다. 기분 좋은 등원 및 맞이하기를 위한 교사의 지원은 다음과 같다.

○ 교사는 밝은 표정과 편안한 분위기로 영아를 맞이한다.

영아에게 관심을 보이며 개별적으로 환영받고 있다고 느끼도록 반갑게 맞이한다. 영아의 눈높이에서 따뜻함이 전해지도록 이름을 불러주며, 머리모양이나 입고 온 옷, 신발, 어제와 달라진 점 등에 대해 관심을 보인다. 사소한 변화라도 영아에게는 소중하고 의미 있는 것이므로 세심하게 관찰하여 파악한다.

○ 교사는 영아의 감정에 공감을 표현해준다.

영아의 표정이나 움직임, 습관이나 행동을 살펴보면서 인사 나눈다. 영아를 맞이할 때 기분을 물어보고 가벼운 신체적 접촉이나 안아주면서 영아의 감정에 공감한다. 인사말을 건네거나 손을 흔들기, 미소지어보기 등 긍정적인 비언어적 인사표현을 경험하도록 격려한다.

○ 등원 및 맞이하기 상황에서 발생할 수 있는 다양한 갈등상황에 적절하게 대처한다.

등원을 거부하거나 어린이집 현관에서 부모와 헤어지는 것을 어려워할 경우에는 개별적으로 상호작용을 충분하게 하고 안정될 때까지 기다려준다. 영아의 기분을 수용하며 자신이 사랑받고 있다는 느낌을 가질 수 있도록 주의를 기울여야 한다. 혹은 늦게 등원하거나 가정에서 장난감을 가지고 오는 경우 등 영아의 행동을 이해하고 대책을 강구한다.

- 교사는 부모의 궁금한 사항이나 영아의 건강 상태, 감정 상태에 특이한 내용이 있을 경우 정보를 교환한다.

  영아의 몸 상태가 좋지 않을 경우에는 투약사항이나 영아의 상태를 확인하여 적절한 조치를 취한다. 혹 잠이 부족하다면 휴식 공간으로 안내한다. 또한 좋아하는 놀이나 영아의 관심거리를 제공하여 안정감을 갖게 한다.

- 교사는 영아 스스로 개인 물품을 정리할 수 있도록 도움을 주거나 기다려준다.

  등원 시 현관 앞에서 스스로 신발을 벗고 정리해 볼 수 있도록 적절한 도움을 주거나 충분한 시간을 제공한다. 필요하다면 교사는 언어적으로 설명을 하거나 영아 스스로 신발과 옷을 입고 벗을 수 있는 자조 능력을 키울 수 있도록 가정과 연계하여 협조를 구한다. 또한 각 반 교실로 이동하여 자신의 가방 정리와 사물함까지 물품 하나하나 살펴서 다른 영아와 섞이지 않도록 주의하며 영아 스스로 정리해 볼 수 있도록 배려한다.

일상생활1	선생님을 만나 인사해요
놀이경험	 등원하는 영아와 부모님과 인사하기 "○○이 반가워." "오늘 새로운 ○○하고 왔네. 잘 어울린다." "○○해서 기분이 좋은가 보구나." "오늘은 어떤 놀이 해볼까?" "선생님이랑 손잡고 엄마에게 인사해볼까?"
교사의 지원	1. 영아의 기분과 감정을 살펴 반갑게 인사하고 부모와도 대화를 나눈다. - 안녕! ○○이 잘 잤어요? - 안녕하세요? 어머니, ○○이 오늘 기분이 어떤가요? - ○○이가 어젯밤에 잘 지냈나요? 2. 편안한 마음으로 부모와 헤어지는 인사를 나눌 수 있도록 기다려준다. - ○○야, 엄마에게 인사해볼까? - ○○이 엄마랑 더 오래 있고 싶구나. - 엄마도 ○○에게 인사해 주시네. - 잘 놀고 있으면 엄마가 오실 거야. 선생님이 ○○이 옆에 있을 거야. 3. 영아의 감정을 공감해주고 영아가 원하는 놀이를 할 수 있도록 안내한다. - 오늘은 어떤 놀이를 하고 싶은지 찾아볼까? - 선생님이랑 ○○친구 만나러 가볼까요?
표준보육과정 관련 내용	기본생활>건강하게 생활하기>하루 일과를 편안하게 경험한다. 사회관계>나를 알고 존중하기>나의 욕구와 감정을 나타낸다.
유의점	영아가 하루 일과를 자연스럽게 시작하고 현재 느끼는 감정을 표현할 수 있도록 지원한다. 혹 영아가 울더라도 부모와 인사하는 것이 중요함을 안내한다. 영아의 흥미에 맞는 놀잇감이나 공간 등을 파악하여 부모와 헤어진 후 자연스럽게 일과에 집중하도록 영아의 눈높이에 친근한 물건이나 놀잇감 등을 배치하여 편안한 마음으로 놀이에 관심을 전환되도록 지원한다.

생각나누기

등원 후 영아 스스로 신발이나 가방, 옷, 소지품을 정리해보도록 격려하기

"○○이 신발장은 어디에 있나요?"
"신발은 어디에 정리하면 좋을까?"
"신발이 바르게 놓여 있으니 보기 좋구나."
"가방 안에 어떤 것이 있을까요?"
"선생님이 도와줄게요. 여기에 걸어볼까요?"
" 그래, 혼자서도 잘 했구나."
"○○했으니 이제 무얼 하고 싶어?"

영아의 경험에 따른 교사지원 방법을 생각해 보세요

상황 등원을 거부하거나 울면서 등원하는 영아

Q. 울면서 등원을 거부하고 있어요. 이럴 땐 어떻게 할까요?

2) 수유 및 이유

영아는 교사의 품에서 이루어지는 수유를 통해서 배고픔의 기본 욕구를 채우는 동시에 편안함과 안정감을 느낀다. 이때 교사는 영아의 수유 패턴을 파악하여 고개를 끄덕이거나 시선을 맞추고, 영아의 몸짓에 적절하게 반응하면서 이야기하는 등 언어적 상호작용을 격려한다. 또한 이유식을 시작하는 시점은 각 영아마다 차이가 있으므로 발달 상태를 살펴 섭취해야 하는 양, 횟수 등을 조절하여 다양한 음식을 제공한다. 매일 일정한 시간에 소화기능이나 섭식기능을 촉진시키는 이유식을 준비하고, 혹 영아가 혀로 밀어내거나 거부할 때 다시 시도해보지만 무리하게 강요하지 않는 편이 좋다. 성장을 돕는 수유 및 이유식 시간에 이루어지는 교사의 지원은 다음과 같다.

○ 수유와 이유는 위생적이고 개별적으로 실시한다.

수유와 이유를 통해 영아는 새로운 음식을 만나게 되므로 충분히 적응할 수 있는 시간을 주고 개별적으로 지도한다. 또한 영아의 수유 패턴에 민감하게 반응해야 하며, 영아가 고개를 돌리거나 잘 먹지 않을 경우 여유를 두고 시작하는 것이 좋다.

○ 수유 및 이유 장소는 기저귀 갈이대나 화장실에서 떨어진 곳에 마련한다.

○ 영아의 특성을 고려하여 수유나 이유 과정을 이행한다.

영아별 수유 및 이유식의 횟수, 시간, 양 등을 기록하고 일과 중에 참고하여 제공한다. 새로운 맛에 흥미를 보이는 영아에게 수저와 식기를 사용하여 탐색할 수 있는 기회를 제공한다.

○ 교사는 영아의 수유 및 이유식을 준비할 수 있는 공간을 마련한다.

❍ 영아 개인별로 수유 및 이유에 필요한 기구들은 구분하여 위생적으로 보관하고 관리한다.

❍ 이유식을 제공할 때 숟가락에 흥미를 보이거나 숟가락을 사용해 먹는 것에 관심을 보이면 직접 시도해보도록 지원한다.

음식을 흘리고 주변이 더러워지지만 적절하게 보살펴 스스로 먹을 수 있도록 지도한다.

알아두면 도움 되는 상식 코너!

연령별 식사 지도 시 챙김 할 것들

- **모유 보관:** 모유는 실내 온도, 계절적 특징을 고려하여 냉장보관하기
- **조유기구 선택:** 젖병꼭지나 젖병 등은 안전하게 소독하여 이물질이 혼입되지 않도록 보관하기
- **이유식 진행 원칙:** 영아의 건강이 양호한지 살펴서 시작하기. 이유 시작 1개월 전부터 규칙적인 수유 시간과 간격(4시간)을 조절하기
- **식품 알레르기 대처방안:** 새로운 식품을 줄 때 거부반응 또는 알레르기 반응 여부를 관찰하기. 의심이 가는 음식물의 경우 반응을 2-3회 정도 관찰하기. 원인 식품은 일정기간 제한하기. 우유, 두유, 달걀 등 단백질 식품에 알레르기가 있을 때 대체식품을 공급하기. 알레르기를 유발할 가능성이 높은 식품군은 만 1~2세까지 제한하기

  → 올바른 식습관 형성: 단계별 이유 진행을 통해 편식예방 및 다양한 음식을 섭취할 수 있도록 유도하기

<table>
<tr><th>일상생활2</th><th>냠냠! 우유를 먹어요</th></tr>
<tr><td>놀이경험</td><td>
스스로 젖병을 잡고 수유하도록 기회 제공하기

“○○이 배고프지? 우유 먹어볼까요?”
“냠냠, 냠냠. 아이 맛있다.”
“○○이가 잘 먹을 수 있게 선생님이 잡아줄게요.”
“○○이, 잘 먹는구나.”</td></tr>
<tr><td>교사의 지원</td><td>1. 영아의 개별 수유 시간을 맞추어 영아를 편안하게 안고 이야기를 나눈다.
-(영아를 안고) 우리 ○○이 배고프구나.
-맛있는 우유 먹어요.
2. 우유병을 보여주며 이야기한다.
-(우유병을 흔들며) 맛있는 우유네. 선생님이 우유 가져왔어요.
-선생님이랑 같이 우유 먹어볼까요?
3. 영아에게 수유하는 동안 영아의 눈을 마주 보며 이야기를 나눈다.
-(우유병을 잡아주며) ○○이 잘 먹네. 배고팠지.
-우유가 맛있구나.
-우유를 잘 먹으니 참 좋구나.
-우유 다 먹어볼까? 우유 먹으면 건강하게 쑥쑥 자란단다.
4. 수유 후에 영아를 안아주며 트림을 시킨다.
-우리 ○○이, 다 먹었구나. 아이 배불러. 잘 먹었습니다.
-(등을 만져주며) ○○이가 먹은 우유 쑥쑥 내려가라.
-이제 트림 해볼까?
-(트림 후) ○○이는 트림 잘 하네. 시원하게 소화가 잘 되겠네.
5. 영아가 편안해질 때까지 상호작용하고 표정과 움직임에 적절하게 반응한다.</td></tr>
<tr><td>표준보육과정
관련 내용</td><td>기본생활>건강하게 생활하기>음식을 즐겁게 먹는다.
사회관계>더불어 생활하기>안정적인 애착을 형성한다.</td></tr>
<tr><td>유의점</td><td>수유 방법과 횟수는 영아의 요구를 고려하여 조절한다. 교사는 젖병을 혼자 들고 먹을 수 있는 영아라도 팔에 안고, 눈을 마주치고 영아가 먹는 것을 보면서 적극적으로 반응하며 쓰다듬어 준다. 수유를 하고 난 후에는 반드시 트림을 시켜 영아의 소화를 돕고, 수유 시간이 즐거운 시간이 될 수 있도록 지원한다.</td></tr>
</table>

생각나누기

영아의 음식 선호를 넓혀가는 기회가 되도록 상호작용하기

"오늘 이유식은 무엇인지 볼까?"
"○○이가 ○○ 먹고 있구나. 어떤 맛일까?"
"○○이가 좋아하는 ○○죽이네. ○○ 입에 쏘옥 넣어볼까요?"
"숟가락으로 이렇게 먹어볼까?"

영아의 경험에 따른 교사지원 방법을 생각해 보세요

상황 교사가 먹여주어야만 음식을 먹거나 잘 먹지 않는 영아

Q. 혼자서 먹는 게 힘들어요. 이럴 땐 어떻게 할까요?

3) 간식 및 점심

영아기는 먹는 것을 통해 양육자와의 애착을 형성한다. 특히 많은 시간을 교육기관에서 보내는 영아의 건강한 식생활 습관 및 태도를 형성하기 위해서는 성장에 필요한 영양공급이 이루어져야 한다. 영아의 개별적인 정보를 수집하고 발달 상태나 식습관을 배려하여 매일 규칙적인 시간에 간식 및 점심을 제공한다. 단순히 음식을 제공하는 것에 급급하지 말고 식사예절과 위생 개념이 형성되도록 안정적인 분위기를 조성한다. 간식 및 점심시간에 이루어지는 교사의 지원은 다음과 같다.

○ 교사는 바람직한 식습관의 모델링을 제공하고 즐거운 분위기를 조성한다.

교사의 건강한 식습관으로 모범을 보이면 영아의 위생개념 및 올바른 식습관을 형성할 수 있다. 영아와 자유롭게 이야기를 나누고 편안한 시간이 되도록 계획하여 음식에 대한 다양한 경험으로 신체 및 전인발달을 지원한다.

○ 먹는 양을 충분히 살피고 영아 스스로 음식을 즐겁게 먹을 수 있도록 격려한다.

교사는 개별적 차이를 고려해서 영양학적으로 균형이 맞는 음식을 제공하고, 영아 스스로 음식의 양을 조절하면서 먹을 수 있도록 언어적・비언어적으로 격려한다.

○ 도움이 필요한 영아는 발달단계에 맞게 순차적으로 지원 계획을 세운다.

밥을 돌아다니면서 먹거나, 음식을 삼키지 않는 경우, 먹기 싫은 음식을 버리는 경우, 먹는 속도가 느리거나 장난치는 경우 등 간식 및 점심시간에 발생할 수 있는 갈등상황에 개별적으로 지원한다.

○ 간식 및 점심시간을 충분히 제공하고 손 씻기, 정리하는 방법을 알려주고 스스로 할 수 있도록 도와준다.

○ 양질의 영양 공급과 영양학적으로 질이 높고 균형이 맞는 간식과 점심을 제공한다.

알아두면 도움 되는 상식 코너!

영유아교육기관에서 이루어지는 식생활지도의 목적

- 영양권장량에 따른 균형 있는 식사
- 영양교육 실시로 식생활 개선
- 그릇된 식습관과 편식 교정
- 식생활의 규범과 질서 확립
- 영양에 대한 올바른 개념 정립
- 미래의 합리적인 식생활 지도
- 영아와 영아, 교사와 영아 간의 협동정신 함양

일상생활3	간식 시간이 제일 좋아요!
놀이경험	 간식의 맛, 색, 경험 등에 대해 이야기 나누기 "무슨 맛일까요? 어떻게 먹으면 좋을까요?" "선생님처럼 천천히 먹어볼까요?" "처음 먹어보는 맛이라서 씹기 어렵구나."
교사의 지원	1. 간식 시간을 안내하고 안전하게 준비할 수 있는 방법에 대해 이야기를 나눈다. 2. 간식 전에 지켜야 할 사항들에 대해 이야기를 나눈다. – 간식 먹기 전에 무엇을 해야 할까? – 스스로 손을 씻고 왔구나. – ○○이, 간식 먹을 자리를 깨끗하게 정리했구나. 3. 영아가 스스로 간식을 먹어보도록 격려한다. 4. 새롭고 다양한 음식에 관심을 가질 수 있도록 색, 냄새, 맛 등을 고려하여 제공한다. – 어떤 맛인가요? – 처음 먹어보는 것인데 잘 먹는구나. – (박수를 치면서) 우리 ○○이 혼자서도 너무 잘 먹네요. 5. 간식을 먹고 난 후 자신의 식기나 자리를 정리할 수 있도록 격려한다.
표준보육과정 관련 내용	기본생활>건강하게 생활하기>음식을 즐겁게 먹는다. 사회관계>더불어 생활하기>다른 사람의 감정과 행동에 관심을 가진다.
유의점	간식 준비하는 과정에서 위생이나 안전에 대한 이야기들을 나눈다. 혹 선생님을 따라 간식 준비를 해보고 싶은 영아들에게 도울 방법을 제안해보거나 다 먹은 후에 그릇을 정리하는 습관을 기르도록 지도한다. 영아의 먹는 속도나 선호하는 음식 등은 개인차를 고려하여 제공하고, 영아의 식습관과 위생개념이 형성되도록 배려한다.

생각나누기

식사하는 속도, 음식의 양을 조절하면서 먹을 수 있도록 기회 제공하기

"친구들이 먹는 모습이 어때요?"
"숟가락을 잘 잡으니까 흘리지 않고 먹을 수 있네."
"반찬도 함께 먹으면 더 맛있는데, 같이 먹어볼까요?"

영아의 경험에 따른 교사지원 방법을 생각해 보세요

상황 점심시간에 장난치는 영아

Q. 음식으로 장난을 치려고 해요. 이럴 땐 어떻게 할까요?

4) 기저귀 갈이와 배변지도

영아에게 있어서 기저귀 갈이와 배변 활동은 교사와의 개별적인 상호작용이 일어날 수 있는 중요한 일과이다. 교사는 수시로 기저귀 상태를 점검하고, 기저귀를 가는 동안 영아에게 이야기하거나 즐거운 분위기에서 노래를 불러주고 친밀한 상호작용 속에서 정서적인 교감이 이루어지도록 배려한다. 기저귀를 갈거나 배변지도 시 기분 좋은 경험이 되도록 위생적인 장소와 쾌적하고 안락한 공간을 구성한다. 또한 영아가 배변 의사를 표현하는 것에 격려하고 긍정적인 배변 경험이 되도록 계속적인 관심과 칭찬을 아끼지 않는다. 기저귀 갈이 및 배변지도에서 이루어지는 교사의 지원은 다음과 같다.

- 영아의 요구와 개별적 특성에 따라 배변지도를 실시한다. 급하게 서두르거나 강제성을 띠지 않고 시도한다.
- 기저귀를 가는 동안 영아와 눈을 맞추고 따뜻하고 너그러운 태도를 유지한다.
- 기저귀 가는 데 필요한 물품은 쉽게 사용할 수 있는 가까운 곳에 안전하게 비치한다.
- 물 가까운 곳에 기저귀 갈이 장소를 정해놓고 배변 상태를 수시로 살피고 영아의 건강 상태를 점검한다.
- 교사는 기저귀 갈이 전후에 손을 씻고 기저귀를 갈아줄 때마다 청결하게 처리한다.
- 가끔 기저귀를 떼어서 소변 가리기를 시도해 볼 수 있도록 격려한다.
- 기저귀를 빼고 변기 사용에 두려움을 갖지 않도록 인형을 통해 변기 사용 모델링을 보여주면서 변기에 관심을 가질 수 있도록 도와준다.

- 배변 활동 지도의 시기와 지도방법은 반드시 가정과 연계하여 일관성 있게 실시한다.
- 배변 습관을 기르는 것에 흥미를 가질 수 있도록 다양한 놀이를 통해 시도한다.
- 배변 상태를 관찰하고 기록하는 습관을 갖는다.
- 영아가 알리는 징후에 민감해야 하며, 성취감과 자신감을 느낄 수 있도록 칭찬으로 격려한다.
- 배변 활동 중 혹 실수가 있더라도 너무 민감하게 반응하지 말고, 편안하게 여벌옷으로 갈아입도록 배려한다.
- 영아가 대 · 소변을 보는 과정을 이해할 수 있도록 화장실에 그림을 부착해둔다.

배변 훈련을 시작하는 영아를 위한 그림책	
 유애순 저자(글) · 권사우 그림/만화 길벗어린이	배가 꾸르륵 꾸르륵! 볼록볼록 동그라미 그리고, 방귀가 뿡뿡! 실룩실룩 엉덩이를 흔들어요. 어! 몸에서 응가 신호가 와요. 응가 체조 시~작!

일상생활4	기저귀를 갈아요
놀이경험	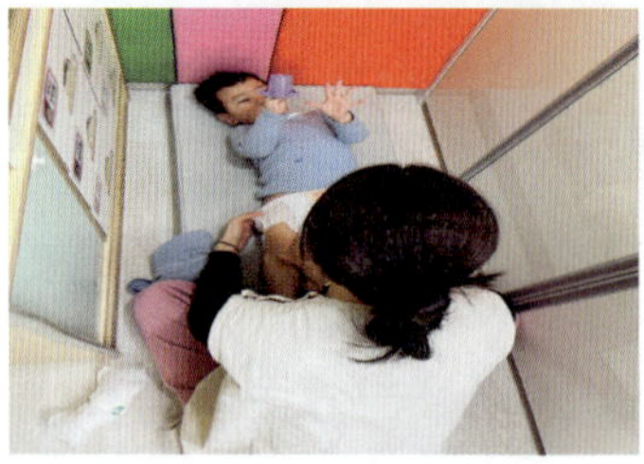 수시로 기저귀 점검하기 “새 기저귀로 갈면 기분이 좋아질 거야.” “○○이 다리도 쭉 쭉 뻗어볼까? 엉덩이가 뽀송해졌네.” “선생님이 기저귀 가는 동안 모빌을 만져볼까?”
교사의 지원	1. 기저귀 갈이 공간은 소독액을 뿌려 소독한다. 2. 가정에서 보내 온 기저귀를 잘 살펴 제시한다. – ○○아, 선생님이랑 기저귀 같이 찾아볼까? – 여기 있네. 기저귀를 꺼내볼까요? 3. 영아와 개별적으로 신체적, 언어적인 상호작용을 한다. – ○○이, 바지 벗어볼까? 엉덩이를 들어보세요. – 이제 새 기저귀를 차자. – (기저귀를 갈아주며) ○○이 기분이 어때? – 새 기저귀로 가니까 엉덩이가 시원해졌지. – 선생님이랑 쭉쭉이 놀이해보자. – ○○이 새 기저귀를 하니 기분이 좋은가 보구나. – 바지 입어볼까? 4. 기저귀 갈이 후 기분을 표현해보도록 한다. 5. 영아 스스로 기저귀를 갈기 위해 옷을 벗고 입을 때 넘어지지 않도록 주의한다. 6. 사용한 기저귀 처리 후 영아와 교사는 손을 씻는다.
표준보육과정 관련 내용	기본생활>건강하게 생활하기>배변 의사를 표현한다. 의사소통>듣기와 말하기>표정, 몸짓, 말소리로 의사를 표현한다.
유의점	기저귀를 착용한 영아와 기저귀를 떼려는 영아의 개인적 발달 차이를 구분하고 건강 상태, 정서 상태를 고려하여 배변 활동을 살핀다. 오염이 묻은 기저귀는 비닐봉지에 밀봉하여 뚜껑이 있는 휴지통에 버린다. 배변 실수가 잦을 경우 배변지도를 중단하고 영아의 상황, 기분 등 배변지도로 인한 스트레스를 살핀다.

생각나누기

인형으로 배변지도하기

"변기에 앉아서 어떻게 응가하는지 볼까요?"
"○○이도 응가하고 싶구나," "변기에 앉아볼까?"
"변기에 앉아서 쉬도 하고 응가도 할 거야."

영아의경험에 따른 교사지원 방법을 생각해 보세요

상황 배변 의사 표현이 서툰 영아

Q. 기저귀 대신 변기와 친해져야 하는데 구석에서 힘만 주고 통 말이 없어요. 이럴 땐 어떻게 할까요?

5) 낮잠과 휴식

하루 일과 중에 이루어지는 적당한 휴식과 수면은 피로 회복에 도움이 되고 에너지를 충전시켜 준다. 놀이에 집중하고 활동량이 많을 때, 활동 전후로 소모한 에너지를 회복하기 위한 신체적, 정신적 휴식과 낮잠은 영아의 성장발달에 매우 중요한 영향을 준다.

낮잠은 어린이집 생활의 긴장감과 흥분을 줄여주고, 뇌 발달과 정신적 발달, 신체 발육에 중요하다. 특히 잠이 부족한 영아는 쉽게 지치거나 짜증을 부리고, 주의력이 낮고 산만하므로 신체적, 정신적 건강을 위해 꼭 필요하다. 특히 영아의 월령에 따라 수면시간이나 숙면의 정도 차이가 있으며, 잠자기 전후는 예민해지는 시간이다. 교사는 영아의 개별적인 욕구를 수용하고 수면습관을 살펴 휴식을 취할 수 있도록 분위기를 조성한다. 낮잠과 휴식지도 시 이루어지는 교사의 지원은 다음과 같다.

- 영아의 개별적 수면습관과 요구를 고려하여 낮잠과 휴식시간을 계획한다.

  교사는 영아 개개인의 생활리듬이나 특성, 수면과 관련된 생활 경험을 부모와의 긴밀한 연락을 통해 파악한다. 잠잘 때의 습관이나 수면 시간과 양, 잠자려는 신호, 잠자는 패턴을 존중한다.

- 낮잠을 준비하는 과정에서 양치하기, 세수하기, 옷 갈아입기 등의 과정을 거친다.

- 교사는 영아들이 편안하게 휴식을 취하거나 쉽게 잠 들 수 있도록 분위기를 조성한다.

  낮잠을 준비하는 사전 활동을 충분히 진행하고 잘 준비가 되었는지 체크한다. 개별 이불, 베개 등을 준비하고 조용한 음악을 들려준다. 수면을 방해하는 조명이나 소리 조절, 실내 온도 등에 유의하여 개인적인 공간과 시간을 제공한다. 영아 스스로 잠들 수 있도록 이끌어주어야 하며, 낮잠을 잘 수 있는 안락하고 평온한 분위기를 조성한다.

○ 편안하게 숙면을 취할 수 있도록 배려한다.

영아의 움직임을 살펴 눈을 비비거나 손가락 빨기 등 자고 싶어 하는 신호를 빠르게 알아채어 잠들기 전에 긴장을 풀어주고 정서적으로 안정된 상태가 될 수 있도록 기다려준다.

○ 교사는 영아의 생활리듬을 파악하여 잠드는 습관과 자고 나서 깰 때의 행동을 잘 관찰하여 개별적인 보살핌을 한다.

간혹 영아가 칭얼거리거나 떼를 부리기도 하며, 민감한 반응을 보이기도 하므로 잠자기 어려운 영아의 경우에는 토닥거려 주거나 낮은 목소리로 자장가를 불러준다. 잘 것을 강요하기보다는 가만히 누워 있거나 휴식을 취하도록 지도한다.

알아두면 도움 되는 상식 코너!

수면습관의 문제

- **밤낮이 바뀐 영아:** 신생아의 수면패턴은 시간이 지나면서 바뀌지만 지속적으로 낮과 밤이 바뀐 수면패턴을 그대로 유지하여 습관이 되었음
  → 부모와의 상담을 통해 생활리듬, 수면습관, 수면과 관련된 영아의 생활경험 파악하기
- **잠투정하는 영아:** 영아의 지능과 감성이 발달하면서 부모와 떨어지는 것을 무서운 경험으로 생각할 수 있음
  → 영아가 편안하게 잠들 수 있도록 일과를 일관성 있게 유지하고 건강한 수면 습관 계획하기
- **낮잠을 자지 않는 영아:** 가정에서 늦게까지 잠을 잤거나, 놀이를 계속하고 싶거나, 환경에 적응을 못한 경우, 아파서 낮잠을 자지 않음
  → 잠을 잘 수 있도록 도와주고, 자지 않으려는 영아에게 강요하지 않음

일상생활5	편안하게 낮잠을 자요
놀이경험	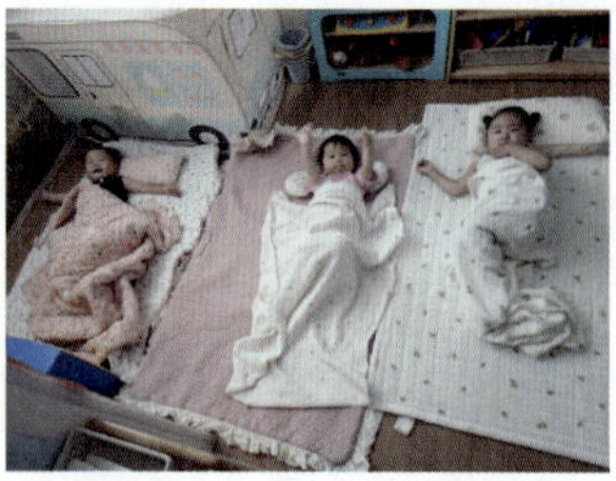 피로를 풀고 정서적으로 안정감을 갖도록 개별적인 수면 습관 수용하기 " ○○이 잠이 오는 구나, 선생님이 노래 불러줄게요." "여기서 누워 코 잘 거야." "여기 ○○이 이불이야. 누워서 자볼까?" "잘 자요. ○○이 잠도 잘 자네."
교사의 지원	1. 영아가 편안하게 수면을 취할 수 있도록 애착물이 필요하다면 가정과 연계하여 수용한다. 2. 교사는 영아에게 가까이 가서 개별적인 상호작용을 한다. -(조용한 음악을 틀어주고) 우리 ○○이 잘 준비가 되었구나. -선생님이 그림책 곰이 코 자는 거 보여주었지. 자고 일어나서 또 읽어보자. 3. 교실의 밝기를 조절하고 영아들이 안정적인 수면을 취할 수 있도록 환경을 조성한다. -(머리를 쓰다듬어주면서) 우리 ○○이 잠이 안 와요? -(귓속말로 속삭이며) 안 자고 있구나. 잠이 안 와? 선생님이 옆에서 재워줄게. 친구들이 자고 있으니까 조용히 누워서 쉴까? 4. 잠투정이 심하거나 쉽게 잠들지 못하는 영아의 등을 토닥여 주어 안정적으로 잠들 수 있도록 한다. 5. 일찍 잠에서 깬 영아는 기저귀 갈기, 화장실 가기, 조용한 놀이를 할 수 있도록 배려한다.
표준보육과정 관련 내용	기본생활>건강하게 생활하기>하루 일과를 편안하게 경험한다. 사회관계>나를 알고 존중하기>나의 욕구와 감정을 나타낸다.
유의점	정해진 시간에 잠을 자지 않으려는 영아를 급하게 재우기보다 영아의 마음을 알아주고 교사와 시간을 함께 보내어도 좋다. 낮잠 시간에 잠을 자지 않으려는 영아는 누워서 쉴 수 있도록 지원한다. 잠자는 영아를 방해하지 않고 휴식을 취할 수 있도록 배려한다. 낮잠 시간을 운영할 때 영아를 갑자기 깨우거나 잠자는 영아의 위치나 자세를 수정하는 것은 피한다. 서서히 깰 수 있도록 기다려준다. 반드시 개별 침구를 사용하고 계절과 날씨에 고려하여 주기적으로 이불을 세탁하고 교체해 준다.

생각나누기

낮잠에서 깨어 잠자리를 정리하는 습관을 기르도록 격려하기

"이제 일어날 시간이에요."
"잘 잤어? 기지개 켜볼까?"
"자고 나니 기분이 좋아졌구나."
"선생님도 쭉쭉~ 마사지 해 줄게요."

"자고 난 이불은 어떻게 할까?"
"선생님이 이불 개는 것을 도와줄게요."
"이불은 여기에 넣어요. 베개는 어디에 넣을까?"

영아의 경험에 따른 교사지원 방법을 생각해 보세요.

상황 낮잠을 원치 않는 영아

Q. 낮잠 시간에 잠을 자지 않아요. 이럴 땐 어떻게 할까요?

연령별 일상생활을 지도하는 교사의 지원 내용을 살펴보면 다음과 같다.

■ 0~1세

- 청결하고 편안한 공간을 마련한다.
- 영아의 개별적인 욕구를 관찰한다.
- 개인차에 따라 수유, 배변, 낮잠 등의 일상생활이 이루어질 수 있도록 지원한다.
- 또래와 함께 간식을 먹도록 유도한다.
- 스스로 사물을 만지고 조작해 볼 수 있도록 격려한다.

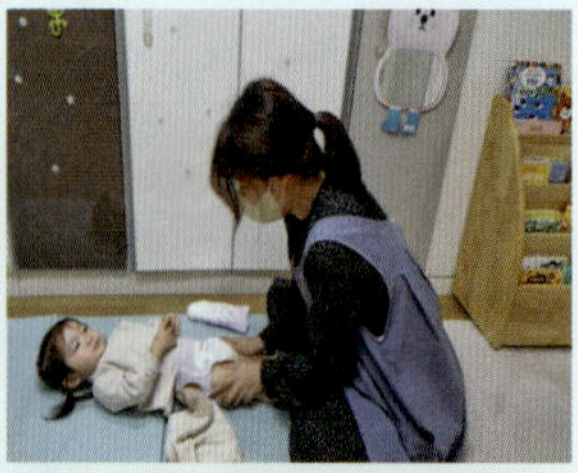

개별적인 발달수준을 반영한
일상생활이 되도록 지원하기

■ 2세

- 주변에 대한 관심, 지각, 호기심이 확장되도록 일상용품을 제공한다.
- 영아의 관심에 따라 주변을 관찰, 탐색, 조작할 수 있는 풍부한 환경을 지원한다.
- 영아 주도적으로 하고 싶은 것을 스스로 선택해보도록 격려한다.
- 생각하는 것을 자유롭게 시도하고 표현해보도록 기회를 제공한다.
- 긍정적인 자아를 형성하도록 정서적으로 지원한다.

어린이집 일상 속으로 GO! GO! GO!

어린이집
다녀오겠습니다

신발 정리도 척척척!

컨디션도 체크해요

선생님, 안녕하세요

스스로 가방도 정리해요

혼자서 화장실에 가요

깨끗하게 손을
씻어요

맛있는 간식을
먹어요

출처: 아해뜰 어린이집.

2. 기본생활지도

기본생활습관은 사람이 살아가는 데 있어서 기본이 되는 것으로 사물이나 주변 환경과의 상호작용을 통해 길러지는 것이다. 영아들이 경험하는 일상은 교육의 현장이고, 습관은 성장하는 과정에서 자연스럽게 반복, 연습함으로써 형성된다. 특히 영아의 일상적인 생활에 있어서 식사, 배변, 청결, 수면, 절제, 예절, 질서, 안전 등의 습관은 이후 성인이 되어도 영향을 미치게 되므로 좋은 기본생활습관을 형성하도록 도와주어야 한다.

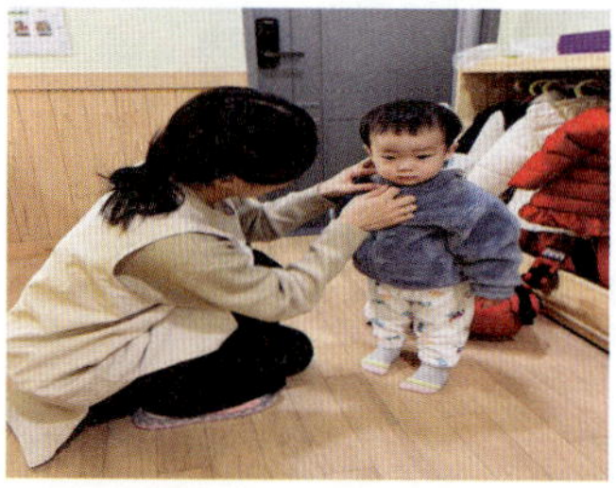

내 순서를 기다려서 옷을 입어요(질서)

깨끗한 이~ 기분이 좋아요 (청결)

기본생활

코코코~ 쿨쿨쿨 편안하게 잠이 들어요(수면)

내일 또 만나요 안녕 인사해요(예절)

한마디 talk!!!!

Q. 기본생활습관을 지도할 때 교사에게 필요한 것은?

영아의 기본생활습관지도를 위해 교사는 세심한 관찰과 부지런한 행동이 필요하다. 교사의 눈은 항상 영아를 살피며 발달 수준과 수행 정도를 파악해야 한다. 영아의 신체적, 언어적, 인지적, 사회적, 정서적 발달의 기초를 형성할 수 있도록 몸을 부지런히 움직여 지원해야 한다.

식사지도시 '한 끼 밥을 잘 먹이기 위한 것'이 목표라면 교사는 어느 순간만 집중해서 떠 먹여주면 되지만, 영아 스스로 밥을 떠먹도록 하기 위한 노력은 일주일, 몇 주간, 많은 날과 시간을 필요로 한다. 이에 기본생활습관을 지도함에 있어 가장 중요한 것은 반복이다. 반복, 반복, 반복, 무한 반복을 통한 연습과 훈련만이 '습관'을 자리 잡게 할 수 있다.

따라서 영아의 기본생활을 위해서는 몸을 낮추고 구부정한 자세로 버티거나, 팔이 아프더라도 영아의 습관 형성의 성공 순간을 지척에서 늘 함께 해주어야 한다. 결국 교사의 '인내'와 '일관성'은 영아의 습관 형성에 있어 가장 중요하고 기본이 되는 자세이다.

함께 고민해볼까요?

Q. 교실에 있는 놀잇감보다 이것저것 청소 도구로 치우는 모습을 더 자주 보이는 영아가 있어요. 어떻게 지원할까요?

→ 영아의 경험 이해

____

____

____

→ 교사의 지원

____

____

____

1) 표준보육과정 기본생활 영역의 내용 이해

■ 0~1세: 건강하고 안전한 일상생활을 경험한다.

- 건강한 일상생활을 경험한다.

신체의 청결과 위생

수유 및 이유식

편안한 휴식과 배변

- 안전한 일상생활을 경험한다.

안전한 곳으로 대피하기

위험하다는 말에 주의해서 놀이하기

교통수단 이용하기

만 0~1세 『흘리지 않고 맛있는 간식을 먹어요.』	
 	교사가 오전 죽을 먹기 위해 의자를 가지고 들어오자 ○○이가 책상 앞으로 온다. "간식 먹자"라고 하자 의자에 앉는다. 교사와 간식인사를 하고 죽을 먹는다. 교사가 죽을 주며 '아~'라고 하자 고개를 옆으로 돌린다. "○○이 안 먹고 싶어요?" 하자 손을 내밀며 숟가락을 집어 숟가락 위에 죽을 뜨려고 한다. "○○이가 스스로 하고 싶구나~" 영아가 손에 힘을 주고 숟가락을 놓지 않고 "으~" 하며 숟가락을 꽉 잡는다.
• 영아경험의 이해 – 영아는 간식 먹는 시간을 알고 있으며, 스스로 자리에 와서 앉아 준비를 하였다. 수저 사용에 관심을 보이고 있으며, 스스로 하려는 모습을 보이고 있다.	
• 교사지원 – 교사는 영아가 숟가락을 스스로 집는 행동을 수용하며, 영아의 행동에 따라 스스로 수저 사용을 할 수 있도록 지원하였다.	

놀이로 이어지는 기본생활

재미있는 식사놀이	
 	식기에 관심을 보이고 스스로 수저를 잡으려는 영아의 행동을 관찰한다. "혼자 먹어보고 싶구나~" 교실에 있는 수저를 영아에게 제공한다. 소꿉 놀잇감을 이용하여 수저 사용하는 방법과 식사놀이를 경험하도록 기회를 제공한다. "우와~맛있는 음식들이 많이 있네." "친구랑 같이 맛있게 먹어볼까?" "여기 숟가락이랑 포크도 있네." 수저 사용에 관심을 보이고 놀이하는 영아를 격려한다. "오~그렇게 잡고 하는 거야." "맛있게 냠냠 먹어볼까?" "선생님도 한입 줄 수 있어." 식사시간에도 자신감을 가지고 수저 사용을 해 볼 수 있도록 기다려주고 지켜봐준다.

■ 2세: 건강하고 안전한 생활습관의 기초를 형성한다.

• 건강한 생활습관의 기초를 형성한다.

신체의 청결과 위생

즐거운 식사

배변습관의 형성

• 안전한 생활습관의 기초를 형성한다.

위험한 상황대처

안전한 놀이와 생활

만 2세 『스스로 소변을 눌 수 있어요.』

실외활동을 나가기 전 화장실에 다녀오도록 이야기한다. ○○가 "쉬가 안 마려워요"라고 말한다.
"그래도 한 번 나오는지 확인해보고 올까?"
영아와 함께 화장실로 가서 변기에 앉자 소변이 나온다.
"어 쉬가 나오네?"
"그러네? ○○가 나가기 전에 마렵지 않더라고 한 번 변기에 앉아보자"
"또 화장실 가고 싶으면 이야기하세요."
소변 후 ○○가 스스로 물을 내리고 옷을 입는다.
영아가 손을 씻은 후 화장실을 나간다.

• 영아 경험의 이해
  – 영아가 대소변의 마려움을 인식하고 배변의사를 나타낼 수 있으며, 배변 후 스스로 물을 내리고 뒷마무리를 할 수 있다.

• 교사지원
  - 교사는 바깥놀이 이동 전 영아에게 배변 의사를 물어보고 한 번 더 권했으며, 배변 후 스스로 뒷마무리를 할 수 있도록 기다려주었다.

놀이로 이어지는 기본생활

나~ 응가 했어요!

그림책 속에 나온 변기 모양에 관심을 보이는 영아에게 여러 가지 재료를 제공한다. 작은 것은 아기 것이라고 말하면서 교실에 있는 큰 상자를 이어서 화장실 대형 변기를 만든다.
"여기 큰 엉덩이 앉는 곳이야~"
"그래, 여기가 앉는 곳이야. 앉아서 뭘 할까?"
"으응~!!!"(힘주며 응가 하는 흉내를 낸다)

영아들이 화장실로 그림책을 들고 다니며 배변동화도 읽고, 응가에 관심을 갖는다.
화장실에 관심을 보이던 영아가 응가~ 소리를 여러 번 반복해서 낸다. 교사는 응가송을 들려주며 함께 흥얼거린다.
"응가 길쭉하네 ~이건 누구 응가야?"
"이건 코끼리 응가~"
"코끼리 응가구나~엄청 크다~"
"이거는 토끼 응가!"
영아가 하는 말을 따라 말하면서 적극적으로 반응을 보인다.
"아기 응가했어~응가한데~"
아기인형을 변기에 앉혀본다
"아기가 응가하는구나. 다 했어?"
"응~"
"응가 잘 가 할까요?"
영아는 배변동화 속 물 내리는 바튼을 누른다.

교사를 따라 화장실에 가서 배변 시도를 해본다.
"나 응가했어요."

2) 청결지도

청결한 습관을 형성하는 것은 영아 자신의 몸에 대해 관심을 가지며 청결한 상태를 유지하는 것이다. 이 닦기, 세수하기, 손 씻기, 옷 갈아입기 등과 같이 자기 몸을 청결하게 하고 주변 물건을 정리하는 바람직한 습관을 형성하기 위해서는 교사의 지원이 필요하다. 이에 교사는 영아 시기의 발달 특성을 고려하여 항상 일관성을 갖고 반복적으로 지도하고, 다양한 매체를 활용하여 영아 스스로 청결을 유지할 수 있도록 배려한다.

(1) 손 씻기

건강한 생활과 영아의 몸을 보호하기 위해 꼭 필요한 것이 바로 올바른 손 씻기이다. 손 씻기는 가장 기본적인 청결 습관이며 각종 질병을 예방하는 데에도 중요한 역할을 한다. 영아의 위생적인 생활을 위해 등원, 간식이나 점심 먹기 전, 화장실 사용 전후나 바깥놀이 후에는 물 비누나 항균 비누를 사용하여 물로 깨끗하게 씻어야 한다.

손을 씻는 이유와 언제 씻어야 하는지 이유를 충분히 이해하고 올바른 방법으로 손 씻기를 하기 위해서는 교사의 손 씻기 지도가 필요하다. 형식적인 손 씻기보다는 올바른 손 씻기를 직접 경험할 수 있도록 영아에게 친숙한 물리적인 환경을 제공해야 한다. 또한 건강한 손 씻기 습관이 만들어지도록 하루 일과를 점검한다. 학기 초에는 교사의 도움으로 손 씻기가 이루어졌다면 씻는 행위를 즐거운 놀이로 여길 수 있도록 적절한 도움을 지원한다.

- 세면대에 올바른 손 씻기에 대한 그림이나 사진 부착하기
- 영아의 손 씻기 준비 모습 관찰하기
- 손 씻기 방법 안내하기
- 소매를 걷은 후 손 씻기
- 스스로 손 씻는 영아 발견하여 칭찬하기
- 물의 온도 파악하고 손 씻기
- 다양한 씻기 환경 제공하기

물비누 사용하기

손 씻기

수건으로 손 닦기

청결 지도 tip

- 씻기 경험에 대해 표현해주기
- 긍정적으로 반응하기
- 씻기 단계를 인식하도록 도와주기
- 영아가 모방하는 모습 긍정적으로 격려하기
- 언어적으로 촉진하기
- 영아의 바람직한 시도 격려하기
- 정교하게 씻기 기술을 습득하도록 지도하기

(2) 이 닦기

영아가 처음 칫솔을 사용할 때 부드러운 촉감으로 즐겁게 이 닦기를 하는 것은 중요하다. 교사는 영아가 도움을 필요로 하는 경우 이 닦기를 지원한다. 단 개별적으로 도움을 주되 일부 스스로 이 닦기를 해 볼 수 있도록 안내하고 지원해야 한다. 즉, 이 닦기 지도는 영아의 개별적인 욕구와 개인차를 고려하여 적절하게 지도해야 한다. 또한 식사 후 연령에 적합한 방법으로 이를 닦고 위생적으로 컵과 칫솔을 관리하는 것은 중요하다.

연령	이 닦기 지도
만 0세	이가 나기 전 수유나 이유 후에 거즈 수건에 물을 살짝 묻혀 손가락으로 잇몸, 볼, 입천장, 혓바닥을 부드럽게 닦아 찌꺼기를 제거해준다.
만 1세	치약 맛에 예민하므로 월령에 맞는 치약과 부드러운 칫솔을 준비한다. 이를 닦아야 하는 이유를 언어적으로 표현해준다. 치아의 앞뒤 면을 4-5회 정도 닦아준다. 이가 나오지 않은 부분은 거즈 수건으로 잇몸 등을 닦아준다.
만 2세	영아용 칫솔과 연령에 맞는 치약을 사용한다. 반드시 식사 후에는 이를 닦도록 지도한다. 영아에게 이 닦는 방법을 보여주고 스스로 이 닦기를 할 수 있도록 격려한다. 특히 깨끗하게 헹구는 방법, 양치물 뱉는 방법, 입 주변을 깨끗하게 닦는 방법 등 알려준다.

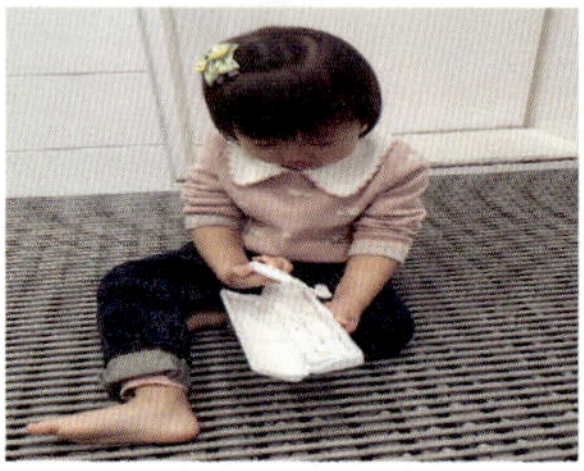

이 닦기 준비를 해요

치카 치카 이를 닦아요.

아~ 푸 아~ 푸 입을 헹구어요.

청결 지도 tip

- 음식 먹은 후 물 마시기 시범보이기
- 치아가 난 것을 고려하여 다양한 방법으로 닦아주면서 영아의 반응 살피기
- 이 닦기 관련하여 동요, 모래시계, 신호음 등을 지원하기
- 가정과 연계하여 이 닦기 체크리스트 활용하기

Chapter 10

0~2세 실내·외 자유놀이지도

배울내용

1. 영아의 자유놀이지도
   - 감각 탐색놀이 • 역할놀이 • 음악놀이 • 언어놀이
   - 신체놀이 • 실외놀이
2. 전이활동

학습목표

1. 영아의 연령과 발달수준을 고려하여 실내 · 외 자유놀이를 지원할 수 있다.
2. 영아를 위한 주의집중 활동에 대해 알고 적용할 수 있다.

1. 영아의 자유놀이지도

영아들은 깨어 있는 대부분의 시간을 주로 놀이하며 보낸다. 교사의 주도적인 계획이 아닌 영아의 관심과 호기심에 의한 자발적인 놀이는 재미있고 즐거운 행동이다. 영아는 놀이와 탐색을 반복하며, 놀이를 매개로 사회적 관계를 맺는다(이숙재, 2011). 이러한 영아의 놀이는 가장 귀중한 학습 수단이며, 영아의 일상에서 만나는 모든 것이 놀이자료가 될 수 있다(김근주, 2016). 자유놀이는 영아가 능동적인 놀이를 선택하여 의미 있는 경험을 하고 건강하게 성장할 수 있도록 돕는 중요한 밑거름이다(이인지, 2022). 이에 교사는 영아의 놀이상황과 맥락에 따라 놀이를 따라가며, 영아의 경험과 연계하여 융통성 있게 다양한 방식으로 지원하는 것이 중요하다.

감각 · 탐색놀이
–토끼 동산을 살펴요–

언어놀이
–추운 겨울을 이기는 동물을 응원해요–

자유놀이

역할놀이
–동물원에서 만난 사막여우가 되어요–

신체놀이
–동물 흉내 내면서 빠르게 움직여요–

영유아교육기관에서 살펴볼 수 있는 연령별 자유놀이의 예는 다음과 같다.

'여보세요' 전화기 놀이

레고 나라로 여행 놀이

다이어트 놀이

치카치카 놀이

0세

가면 놀이

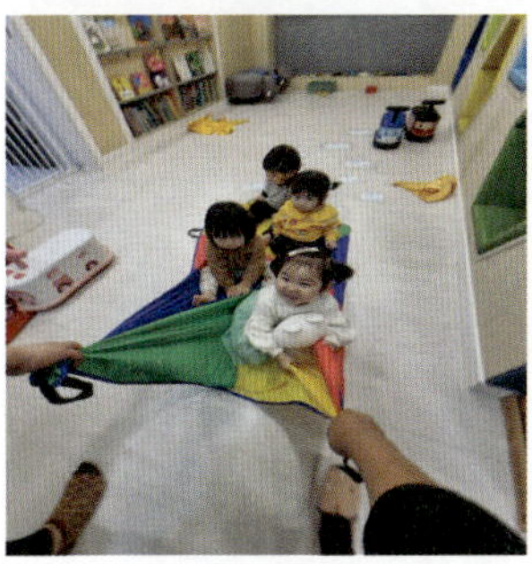

파라슈트 씽씽 놀이

퐁당 징검다리 놀이

수리수리 마하수리 놀이

출처: 만촌 보성 어린이집.

★ 새로운 교사와 친구에 대해 친밀감을 느낄 수 있는 0세 놀이를 추천해주세요.

'선녀와 나무꾼' 동화 듣고
나무꾼 표현 놀이

유리성 쌓기 놀이

비눗방울 놀이

미래로 떠나는 기차놀이

1세

썰매놀이

하나 둘 셋 볼링 놀이

레스토랑 놀이

선생님 놀이

출처: 만촌 보성 어린이집.

★ 다양한 일상의 사물을 놀이자료로 활용할 수 있는 1세 놀이를 추천해주세요.

뽀드득 눈 꽃송이
밟기 놀이

고드름 놀이

변신 신문지 놀이

김장 놀이

2세

솜 눈 놀이

크리스마스 색깔 컵 놀이

서커스단 놀이

에디슨 젓가락 놀이

출처: 만촌 보성 어린이집.

★ 영아 주도적인 놀이와 배움이 이루어지도록 공간이 확장되는 2세 놀이를 추천해 주세요.

한마디 talk!!!!

Q. 영아의 자유놀이 과정에서 교사는 어떤 지원을 할 수 있을까?

영아는 감각적으로 탐색하고 반복을 통해 세상을 알아가는 존재이다. 만약 '공'에 흥미를 보이는 영아가 있다면 교사의 즉각적인 개입보다는 영아의 감정 상태, 궁금해 하는 것, 탐색하는 것 등을 관찰하면서 무엇을 어떻게 지원하는 것이 좋을지 고민하고 제안해야 한다. 즉, 10개의 서로 다른 '공'을 일방적으로 제공해주기보다 '공'을 생활 속에서 경험하고 놀이해볼 수 있도록 굴리는 방법을 달리하거나 공간, 시기, 대상, 다른 매체를 추가해주는 등 영아의 흥미와 관심이 지속되고 확장될 수 있도록 교사의 적절한 지원이 필요하다. 또한 영아를 존중하고, 그들의 '반복'을 주의 깊게 관찰하여 놀이의 의미를 찾아내고, 영아의 발달 특성과 변화를 이해하여야 한다.

교사의 고민나누기

탐색 놀이에 대한 허용 기준

Q. 교실에서 여러 가지 탐색 놀잇감을 제공해주는데 저희 반 영아들은 놀잇감보다 손세정제, 교사 카메라, 전화기, 청소용품 등에 더 관심이 많아요. 영아의 자유로운 놀잇감 탐색을 어디까지 수용해야 할까요?

A. 영아의 관심과 탐색 욕구는 놀잇감과 일상용품을 구분하지 않고 표현됩니다. 특히 영아들이 자신에게 의미 있는 성인이 사용하는 물건에 관심을 보이고 직접 만지며 탐색하는 것은 자연스러운 행동입니다. 하지만 안전상 우려되는 생활기구, 물품 등에 관심을 보인다면, 해당 물건의 실제 사진이나 유사한 형태의 대체 물건을 준비해 사용하는 흉내를 내며 탐색하고 놀이할 수 있도록 지원해주세요.

놀이 지원 tip

- 영아가 발견하고 찾아낸 놀이자료나 방식에 대해서 자유롭게 탐색할 수 있게 지원하기
- 영아가 관심 보이는 물건을 사용하는 모습이나 장면을 가까이에서 보여주기
- 직접 탐색할 수 있도록 제공하기
- 그림책, 사물, 자연물, 우연한 상황 등 모든 것들이 놀이 자료가 될 수 있도록 지원하기
- 안전에 유의하기

출처: 제4차 어린이집 표준보육과정 '놀면서 자란다'(중앙육아종합지원센터, 2022).

1) 감각 · 탐색놀이

영아기는 탐색의 즐거움을 경험하는 시기이다. 영아는 타고난 감각기관을 토대로 주변 사물을 탐색하고자 하는 욕구가 강하며, 탐색을 통해 사물의 특성을 인지하고 새로운 지식 및 개념을 학습한다. 영아는 오감을 이용하여 환경과 사물을 탐색하므로 들여다보고 만져보고, 흔들어보고, 두드려보면서 탐색과 놀이를 반복한다.

영아는 감각 · 탐색놀이를 통해 손의 소근육을 활용하여 사물과 놀잇감을 탐색하고 조작하는 능력, 눈과 손의 협응력, 문제해결능력을 발달시킨다. 또한 주변 세계에 대한 호기심을 기를 수 있으며, 놀잇감과 환경에 익숙하게 되면 주도적으로 놀이에 몰입하고 보다 발전된 형태의 놀이로 이어진다.

이에 교사는 일상생활 속에서 풍성한 감각적 탐색을 할 수 있는 놀이환경을 구성하고, 다양한 재질과 형태의 자료를 제공한다. 특히 영아가 주도적으로 탐색할 수 있는 충분한 시간을 제공하고, 자연에서도 탐색놀이가 이루어지도록 실외활동을 계획한다. 따라서 교사는 개방적이고 허용적인 분위기에서 오감을 느끼고 반응하도록 연령, 발달적 특성, 개인차를 고려하여 새롭고 다양한 놀잇감을 제공한다.

놀이 지원 tip

■ 0~1세 표준보육과정(신체운동 영역)

- 영아가 놀잇감 탐색을 지속할 수 있도록 영아의 감각적 경험을 관찰하면서 적극적으로 반응하기
- 주변 환경을 이용하여 시각, 청각, 미각, 촉각, 후각 등의 감각적 자극을 자연스럽게 경험하도록 상호작용하기
- 영아가 오감으로 놀잇감을 탐색해 볼 수 있도록 영아의 감각적 경험을 언어로 표현하고, 표정 짓거나 손뼉 치기 등의 비언어적 표현하기
- 영아가 몸을 움직일 때 놀이참여자로서 영아의 놀이를 지지하기
- 영아가 관심을 보이는 사물이나 환경을 눈여겨보고 활용하기

■ 2세 표준보육과정(신체운동 영역)

- 감각기관을 활용하여 주변의 사물과 환경 탐색, 사물의 특성과 환경을 인식하는 경험을 하도록 지원하기
- 한 가지의 재료 또는 같은 성질의 재료 제공, 오감각을 활용하여 감각적 차이를 경험해보도록 제공하기
- 실외에서 자연물, 계절변화 탐색, 신체 움직임을 경험하도록 바깥놀이 시간 충분히 제공하기
- 영아가 관심 있는 놀잇감으로 소근육 조절하기

'과일'에 관심을 보인 영아들의 감각 · 탐색놀이의 예는 다음과 같다.

수박(여름)

사과(가을)

딸기(봄)

봄 · 여름 · 가을 · 겨울
계절 과일과 채소가 너무 궁금해요
(감각 · 탐색놀이)

무(겨울)

포도(여름)

연근(가을)

교사의 기대	• 계절의 변화를 느끼며 제철과일을 맛볼 수 있다. • 감각 · 탐색놀이를 통한 신체활동 및 예술경험을 해 본다 • 계절별 과일과 채소를 통한 감각 · 탐색놀이에 관심을 가진다.
표준보육과정 관련 요소	기본생활>건강하게 생활하기>음식을 즐겁게 먹는다. 신체운동>감각과 신체 인식하기>감각적 자극에 반응한다. 자연탐구>생활 속에서 탐구하기>친숙한 물체를 감각으로 탐색한다.
놀이자료	계절별 과일, 계절별 채소
놀이 지원	• 영아가 다양한 방법 또는 영아의 방식으로 탐색하도록 충분한 시간을 준다. • 영아가 보이는 몸짓, 표정, 행동을 표현해주고 언어적, 비언어적으로 상호작용한다. • 영아가 과일과 채소를 즐겁게 탐색하는 모습을 격려한다. • 영아가 탐색한 경험을 놀이로 통합하도록 유도한다. • 또래와 놀이경험을 공유하도록 격려한다.

감각 · 탐색놀이의 흐름

"찾았다."
사과야, 어디 있니?

뭐야?"
궁금해, 사과가 궁금해

"어! 어! 어~"
사과 물로 손바닥 찍기 놀이

■ 영아의 놀이 행동 읽기

영아의 반복된 행동, 복도에 있는 사과모형을 계속 쳐다보는 영아들의 관심 살펴보기

■ 놀이의 시작

- 영아의 관심
  - 화장실 가는 시간에 한 명, 두 명 복도에 나가서 서성거리기
  - 복도에 놓여 있는 과일바구니 주변으로 영아들이 모여들어 이야기 나누기
  - 과일 중 사과모형을 고르는 영아, 다른 과일을 찾아오면 다시 내려놓고 같은 모양 찾기

■ 놀이의 진행

■ 영아의 놀이 경험

- 복도에 전시된 과일 모형을 하나씩 만져보고 서로 보여주기를 반복한다.
- 과일바구니를 교실로 들고 들어와서 두리번거린다.
- 같은 색, 같은 모양 사과 찾기 놀이가 시작된다.
- 자신이 좋아하는 사과에 대해 이야기를 나눈다.
- 실제 사과와 채소를 비교하며 탐색한다.
- 사과 그림을 보며 먹어 보려는 흉내를 낸다.
- 사과를 잘라서 단면을 관찰한다.
- 사과 단면에 모양 틀을 자유롭게 찍는다.
- 오감을 이용하여 사과의 맛을 느낀다.

■ 교사의 지원

- '사과' 이야기를 계속하는 영아를 위해 관련 그림책을 다음날 언어영역에 비치한다.
- 가정과 연계하여 사과와 채소를 제공하고 탐색하는 기회를 제공한다.
- 그림책의 그림에서 사과 그림을 찾아 서로 비교하는 놀이가 이어지도록 격려한다.
- '사과가 쿵' 그림책을 반복해서 듣고 싶어 하는 영아들에게 이야기를 들려준다.
- 사과 그림을 보면서 동물 흉내를 내어보는 영아를 격려한다.
- 역할놀이 소품을 다양하게 준비하고 효과음을 제공한다.
- 미각, 촉각, 후각 등 감각을 이용한 다양한 놀이 전개 및 사과의 표상 활동이 지속되어 공간을 확장한다.

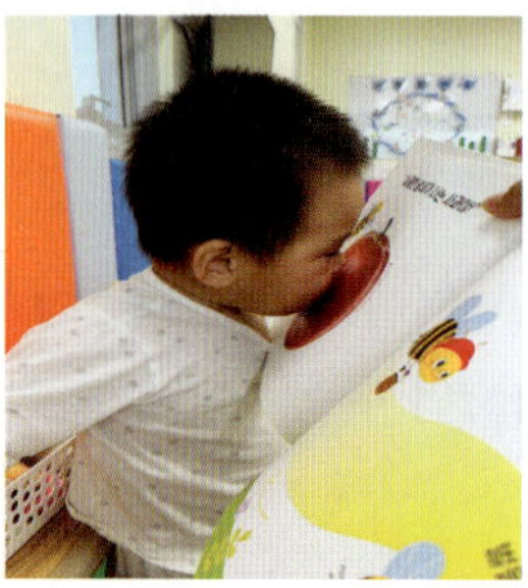

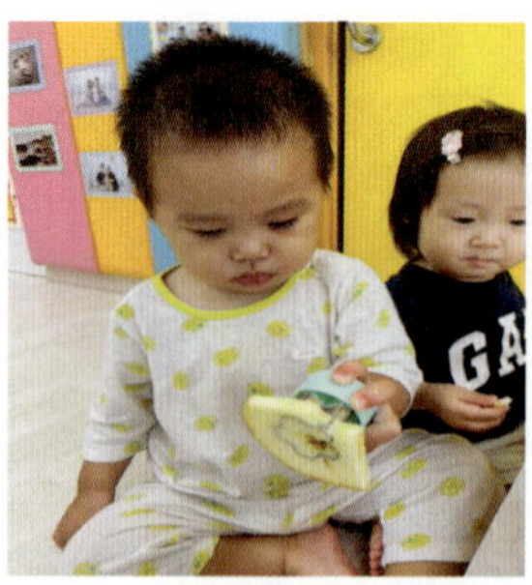

■ 놀이의 확장

• 영아의 경험

– 자른 사과와 자르기 전 사과를 쳐다보며 고개를 갸우뚱거리며 또래의 행동 모방하기
– 자른 사과를 들고 모양을 맞추어보기, 같은 모양을 찾아내어 반응 보이기
– 사과의 겉과 안을 여러 측면으로 관찰하기, 씨앗을 보며 탐색하기
– 사과에서 나오는 물을 발견하고 손바닥에 묻혀보고 표정으로 이야기하기
– 다른 사물도 또래들과 만져보면서 다름 발견하기
– 사과 물을 찍어내는 영아의 행동에 다른 영아들이 모방하며 찍기 놀이에 참여하기
– 여러 번 반복해서 찍기 시도하기
– 사과의 단면을 이용한 도장 찍기 활동과 사과의 모양에 관심 가지기
– 사과를 들고 찍고 떼었을 때의 모양이 빨간 사과처럼 보여 반복해서 활동에 참여하기

■ 교사의 지원

• 자르기 전 사과와 자른 사과를 들고 또래에게 이야기하는 영아를 격려한다.
• 손가락으로 사과의 씨앗을 가리키며 궁금해 하는 영아의 의견을 존중하여 껍질, 씨앗 등을 탐색하도록 다른 과일의 사진을 제공한다.
• 딱딱한 도구를 제공하여 자세히 살펴볼 수 있도록 자료를 제공한다.
• 촉각, 후각을 이용한 감각활동을 경험할 수 있도록 미술 재료들을 제공한다.
• 찍기 놀이에 관심을 보이는 영아에게 색 물감을 제공한다.
• 다른 사람의 행동에 관심 가지며 창의적으로 표현해 볼 수 있도록 찍기 놀이에 필요한 다양한 재료들을 제공한다.

출처: 아해뜰 어린이집.

생각 모으기

Q. 영아들과 함께 할 수 있는 감각 · 탐색놀이를 추천해 볼까요?

2) 역할놀이

영아는 또래들과 함께 일상생활에서 경험하거나 생각한 것을 마치 '~처럼, ~인 척'하며 사물, 상황, 인물이나 동물, 사건 등을 모방하여 표현한다. 초기의 역할놀이는 영아의 일상생활과 신체에 집중되다가 점차 가작화의 범위가 확대되고 실내 · 외 공간을 최대한 활용하여 놀이가 전개된다(허윤정, 2009). 이때 영아는 역할놀이를 통해 새로운 것을 창조해내거나 다양한 역할을 경험하면서 의사소통능력과 사회적 기술을 습득한다(김희진, 2017). 또한 영아는 역할놀이를 통해 그 인물의 기분과 감정을 이해하고 그 역할에 대해 공감하게 된다. 영아의 인지적, 언어적, 정서적 발달에 도움이 되는 역할놀이는 영유아교육 현장에서도 높은 활용 가치가 있다.

따라서 교사는 영아의 일상적 경험을 역할놀이로 표현할 수 있도록 구체적인 경험을 제공하고, 영아에게 친숙하고 실물과 유사한 사실적인 놀잇감을 제공하여야 한다. 특히 이 시기 영아의 개인적인 경험을 확장해서 경찰놀이, 병원놀이 등으로 발전시키거나 그림책이나 짧은 이야기를 떠올려 보고 역할놀이로 표현해보도록 지원한다.

‘여행을 떠나요’ 역할놀이

캠핑카 운전하는 나!
가족 추억 만들기 여행갑니다.

콩닥 콩닥 뿌뿌!
제일 빠른 KTX 타고
기차 여행 출발합니다.

나는야, 하늘을 나는 비행기
조종사~ 태국 가는 비행기
이륙합니다!!!
하늘 이야기 기대하세요~

“우리의 여름은 어떤 맛일까?”

■ 놀이의 시작

- 영아가 경험한 여름에 대해 이야기 나누기
- 그림책 ‘여름 맛’을 제공하고 함께 읽어보기

■ 놀이의 진행

- 그림책 내용에 대해 이야기 나누기
  “코끼리 코가 진~~~~~~짜 길어. 그래서 여름은 길쭉 **바나나 맛**이야.”
  “서은이 여름은 보들보들 해변 **모래 맛**이야”
  “엄마, 아빠랑 시원한 수영장 갔었어. **어푸어푸 파란 맛**”
  “나는 캠핑카 타고 2박 3일 강원도 캠핑했어. 그건 진짜 진짜 **재밌는 맛**이야.”
- 가정과 연계하여 〈우리들의 여름 맛〉 벽면 사진 제공하기

■ 놀이의 확장

- 영아들과 함께 사진 책 만들어 보기
- 그림책에 나오는 다리를 보고 관심을 보이는 영아에게 소품 제공하기
- 긴 다리를 만들 수 있도록 공간 확장하기
- 그림책 ‘여름 맛’ 장면에 나오는 **“맴맴맴 매미 맛”**을 찾으러 공원 산책 나가기

출처: 휴포레 사랑 어린이집.

'바다'에 관심을 보인 영아들의 역할놀이의 예는 다음과 같다.

■ 놀이의 시작

'행복한 아기 물고기 하양이' 그림책에 그려진 물고기에 관심을 가진다.

영아는 **'물고기 찾기 놀이'** 해보자고 교사에게 다가온다.

■ 놀이의 진행

(물고기처럼 바닥을 헤엄치며) "어푸~어푸~ 나는 물고기다."

물고기 놀잇감으로 움직이는 모습을 표현하며 놀이하던 영아가 바닥을 헤엄치며 신체로 물고기를 표현한다.

"나는 아기 물고기야."

"나 따라 해봐."

"아빠는 이렇게 헤엄쳐야지."

다른 영아도 바닥에서 천천히 움직이며 소리도 내어보고 물고기가 되어본다.

〈바다 낚시꾼 놀이〉

물고기 카드를 손으로 잡는 영아, 교실에 있는 교구로 낚시놀이를 시도하는 영아, 그림책 속 물고기에 관심을 가지는 영아에게 모래놀이 **버킷을 지원하자** 자신이 잡은 물고기를 버킷에 담으며 바다낚시꾼이 되었다고 또래들을 초대한다.

〈그림책: 행복한 아기 물고기 하양이〉

"여름 바다 보물을 찾아라" (역할놀이)

〈바다 탐험사 놀이〉

영아들이 함께 바다를 탐험하고자 하여 경계가 되던 벽돌블록을 치우고 **교실 전체를 바다 공간으로 확장한다.** 교사가 제공한 습자지를 뿌리고 담고 덮으며 또래와 함께 "탐험사는 ○○한다" 이야기하며 흉내를 낸다.

교사의 기대	• 바다를 주제로 이야기 나누고 관련된 인물들의 역할에 대해 안다. • 바다에서 볼 수 있는 것들을 다양하게 표현할 수 있다. • 여름 관련 그림책에 관심을 가진다.
표준보육과정 관련 요소	사회관계>더불어 생활하기>다른 사람의 감정과 행동에 반응한다. 신체운동>감각과 신체 인식하기>신체를 인식하고 움직인다. 예술경험>창의적으로 표현하기>일상생활 경험을 상상놀이로 표현한다.
놀이 자료	바다 소품, 낚시놀이 도구, 습자지, 놀이도구, 역할에 맞는 소품 등
놀이 지원	• 그림책 내용을 함께 보면서 바다에 대한 경험 이야기를 나눈다. • 그림책 속 물고기 그림을 크게 확대하여 벽면에 부착한다. • 물고기, 물고기를 잡는 낚싯대 등 놀이에 필요한 소품을 제공한다. • 신체로 물고기 가족을 표현할 수 있도록 공간을 넓게 확장한다. • 더 넓은 바다를 만들어보려고 시도하는 영아를 격려한다. • 물고기를 잡아 보관할 도구를 즉석에서 요청하여 영아에게 제공한다. • 탐험가 흉내 내는 영아에게 언어적 상호작용을 하며 놀이에 참여한다.

3) 음악놀이

영아기는 자연과 주변 일상의 소리, 움직임 등을 통해 창의적 표현과 감성 발달이 이루어지는 시기이다. 특히 0~2세는 소리를 통한 음악 경험이 가능한 시기이며, 음악이나 소리의 감각적인 자극에 반응한다. 주변의 소리, 자연의 소리, 사물에서 나는 소리, 악기 소리 등을 호기심을 가지고 탐색하고, 음악을 듣고 노래를 부르거나 리듬에 맞춰 자유롭게 몸을 움직이는 활동을 경험한다. 또한 다양한 소리에 민감하게 반응하고 리듬을 자발적으로 표현하거나 음악을 모방하여 표현하려는 욕구가 나타난다.

이에 교사는 자유롭게 신체를 움직일 수 있도록 넓은 공간을 제공하고, 영아가 자율적으로 음악놀이를 하도록 영아의 관심과 요구를 존중해주어야 한다. 영아가 쉽게 다룰 수 있는 생활 악기, 리듬 악기, 타악기, 전통 악기, 멜로디 악기 등을 적절하게 제공하고, 스스로 음악놀이에 참여할 수 있도록 음악 소품이나 다양한 매개체(동요 CD, 리본, 테이프, 천, 의상 등)를 충분히 제공한다. 이에 연령별 음악 경험 내용을 살펴보면 다음과 같다(윤미숙 외, 2023).

놀이 지원 tip

■ **연령별 음악 경험 내용**

내용	0-1세 특징	2세 특징
음악 감상하기	• 소리, 음악에 따라 따르게 반응함 • 소리 나는 곳으로 고래를 돌리거나 몸을 움직여 민감하게 반응함 • 음악적 선호를 나타내기 시작함	• 악기 소리보다 사람의 목소리를 좋아함 • 적극적인 소리 탐색이 이루어지나 주의집중시간은 매우 짧음
노래 부르기	• 기억하고 있는 음정을 조금씩 노래함	• 어른의 노랫소리를 모방하며 반복하여 따라 부름 • 자발적 노래부르기를 시작하지만 음높이, 노랫말이 동반되지 않음
악기 연주하기	• 주변 소리나 가족 소리 특히 엄마 소리 등에 관심 보임	• 소리를 만드는 사물 탐색을 즐김 • 리듬악기나 일상생활용품 등 두드리는 소리를 즐김 • 박자에 맞게 연주하기가 가능함
신체 표현하기	• 음악을 듣고 팔을 흔드는 신체적 움직임을 표현함	• 흔들기, 손뼉 치기, 리듬에 맞춰 흔들기 등 음악에 반응함 • 음악에 맞추어 리듬을 몸으로 시도하나 서투르게 표현함
음악 창작하기	• 소리를 구별하여 흉내내거나 새로운 소리를 만들어 냄	• 흥얼거리거나 자신만의 리듬과 템포를 만들어 표현함 • 단순한 멜로디 악기, 목소리를 사용하여 선율을 만들 수 있음

'소리'에 관심을 보인 영아들의 음악놀이의 예는 다음과 같다.

음악놀이 1. 나는 노래가 좋아요

기쁜 월요일에는 '우와~'

신나는 화요일에는 '아~'

행복한 수요일에는 '우우우'

나는 노래가 좋아요

오늘도 선화는 산새 소리반
교실로 들어오면서 '우와~'
입 꼬리가 올라가요.
기분이 좋아서 '아! 우와~'
표정으로 기분을 표현해요

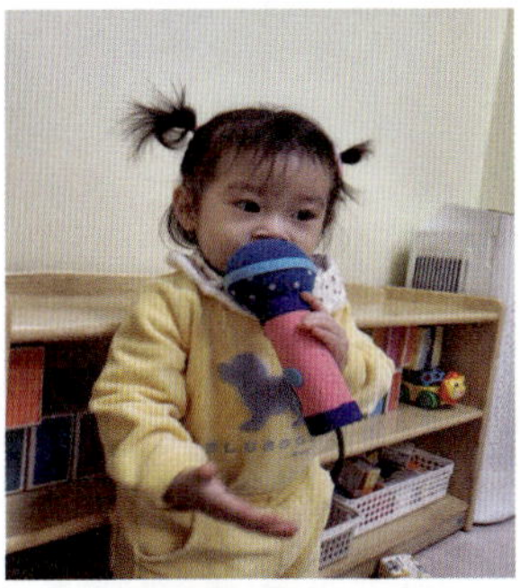
기분 좋은 목요일에는
'우와 우와~'

즐거운 금요일에는
'솔파미레도' 해볼까?

놀이 경험	• 선생님이 불러주는 '코코코' 노래에 맞춰 '음음음' 고개를 움직이며 소리를 낸다. • 유희실에서 들려오는 '상어가족' 노래가 들리자 마이크를 가져온다. • 선생님 입 모양을 보면서 '아아' 소리로 흉내를 낸다. • 엉덩이를 움직이며 소리를 크게 내어본다.
표준보육과정 관련 요소	의사소통>듣기와 말하기>표정, 몸짓, 말소리로 의사를 표현한다. 사회관계>나를 알고 존중하기>나와 친숙한 것을 안다. 예술경험>창의적으로 표현하기>소리와 리듬, 노래로 표현한다.
놀이자료	동요 CD, 마이크
놀이 지원	• 주제에 맞는 다양한 음악을 준비해서 들려준다. • 마이크에 관심을 갖는 영아의 모습을 관찰하고 격려한다. • 영아의 흥미가 지속되도록 촉감, 색깔, 모양이 다른 마이크를 다양하게 제공한다. • 영아의 반응을 살펴 녹음 기능이 있는 마이크를 추가로 제공한다. • 영아가 좋아하는 동물을 직접 말해보도록 시범을 보인다. • 옹알이 소리를 녹음해서 들려주고 언어적 상호작용을 한다.

음악놀이 2. 음악놀이

■ 놀이의 시작

마이크를 잡고 친구 이름을 부르는 영아.

"민설, 권봄........."

"이건, 선화 거?"

"아니야, 내 거. 서현이 거."

마이크를 잡고 엉덩이를 흔들며 노래를 부른다.

"에앵~에앵. 삐뽀 삐뽀."

교사가 옆에서 불러주는 '빨간 소방차' 노래에 관심을 보인다.

■ 놀이의 진행

영아가 와플 블록을 가져와 길게 길게 계속 연결한다.

"소연아, 뭘 만들고 있어?"

교사가 **질문하자** "징검다리 만들어요."라고 이야기를 한다.

또래들과 같이 징검다리 위를 걸어보기도 하고 마이크를 가지고 와 노래도 부르면서 놀이에 참여한다.

교사는 소리에 관심을 보이는 영아의 모습을 격려한다.

옆에 있던 다현이는 와플블록으로 의자를 만들면서 또래들의 모습을 관찰한다.

"우리 앉아서 노래 부를까?" "의자 만들까?"

교사는 영아가 보이는 **표정에 공감하며 정서적으로 지원한다.**

영아 둘이서 마이크를 잡고 표정을 지으며 노래를 부른다.

쌓기놀이하면서
징검다리를 길게 만들기

또래를 관찰하다
같은 재료를 가져와
의자 만들기

징검다리라고 이름을
붙여주고 그 위에서
노래 부르기 제안하기

■ 놀이의 확장

다음날 징검다리 위를 건너보는 영아들이 많아졌다.

"우리 노래 부를까." "나비야, 나비야."

교사는 영아의 **모습을 관찰하면서 함께 노래부르기에 참여한다.**

"아, 아." "아, 발이 아픈데..."

"선생님, 발이 아파요."

징검다리에서 노래 부르는 영아가 발이 빠지는 다리에 대해 자신의 느낌을 이야기한다.

교사는 놀이를 관찰하다가 배움이 일어나도록 **질문을 한다.**

"어떤 것으로 만들면 좋을까? 발이 안 빠지는 블록, 교실에서 찾아볼까?"

교사가 영아에게 환경을 살펴보도록 **새로운 자료를 제공한다.**

"여기요."

노래 다시 부르기

노래를 부르자는 또래의 말에 마이크를 잡고 동요를 반복해서 부른다. 교사는 노래 부르는 모습을 지켜보며 **비언어적 상호작용(박수치기)을 한다.**

새로운 무대 만들기

노래 부르는 영아의 요청으로 새로운 무대가 만들어진다. **교사의 제안으로 교실에 있는 놀이도구를 가져와 길게 연결한다.**

우리 반 노래 대기실

다른 놀이에 관심을 보이던 영아들이 함께 참여하면서 **새로운 공간을 제공한다.**

"우리 앉아서 기다리자."

"나는, 아기 상어 부를 거야."

"멋쟁이 토마토도 부를 거야."

음악놀이 3. 코코코코 귀

폭풍 옹알이~~~~

'코코코' 놀이를 하다 벽면 동물 사진에 관심을 보인다. 교사는 **동물 사진을 보여주면서 이름을 말해준다.**

몸을 탐색한 후 '동물 아코디언' 악기 모양을 흉내 내어본다. 선생님의 입 모양을 따라 하면서 소리내기 놀이에 참여한다. **영아의 모습을 관찰하면서 비언어적 상호작용을 한다.**

출처: 만촌보성 어린이집.

음악놀이 4. 쿵짝 음악회

놀이 1.

놀이 2.

놀이 3.

"오늘은 어떤 놀이를
할 거야?"

교사는 영아의 놀이를 관찰하고
개별적인 관심을 표현해요.
놀이하는 영아의 모습, 어떤
것이 궁금한가요?

놀이상황을 보고 놀이명을
기록해보세요.

놀이 4.

놀이 5.

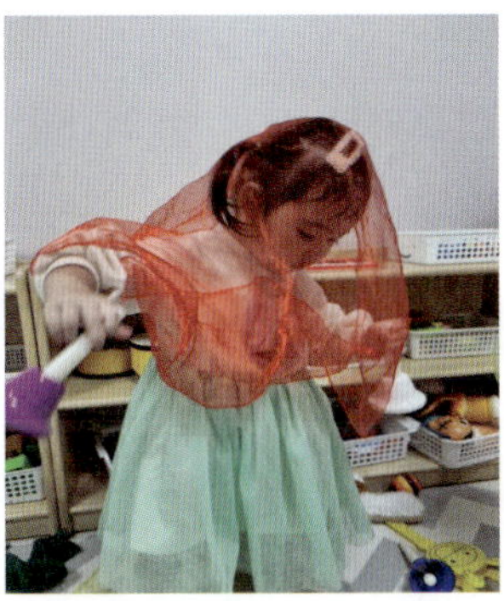

놀이 6.

놀이 7.

함께 생각해 보세요.

음악놀이를 지원하기 위해 교사는

____

____

______________________________________ 를 제공할 수 있다.

4) 언어놀이

영아는 자신의 의사를 표현하기 위해 몸짓, 표정, 울음 등을 사용한다. 자유로운 끼적이기와 책에 관심을 가지며 교사의 표정이나 친구의 몸짓에 관심을 가지게 된다. 이 시기에 형성되는 영아와 교사와의 긍정적인 언어적, 비언어적 상호작용은 정서적 안정감과 영아의 언어발달을 촉진한다.

이에 교사는 영아가 표현하는 몸짓, 울음의 의미를 이해하고 민감하게 반응하여 도움을 주거나 긍정적인 분위기를 조성해야 한다. 또래와 의사소통하려는 시도를 관찰하고, 영아가 적절한 언어로 또래와 이야기를 주고받을 수 있도록 기회를 제공하여 의사표현을 자연스럽게 할 수 있도록 지원한다. 또한 친숙한 그림, 표지판 등을 자주 접할 수 있도록 지원하고, 끼적이기에 관심을 가질 수 있도록 그림책, 인쇄물, 다양한 종이나 쓰기 도구를 충분히 제공한다. 따라서 교사는 그림책을 다양한 방식으로 탐색하도록 지원하고, 이야기를 짓고 상상놀이를 할 수 있도록 공간, 소품, 놀잇감 등을 제공한다.

"이건 미끌미끌해. 너도 만져봐." 다른 영아에게 미역을 만지면서 느낌을 이야기하는 영아

교사가 "발표할 수 있나요?"라고 물으니 "네네 선생님!" 소리치는 영아, 주먹 쥐고 대답하는 영아

"바람이 안 불어." "바람아, 어디 있니?" 바람개비를 들고 나와서 바람을 부르는 영아

표정, 몸짓, 말소리로 의사표현하기

그림책에 나온 동물 보면서 "냠냠, 엄마는 먹는 거야. 나는 아니, 아니." 혼자 이야기를 흉내 내면서 먹는 소리 들려주는 영아

양손으로 별모양을 만들다가 "선생님, 종이 필요해요. 그림 그릴래요." 쓰기 도구를 요청하다 스티커로 별모양을 만드는 영아

교실에서 눈 만들어 놀이하다 정리도구를 가져와서는 "눈이 사라지면 안 돼. 얼른 치우자."또래에게 정리하는 행동을 보여주는 영아

언어놀이의 흐름

"변기야, 안녕."
변기에 관심가지기

→

"이건, 내 팬티야."
팬티에 관심가지기

→

"어! 나왔다."
배변 시도하기

'응가' 변기 놀이를 해요

교사의 기대	• 배변과 관련된 물건과 배변방법을 듣고 이해한다. • 배변할 때의 감정을 솔직하게 말할 수 있다. • 배변놀이에 관심을 가진다.
표준보육과정 관련요소	기본생활>건강하게 생활하기>건강한 배변 습관을 갖는다. 의사소통>듣기와 말하기>자신의 요구와 느낌을 말한다.
놀이자료	인형, 아기 변기, 팬티
교사의 지원	• 배변과 관련된 그림책을 제공한다. • 교실 내 아기 변기를 제공한다. • 아기 변기를 탐색하는 기회를 제공한다. • 이동식 변기를 배치하는 공간을 마련한다. • 변기에 관심을 가지는 영아를 관찰하고 블록을 제공한다. • 영아와 변기에 대해 이야기를 나눈다. • 변기에 앉아 놀이하는 영아에게 언어적, 비언어적 상호작용을 한다. • 배변과 관련된 단어를 반복해서 들려주고 말해보도록 격려한다. • 가정과 연계하여 팬티를 지원한다. • 인형으로 흉내 내기를 하는 영아를 격려한다. • 인형을 이용한 '응가' 변기 놀이에 함께 참여한다. • 화장실에 직접 가서 해 볼 수 있도록 지원한다.

변기에 관심가지기

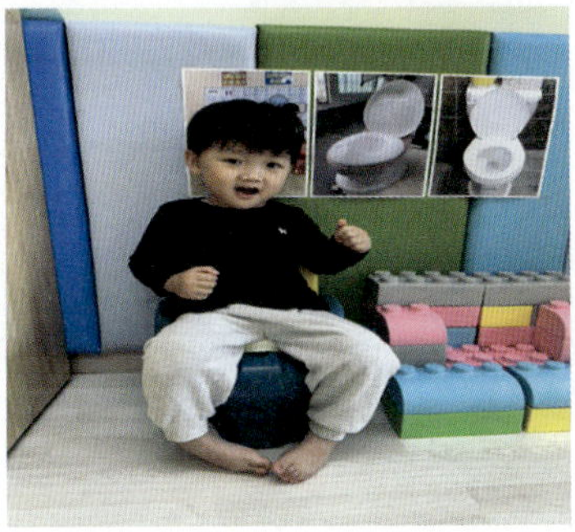

"우석아, 이건 뭐야?"
"여기서 무엇을 할 수 있을까요?"
"변기라고 하는 거야."
"아기 변기에 앉아서 무엇을 하고 싶어요?"
"어떻게 만들고 싶어요?"
"무엇으로 만들고 싶어요?"
"어떤 모양이야?"
"○○이가 앉아보니 어때? 기분을 말해 볼까요?"

■ 놀이 경험

- 변기 사진과 이동식 변기에 관심을 가진다.
- 변기 만들기에 필요한 재료를 선생님에게 요청한다.
- 또래들과 변기를 만들어 역할놀이를 진행한다.
- 이동식 변기에 좋아하는 음식모형을 넣어 돋보기로 응가를 탐색한다.

■ 놀이 확장

• 응가 응가 말놀이
- 클레이로 응가를 만들어서 전시해본다. 응가할 때 나는 소리를 만들어 친구에게 소개한다.

• 방귀소리 방석 놀이
- 소리가 나는 방석 위에 앉아 소리를 듣고 소리를 흉내 내어본다.

팬티에 관심가지기

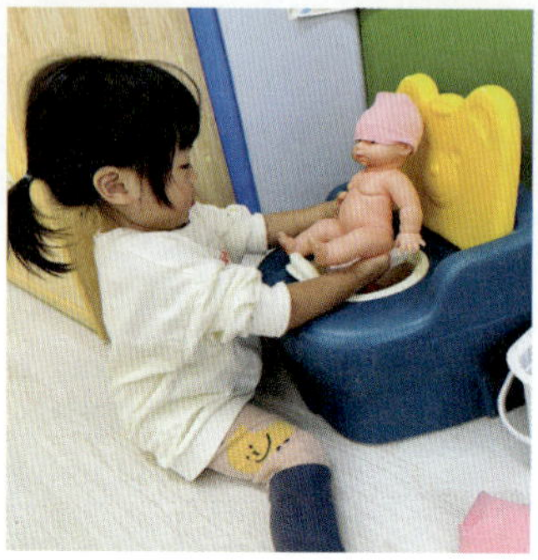

"혼자서 팬티를 입었구나."
"혼자서도 잘 하는 것이 많은 우리 소영이, 칭찬."
"소영아, 인형이 쉬(응가)를 하려면 어떻게 해야 할까?"
"쉬(응가) 잘 하라고 말해줄까?"

■ **놀이 경험**

- 팬티를 입어 본 경험에 대해 또래들과 이야기를 나눈다.
- 자신의 기분을 이야기한다.
- 아기 인형을 변기에 앉혀서 쉬나 응가하는 방법을 설명한다.
- 배변과 관련된 단어를 선생님께 듣고 반복해서 말한다.

■ **놀이 확장**

• 알록달록 팬티 디자인 놀이
- 쓰기 도구를 이용하여 나만의 팬티 무늬를 꾸며본다. 원하는 색을 선택하여 그림을 그리거나 팬티 모양을 자세하게 이야기한다.

• 빨래방 놀이
- 아기 인형으로 배변 훈련하는 방법을 또래에게 소개하고, 여러 종류의 빨래를 개어보고 널고 말리는 과정을 이야기 나눈다. 자신이 준비해 온 물건을 찾아 정리한다.

배변 시도하기

"우리 반 아기 인형은 어디에서 응가를 했나요?"
"지윤이는 어디에서 쉬를 했나요?"
"응가한 다음 무엇을 해야 할까?"
"쉬(응가)를 하고 싶을 때 어떻게 말을 하면 될까?"
"친구들이 무엇을 하고 있는지 말해 줄 수 있나요?"
"화장실에 필요한 것은 무엇이니?"
"친구들을 흉내 내어볼까요?"

■ 놀이 경험

- 이동식 변기에 앉아 자신의 기분을 이야기한다.
- 화장실 가고 싶을 때 어떻게 하면 좋은지 친구들의 이야기를 듣는다.
- 배변할 때 하는 행동과 비언어를 서로 흉내 내어 본다.
- 화장실로 이동해서 직접 변기를 탐색해본다.
- 화장실 사용법을 다른 친구에게 설명한다.

■ 놀이 확장

• 목욕탕 놀이
- 쉬(응가)를 하고 난 후 어떻게 하는지 이야기 나누고 목욕하는 흉내를 낸다. 필요한 물품, 목욕 순서 등을 살펴보면서 놀이에 참여한다.

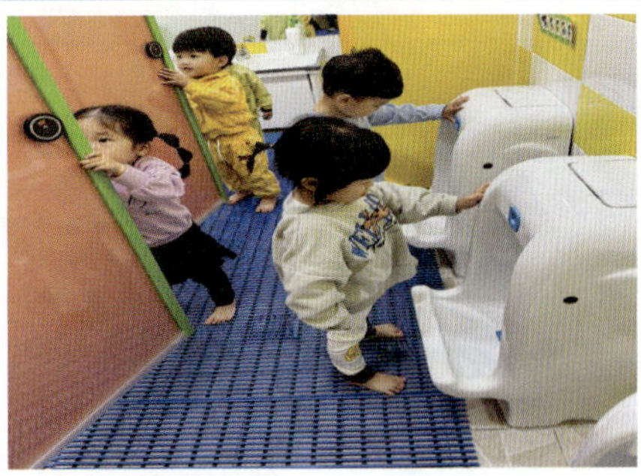

• 청소 놀이
- 변기 탐색, 화장실 환경을 살피고 필요한 물품을 정리하면서 청소 놀이에 참여한다.

출처: 아해뜰 어린이집.

5) 신체놀이

밀고 당기기 놀이

도구 놀이

미끌미끌 미끄럼 놀이

운전 놀이

"내 몸이 움직여요"
(신체놀이)

잡기 놀이

출처: 만촌 보성 어린이집.

놀이 경험	• 친구와 함께 앞으로 뒤로 몸을 자유롭게 움직인다. • 실외놀이터에서 걷고, 달리고, 멈추고 천을 움직이면서 대 · 소근육을 움직인다. • 인형을 옮기기 위해 반복해서 왔다 갔다 하면서 공간을 이동한다. • 도구를 이용한 신체활동에 참여한다.
표준보육과정 관련 요소	기본생활>안전하게 생활하기>일상에서 안전하게 놀이하고 생활한다. 신체운동>신체활동 즐기기>대 · 소근육을 조절한다. 사회관계>더불어 생활하기>또래와 함께 놀이한다.
놀이자료	천, 신체활동 도구, 밀고 당기는 장난감
놀이 지원	• 영아의 자세를 다양하게 변화시켜준다. • 걸음마 연습을 할 수 있는 밀고 당기는 놀잇감을 제공한다. • 움직임을 격려하는 공간, 기회, 활동을 제공한다. • 안전하게 놀이기구를 탈 수 있도록 영아를 관찰한다.

6) 실외놀이

디딤돌 놀이

토끼와 거북이 놀이

거미줄 놀이

타요 버스 놀이

"뛰고 달리고 웃고"
(실외놀이)

암벽등반 놀이

출처: 만촌 보성 어린이집

놀이 경험	• 올라갔다 내려갔다 나무를 건너다니면서 균형을 잡는다. • 줄을 타고 매달리면서 좌우로 움직인다. • 친구와 함께 훌라후프를 잡고 타요 버스를 움직인다. • 토끼와 거북이가 되어 달리기를 한다.
표준보육과정 관련 요소	기본생활>안전하게 생활하기>일상에서 안전하게 놀이하고 생활한다. 신체운동>신체활동 즐기기>실내 · 외 신체활동을 즐긴다. 사회관계>더불어 생활하기>또래와 함께 놀이한다.
놀이자료	머리띠, 훌라후프, 줄, PT 병
놀이 지원	• 자연에 대한 호기심을 갖도록 실외공간을 활용한다. • 자연물을 제공하고 자연에 관심을 갖는 영아를 격려한다. • 교실이 아닌 실외 공간의 위험 요소를 점검한다. • 주변을 탐색하는 과정에서 언어적, 비언어적 상호작용을 한다. • 안전을 위협하지 않는 범위에서 색다른 놀이 경험을 할 수 있도록 함께 참여하고 지원한다.

2. 전이활동

1) 전이활동의 의미

전이활동은 영아의 하루 일과 시작이나 진행하는 중에 이야기 나누기, 정리정돈, 자유놀이, 대·소집단 활동, 휴식 및 화장실 다녀오기, 간식 및 점심 등의 하나의 활동이 끝나고 다음 활동으로 넘어가는 과정에서 이루어지는 놀이나 활동을 의미한다.

전이활동방법으로는 악기나 도구를 활용하여 신호음을 알리거나, 다양한 종류의 음악을 들려주거나 언어적 지원으로 주의를 집중시키는 경우가 대부분이다. 관찰력 게임, 딩동댕 놀이, 숫자 맞추기, 체조, 박수를 치거나 교사의 동작이나 말을 따라하거나 반대로 해보는 활동 등을 많이 사용한다. 특히 집중 시간이 짧은 영아의 주의를 모으기 위해 노래 부르기, 수수께끼, 간단한 게임, 손 유희 등을 사용하기도 한다. 이에 교사는 전이활동시간이 길어지지 않도록 해야 하며, 영아들이 그 시간 동안 무엇을 해야 하는지 알 수 있도록 영아의 개인차를 고려해야 한다. 또한 전이활동이 매끄럽고 자연스럽게 이어질 수 있도록 여러 가지 활동들을 구상하여 시도할 수 있어야 한다(김운삼, 2018).

2) 손 유희

손 유희는 간단한 노래나 차트에 맞추어 주로 손과 팔, 상반신을 이용하여 표현한다. 손 유희는 일반적으로 전이활동 시에, 그리고 모든 활동의 도입이나 주의집중을 위해 자주 사용된다. 특히 영아는 손 유희를 통해 주의집중력을 높이고 리듬감각, 대·소근육발달, 운동능력, 눈과 손의 협응력, 인지발달, 언어발달 및 정서적 발달 등이 촉진된다. 또한 신체를 움직여 동작을 만들어 보거나 노랫말과 동작을 바꾸어보는 것은 영아에게 창의적 사고와 표현의 기회를 제공한다(현혜정, 2018).

(1) 집중력을 높이는 손 유희

■ 활동명: 배꼽 손

눈 눈 눈 깜빡 깜빡 깜빡
입 입 입 쪽 쪽 쪽
손 손 손
배꼽 ~~~~ 손

내용	동작 설명
눈눈눈 (깜빡 깜빡 깜빡)	양손으로 눈 부위를 만진 후 번갈아 윙크 동작하기
입입입 (쪽 쪽 쪽)	양손으로 입 부위를 만진 후 뽀뽀하는 손동작하기
손 손 손	오른손, 왼손 차례로 내민 후 양손 뻗기
배꼽 손	양손 배꼽에 공수 자세

■ 활동명: 123 박수

박수 한 번 짝 야!
박수 두 번 짝짝 오~~~예
박수 세 번 짝짝짝 파이팅!

내용	동작 설명
박수 한 번 짝 얍!	박수 한 번 (짝) 치고 힘차게 얍! 소리치기
박수 두 번 짝짝 좋아!	박수 두 번 치고 양쪽 어깨 움직이기
박수 세 번 짝짝짝 파이팅!!	박수 세 번 치고 양손 주먹 번갈아 위로 움직이기

(2) 기본생활습관을 돕는 손 유희

■ 활동명: 양치질

위로 싹싹 (하나 둘)
아래로 싹싹 (하나 둘)
왼쪽으로 싹싹 (하나 둘)
오른쪽으로 싹싹 (하나 둘)
안팎으로 싹싹 (하나 둘)
에에 에에에

내용	동작 설명
위로 싹싹 (하나 둘)	두 손가락으로 칫솔 만들어 위에서 아래로 쓸어내리기
아래로 싹싹 (하나 둘)	두 손가락으로 칫솔 만들어 아래에서 위로 쓸어올리기
왼쪽으로 싹싹 (하나 둘)	왼쪽으로
오른쪽으로 싹싹 (하나 둘)	오른쪽으로
안팎으로 싹싹 (하나 둘)	빙글 돌리면서
에에 에에에	혓바닥 닦는 동작으로 마무리하기

■ 활동명: 건강만세

○○○는 어려서 우유도 잘 먹구요
당근과 시금치도 맛있게 먹었답니다.
뭐~든지 골고루 잘 먹는 예쁜 ○○○
뭐~든지 맛있게 잘 먹는 멋진 ○○○

내용	동작 설명
○○○는 어려서 우유도 잘 먹구요	컵으로 우유 마시듯이 손 동작하기
당근과 시금치도 맛있게 먹었답니다.	한손씩 물건을 집고 두 손으로 먹는 동작하기
뭐~든지 골고루 잘 먹는 예쁜 ○○○ 뭐~든지 맛있게 잘 먹는 멋진 ○○○	양손 펼친 후에 박수치기

(3) 신체놀이를 촉진시키는 손 유희

■ 활동명: 손 체조

손 체조 하나 둘
주먹 쥐고 통통통
손 체조 하나 둘
손 짝 펴서 짝짝짝

내용	동작 설명
손 체조 하나 둘	주먹 손, 손바닥을 번갈아 쥐었다 폈다 손동작하기
주먹 쥐고 통통통	양손 주먹으로 위 아래로 두드리기
손 짝 펴서 짝짝짝	손바닥을 번갈아 펼쳐서 박수 3번 치기

(4) 언어놀이를 촉진시키는 손 유희

■ 활동명: 글자 찾기

우리 모두 다 같이 찾아라 (가)
우리 모두 다 같이 찾아라 (위)
가 와 위 가 만나면 가위가 되지요
우리 모두 다 같이
가~위

(5) 음악놀이를 촉진시키는 손 유희

■ 활동명: 소리가족

내 입속에 소리가 살아요
큰소리
작은 소리
예쁜 소리
큰소리는 할 수 있다!
작은 소리는 쉿!
예쁜 소리는 사랑해!

내용	동작 설명
내 입속에 소리가 살아요	가슴에 손 한 후 두 손 입에 대기
큰소리는 할 수 있다!	양 팔을 뻗으면서 외치기
작은 소리는 쉿!	입가에 검지손가락 대기
예쁜 소리는 사랑해!	손가락으로 하트 동작하기

(6) 미술놀이를 촉진시키는 손 유희

■ 활동명: 모양 만들기

네모 네모 텔레비전
세모 세모 트라이앵글
동그라미 동그라미 축구공
긴 네모 긴 네모 냉장고

내용	동작 설명
네모 네모 텔레비전	두 손으로 네모 그리기 머리에 안테나 모양 하기
세모 세모 트라이앵글	양 손가락 각각 두 개로 작은 세모 만들기 한 손을 막대로 만들어서 다른 한 손 치기
동그라미 동그라미 축구공	머리 위로 큰 동그라미 만들기 좌우로 흔들기
긴 네모 긴 네모 냉장고	머리부터 발끝까지 크게 긴 네모 그리기 양쪽 가슴에 주먹 쥐어서 손 대고 열기

(7) 역할놀이를 촉진시키는 손 유희

■ 활동명: 손가락 인사

( ) 어디 있어?
여기 나와 있어
안녕하며 인사
들어간다 BYE~

( ) 어디 있어?
여기 나와 있어
안녕하며 인사
들어간다 BYE~

내용	동작 설명
손 없다~	양손을 등 뒤로 숨기기
( ) 어디 있어?	영아 이름을 부르면서 몸을 좌우로 흔들기
여기 나와 있어	오른손, 왼손 ( ) 손가락 뒤뚱뒤뚱 하나씩 나오기
안녕하며 인사	양손 ( ) 손가락 마주 보며 인사하기
들어간다 BYE~	뒤뚱뒤뚱 손 하면서 한 손씩 등 뒤로 보내기

5 PART

유아 교수학습활동의 실제

11

Chapter

유아 일상생활지도

배울내용

1. 영유아 일상생활지도의 이론적 의미
2. 영유아 일상생활지도의 실제적 의미

학습목표

1. 영유아 일상생활지도의 이론적 의미를 설명할 수 있다.
2. 영유아 일상생활지도의 실제를 익힌다.

1. 영유아 일상생활지도의 이론적 의미

1) 이론의 의미

이론[1]이란 특정한 의도를 가지고 결과로 나오는 행위 이전에 머릿속에서 먼저 행위 의도와 그 결과를 고민하는 마음의 틀을 의미한다. 여기서 말하는 마음의 틀이란 곧 세상을 해석하는 틀로 바꿔 표현할 수도 있다. 우리는 우리에게 주어진 환경을 각자의 틀에 따라 해석한 후 어떠한 의도를 가지고 행위[2]한다. 따라서 이론이란 곧 해석의 틀을 뜻하며 이 틀은 행위 이전에 만들어 내야만 하는 행위의 의도 및 목적을 필터링하는 수단으로 볼 수 있다. 세상을 자신만의 틀로 해석해 특정 행위를 이끄는 일련의 과정은 고민의 과정이다. 고민은 사람의 이성적 능력을 요구하는 사고의 활동이다. 이성적 능력은 다양한 정보를 특정한 이론을 통해 정리 정돈하는 사고의 정제 작업 역량을 말한다. 이론적 고민이란 피상적 고민이라는 말과 다르다. 전자는 후자와 비교해 어떠한 대상을 더욱 심층적으로 파고들어 생각하는 일을 말한다. 굳이 본 교재를 통해 교사가 알아야 할 유아 일상생활지도의 이론적 의미를 심층적으로 살펴보지 않더라도 여러분은 이미 직관적인 수준에서 대강의 의미를 표면적으로 파악하고 있을 것이다. 이제 본 교재의 안내를 통해 유아 일상생활지도의 심층적 의미를 살펴보도록 한다.

---

1) '이론'을 뜻하는 영어단어 'theory'의 어원은 '보다'를 의미하는 라틴어 'theoria'이다. 여기서 말하는 '보다'는 단순히 색과 모양을 보는 수준이 아닌 이성적인 사고를 통해 감각적 정보 이면에 가려진 의미를 살펴볼 수 있는 능력을 뜻한다. 교실에서 영유아를 대하는 교사의 태도나 적절한 행위는 감각적인 수준의 봄을 요구하는 것이 아닌 이론적인 수준, 즉 전문적인 수준에서의 '봄'을 요구한다.

2) 먼저 활동이란 행위의 집합이다. 그리고 행위란 한자어 그대로 어떠한 목표를 위(爲)한 의미가 담긴 행동이다. 마지막으로 행동이란 아무런 의미가 없는 혹은 타인의 행위에 관한 의도와 목적을 아직 살펴보지 못한 바깥으로 드러난 행동을 뜻한다.

2) 일상과 생활의 의미

표면적인 수준이 아닌 심층적인 수준에서 유아 일상생활지도의 의미를 천착한다는 것은 우리가 살펴보려는 대상에 포함된 개념을 하나하나 뜯어 고민하고 개념 사이의 관계를 면밀히 공부하는 것을 의미한다. 이러한 차원에서 먼저 일상과 생활이라는 두 개념의 의미를 고민해 보자. 첫째, 생활이란 무엇인가? 다소 생뚱맞게 들릴 수 있는 질문이다. 하지만 막상 이러한 질문에 대면했을 때 여러분의 체계적인 답변은 무엇인가? 생활의 의미는 중요하다. 우선 영유아의 발달에 적합한 생활중심 교육의 원리 혹은 생활중심 교육과정의 원리와 같은 말을 자주 들었을 것이다. 생활이란 곧 영유아를 위한 교육 방법과 내용의 원칙으로 등장한다. 이 정도로만 보아도 생활이란 단어는 그 의미를 규정함에 가볍게 넘길 말은 아닌 것 같다.

우선 생활이라는 말이 사회적으로 어떻게 통용되는지를 살펴보는 순서로 이야기를 시작해 보자. 사전적 정의로 생활은 "사람이나 동물이 일정한 환경에서 활동하며 살아감"을 뜻한다. 이를 통해 두 가지 함의를 생각해 볼 수 있다. 먼저 생활은 특정한 방향성을 가지고 지속적으로 나아가는 행위의 집합, 즉 어떠한 동기를 가진 활동을 뜻한다. 여기서 말하는 방향성은 다시 두 가지 종류의 방향으로 구분할 수 있다. 먼저 사전적 정의에 나타나 있는 바와 같이 사람과 날짐승이 공통으로 추구하는 방향성이다. 공통으로 추구하는 방향성이란 생활(生活)의 생(生)에 해당한다. 이 생(生)이란 모든 생명체의 궁극적 목적인 생존을 의미한다. 그리고 그러한 생존을 위한 모든 활동이 곧 생활이다. 예를 들어, 사람을 포함한 모든 동물은 적절한 영양분을 제때 섭취해야 생존할 수 있다. 그렇게 섭취한 영양분을 잘 소화해 쓸모없는 나머지를 마찬가지로 제때 잘 배출해야 살 수 있다. 섭취 및 배변과 더불어 질병을 예방하고 이겨내야만 이 험난한 환경에서 생존할 수 있다. 나아가 우리는 질병을 예방하기 위해 청결과 위생을 강조한다. 감기에 걸리지 않기 위해 외출 후 손을 씻거나 더운 여름 식중독을 예방하고자 음식물 관리를 철저히 한다. 영양분 섭취, 배변, 손 씻기, 위생관리 등 지금까지 언급한 모든 것들은 생존을 목적으로 삼는 활동, 즉 우리가 흔히 말하는 기본 생활을 의미한다.

하지만 이상에 관한 생활이 생활의 모든 의미를 말하는 것은 아니다. 앞서 설명한 생활의 범주에 속한 활동 못지않게 매우 중요한 또 하나의 생활 범주를 이야기할 수 있다. 그것은 동물적 생존에 연관된 활동과 더불어 사람이 사람답게 살아가는 일과 관련한 생활을 뜻한다. 사람은 다른 날짐승과 마찬가지로 생존을 궁극적인 목적으로 추구하는 동물이다. 하지만 사람과 야생동물 사이에는 큰 차이점이 존재한다. 사람은 동물직인 본능을 따르는 존재임과 동시에 상황에 따라서 그러한 본능을 절제할 줄 아는 특별한 존재이다. 본능을 절제해야만 하는 상황에서 적절한 참고자료로 마련된 가치의 서열체계는 날짐승과 다르게 사람만이 만들어 활용할 수 있는 인위적 산물이다. 이 인위적 산물을 활용해 적절한 판단을 내려 실천하는 행위가 바로 인간의 도덕적 행위[3]이다. 도덕을 뜻하는 'morality'의 어원은 밭에서 작물을 재배하는 의미를 나타내는 라틴어 'morale'에 그 뿌리를 두고 있다. 작물의 재배는 작물의 자연적 발생과는 다른 인위성을 내포하는 인간의 활동이다. 인간은 특정한 목적을 염두에 계획을 세우고 그 계획에 따라 체계적인 활동을 실천한다. 여기서 말하는 특정한 목적, 계획, 체계적 실천이란 말은 문화라는 용어로 정리할 수 있다. 문화[4]의 문(文)은 글자를 뜻하며 글자란 인간만이 발명해 활용할 수 있는, 말 그대로 문화적 산물의 예시이다. 우리는 글자를 통해 도덕적 가치를 정리하고 그 내용을 서로 주고받으며 의사소통한다. 도덕적 판단과 도덕의 체계, 농작물 재배와 재배의 방법, 이 모든 것들은 자연적인 본능에 거스르는 혹은 자연의 바탕 위에 인위적인 질서를 새기는 문화적 활동을 의미한다. 이렇듯 사람은 문화적 활동을 통해 비로소 사람다운 활동을 실천하고 그 결과를 영위할 수 있다. 즉, 문화적 활동이란 사람이 사람답게 살 수 있도록 사람다움의 자격을 부여하는 차원에서의 생활, 동물적인 생존과는 또 다른 차원의 활동의 모든 것을 의미한다.

결과적으로 일상은 생활의 두 차원에서 이루어진 실제의 내용을 뜻한다. 일상은 하루(日)에 걸쳐 벌어지는 두 차원의 생활에 관한 모든 일(常)을 의미한다. 일이란 생존 혹은 사람다움에 관한 목적을 이루거나, 이뤘거나, 혹은 이루려고 노력하는 모든 것을 뜻하는 말이다. 이러한 의미를 고려했을 때 선생님이 아이들에게 일상을

3) 덕(德)이란 사람으로서 마땅히 갖춰야 하는 마음의 품격이며 그러한 마음의 품격을 공부하는 것은 곧 사람으로서 마땅히 가야 할 길(道)을 걷는 행위로 비유될 수 있다.

4) 문화를 뜻하는 'culture'의 어원도 경작 및 재배를 뜻하는 라틴어 'cultura'에 뿌리를 둔다. '경작'과 '재배'라는 의미에서 문화란 곧 인위적 산물을 뜻한다. 도덕 역시 문화의 하위 범주에 포함되는 인위적 산물의 예시다.

가르치고 아이들은 선생님을 통해 일상을 배운다는 말은 정확히 무엇을 뜻할까? 먼저 무엇인가를 가르치거나 배우기 위해서는 그러한 활동을 매개하는 구체적이고 체계적인 내용이 있어야 할 것이다. 교사의 입장에서 아이들에게 가르칠 일상에 관한 구체적이고 체계적인 내용은 어디에 존재할까? 2019 개정 누리과정은 일상 지도에 관한 체계적인 참고자료의 좋은 예시이다. 일상 지도 내용과 더불어 개정 누리과정은 일상중심의 누리과정 운영 및 지도 원리를 강조하고 있다. 이제 개정 누리과정을 중심으로 일상생활지도 내용과 방법을 자세히 살펴보도록 하자.

3) 개정 누리과정의 5개 영역과 영유아 일상생활지도 내용의 관계

(1) 국가 수준 누리과정의 의의

영유아에게 일상생활을 가르치기 위해서는 교사가 참고할 수 있는 체계적 내용이 마련되어 있어야 한다. 여기서 말하는 체계는 서랍장으로 비유할 수 있다. 우리는 서랍장을 만들어 물건의 종류에 따라 구획된 장소에 정리 정돈을 한다. 정리 정돈 자체가 서랍장 본연의 목적은 아니다. 정리 정돈은 상황과 필요에 따라 손쉽게 원하는 물건을 활용할 수 있게 만드는 수단적 활동이다. 따라서 가르치거나 배워야 할 일상생활의 내용이 체계적으로 정리되어 있다는 것은 일정한 구획에 따라 각각의 내용이 필요할 때 잘 활용할 수 있도록 정리되어 있음을 의미한다. 따라서 가르침을 위한 일상생활 내용의 체계적 정돈은 교사의 가르치는 일에 대한 효율성과 깊은 관계를 맺는다. 그렇다면 가르치고 배우는 내용으로서의 일상생활을 정리하는 구획이란 정확히 무엇을 의미하는 것일까?

우선, 누리과정은 3~5세 유아를 위한 국가 수준의 공통 교육과정이다(교육부, 보건복지부, 2019). 체계적 정리 정돈의 서랍장은 이처럼 국가가 제공하는 일상생활 지도를 위한 교사용 참고자료를 의미한다. 이러한 서랍장은 꼭 국가가 제공해야만 하는 법은 아니다. 하지만 우리나라 정부는 의무교육 및 고등교육 체제에서 필요한 교육과정을 직접 계발해 그 내용과 운영 원칙을 일선 현장에 제시하는 중앙집권식 교육 시스템을 고수하고 있다. 이러한 체제 안에서 교육부와 보건복지부는 명시적으로 유치원과 어린이집만을 위한 교육과정 개발과 운영의 필요성을 강조한다. 어쨌든 이러한 서랍장의 기본적인 제공의 주체가 국가라는 점에서 다른 나라와는 특징지을 수 있는 한 가지 중요한 사항을 확인할 수 있다. 바로 우리나라 정부는 영유아의 발달에 있어 아동 및 청소년기와는 구분되는 결정적 시기(critical period)의 중요성을 이미 인정하고 있다는 사실이다. 더불어 이러한 발달적 특성에 따라 나름의 적절한 일상생활지도 내용을 제시하고 있다는 점이다.

표 11-1. 2019 개정 누리과정 구성 중점 사항 中

개정 누리과정은 기존 누리과정이 제시한 신체운동 · 건강, 의사소통, 사회관계, 예술경험, 자연탐구 등의 5개 영역의 명칭을 그대로 유지하였다. 각 영역은 유아가 누리과정을 통하여 자연스럽게 경험하거나 경험해야 하는 교육내용을 5개 영역으로 나누어 제시한 것이다. 다만 개정 누리과정의 5개 영역을 분절하여 이해하거나 특정 교과 또는 연령별로 가르쳐야 하는 세부 내용으로 이해하지 않도록 유의할 필요가 있다. 유아의 경험은 대부분 놀이를 통해 이루어지고 이러한 놀이는 5개 영역 내용을 통합적으로 포함하고 있으므로, 유아 · 놀이중심 교육과정의 운영은 곧 5개 영역의 통합적 실천으로 이해해야 한다(교육부, 보건복지부, 2019).

(2) 교과(教科)로서 누리과정 5개 영역

영유아의 일상생활을 효과적으로 가르치는 일에 있어 도움을 주는 서랍장의 예시가 바로 누리과정에 해당한다는 점을 살펴보았다. 그렇다면 누리과정 안에는 어떠한 방식으로 교사가 용이하게 참고할 수 있는 내용이 정리되어 있을까? 앞의 인용문은 개정 누리과정 구성의 중점 방향 중 하나인 영역별 구분에 관한 내용이다. 누리과정은 유아가 경험해야 할 교육내용이 신체운동 · 건강, 의사소통, 사회관계, 예술경험, 자연탐구의 5개 영역으로 구분하여 제시할 것을 강조한다. 먼저 누리과정의 5개 영역을 교과라는 말로 표현할 수 있다. 문뜩 교과라는 말을 떠올리면 초등학교, 중학교, 고등학교 교육과정 안의 다양한 교과서를 떠올릴 수 있다. 물론 그때의 교과와 누리과정 5개 영역의 교과는 같은 의미이다. 교과란 말 그대로 유치원 · 어린이집 교사가 영유아에게 가르치는(教) 내용의 구분되는 종류(科)를 의미한다. 하지만 그 과(科)별 명칭은 초 · 중 · 고의 교과서 명칭인 국어, 수학, 영어, 과학 등의 구분과는 다르다. 앞서 소개한 누리과정의 5개 영역 명칭은 학문적 명칭이라기보다 일상생활 그 자체에 가까운 이름이다.

① 개정 누리과정 5개 영역의 분과 학문적 특성

교과로서의 누리과정 영역의 구분과 일상생활지도 내용의 특성을 연결하는 일에 앞서 몇 가지 확인하고 넘어가야 할 사항이 있다. 우선 앞의 인용문처럼 교사는 누리과정의 5개 영역은 분절되어 특정 교과 중심으로 가르치는 것을 지양해야 한다. 하지만 이 말은 5개의 영역이 통합 교육과정의 원칙을 기반으로 제시되어야 한다는 점을 강조하는 것이지 5개 영역의 분절적 특성을 부정하는 의미는 아니다. 둘째로 앞서 5개 영역의 명칭이 학문적 명칭이 아닌 일상생활 그 자체에 가까운 이름이라는 점을 언급했다. 하지만 누리과정 5개 영역도 엄연한 교과별 분과 영역으로 학문적 내용에 해당한다.[5] 이 두 개의 사항에 관해 구체적으로 이야기하면 다음과 같다. 학문적 내용에서 말하는 '학문'이란 무엇을 의미하는 것이고 이것이 어떻게 누리과정의 5개 영역, 즉 교과의 말과 연결되며 궁극적으로 영유아의 일상생활 및 지도와 어떠한 관련성을 맺고 있는 것일까?

학문이란 직역하면 문(文)을 배우는(學) 일을 뜻한다. 문(文)이란 짐승과는 구별되는 사람의 존재가 인위적으로 만들고 발전시킨 산물이다. 문화의 문(文)이라는 글자가 그렇고 그러한 글자를 활용해 기록한 도덕체계, 생활양식 관련 문헌 등을 언급할 수 있다. 코메니우스로부터 시작하는 서양의 근대 유아교육철학자는 인간은 본디 선(善, goodness)[6]한 존재라는 점을 주장한다(Weber, 2001). 여기서 말하는 선이란 신의 존재는 아니지만 신의 존재에 다가설 수 있는 능력을 의미한다. 이러한 의미에서 문화란 곧 인간의 존재가 선의 능력을 통해 신의 모습에 다가서려는 노력의 산물이다. 완벽한 올바름에 다가서려는 인간의 고뇌가 곧 문화로서의 도덕체계를 만들었고 우리는 그러한 노력의 기록을 윤리학으로 정리해 공부하며 또 다른 옳음을 연구한다. 마찬가지로 우리 주변의 환경을 이해함에 완벽한 앎을 추구하는 과정에 있어 수(數)와 자연의 현상을 탐구할 수 있는 인식의 틀을 마련했

5) 여러 전공수업을 통해 '경험 중심 교육과정'과 '학문 중심 교육과정'의 두 개념을 살펴본 적이 있을 것으로 생각된다. 두 교육과정 종류의 개념적 구분의 목적은 정확히 무엇일까? '경험 중심 교육과정'은 '학문 중심 교육과정과'는 명확히 구분되는 별개의 또 다른 교육과정을 의미하는 것일까?

6) 선의 사전적 정의로 우리가 흔히 알고 있는 착함이라는 말을 떠올릴 수 있다. 하지만 또 다른 사전적 정의로 탁월함이 있다. 착함이라는 말보다는 한층 더 구체적인 의미다. 우리는 탁월함의 차원에서 일컬어지는 선을 통해 유아교육 철학자들이 주장하는 성선설의 이야기를 보다 심층적으로 이해할 수 있다.

으며 수학 및 과학 이론 체계로 정리해 공부하거나 후세를 위해 더 넓은 세계를 발견할 수 있는 안목을 발전시키고 있다. 이처럼 학문이란 곧 완벽한 앎을 위한 인간 존재의 끊임없는 개선 활동을 뜻한다. 그리고 그러한 개선 활동의 산물이 곧 문화를 의미한다. 영유아의 관점에서 봤을 때 그 문화란 곧 교양 있는 어른의 세계를 말하며 그러한 세계로의 입문을 도와주는 것이 교육에 해당한다(이홍우, 2017). 덧붙여 아이들의 일상생활을 지도하는 일은 그러한 교육의 한 주제일 것이다.

앞서 학문이란 완벽한 앎에 이르기 위한 끊임없는 인식 개선 활동이라는 점을 설명했다. 간단히 말해 학문이란 진리 추구의 과정을 뜻한다. 여기서 말하는 진리 추구의 주제는 다양할 수 있다. 그것은 수 세계의 진리일 수도 있고 물리적 세계의 진리일 수 있다. 수 세계의 진리를 탐구하기 위한 인식이 틀의 결과 혹은 그러한 인식의 진화과정 자체가 수학 체계에 해당한다. 역시 물리적 세계의 진리를 탐구하기 위한 인식 틀의 결과 혹은 그러한 틀의 진화과정 자체가 곧 물리학 혹은 과학 체계를 뜻한다. 각자의 현상을 살펴보기 위해서는 각자의 언어와 각자만의 체계가 필요하다. 물리적 현상의 진리를 살펴보기 위해서는 물리학 체계라는 독립된 인식 체계가 필요하고 수학적 현상의 진리를 살펴보기 위해서는 물리학과는 독립된 인식체계로서의 수학 체계가 필요하기 마련이다. 바로 이러한 이유로 수학과 과학은 각자만의 고유성을 전제하기에 분과 학문으로서의 특성을 가진다. 여기서 말하는 '분과'라는 말이 곧 누리과정 5개 영역의 '분절'과 연결될 수 있다.

② 분과 학문으로서의 5개 영역과 일상생활지도 내용의 관계

유치원·어린이집 제도의 궁극적인 목적은 인류사를 통해 지금까지 마련된 어른의 세계 곧 문명의 세계에 아이들을 올바른 방법으로 인도하는 일이다. 문명의 세계란 다면적인 세계이다. 문명에 관한 다양한 측면들, 즉 다양한 주제가 존재하기 때문이다. 다양한 주제에 관해 배우는 일을 돕는 것이 곧 교사의 가르침이다. 반복하자면 그러한 가르침의 내용은 주제에 따라 다양하며 그 주제별로 정리된 것을 곧 교과(教科)라고 말한다. 교과란 말 그대로 구분되어 있는 가르침의 내용을 의미한다. 개정 누리과정의 5개 영역이 바로 이러한 구분된 가르침의 내용에 해당한다. 하지만 누리과정 학습영역이라는 말과 교과라는 말은 다르다. 피상적인 차원에서

'교과'와 '영역'이라는 말이 다를 수는 있지만 원칙적으로 둘은 같은 의미다. 교과의 변형(Dewey, 2007) 차원에서 그렇다. 교과의 변형이란 곧 가르치려는 내용의 수정을 의미한다. 물론 여기서 말하는 수정이란 특정 원리 차원의 교과 내용 변형을 뜻하는 것이 아니다. 그것을 배우려는 학습자의 수준에 걸맞은 난이도의 변형을 의미한다[7]. 예를 들어, '국어'라는 특정 교과의 명칭이 영유아의 수준에 맞게 변형된 것이 곧 '의사소통'이라는 일상생활의 주제이다. 누리과정 의사소통 영역은 단순히 그 명칭만이 바뀐 것이 아니라 이에 해당하는 내용까지 변형되어 있다. 내용의 변형이란 곧 대학교 교재 수준의 학문적 사실의 진술 형태가 아닌 생활사태 중심의 진술을 뜻한다.

그렇다면 과연 교과 차원에서 누리과정의 5개 영역을 가르치는 일과 일상생활 내용을 가르치는 일 사이에는 어떠한 관계가 있을까? 언뜻 학문적 내용으로서의 교과를 가르치는 일은 일상생활을 가르치는 일과 별개의 문제로 생각될 수 있다. 먼저 일상생활을 지도한다는 말에서 논리적으로 가정하고 있는 것이 일상생활 영위에 대한 영유아의 낯선 상태이다. 영유아가 일상생활 적응에 낯선 대표적인 이유가 바로 영유아기 특유의 발달적 특성 때문이다. 그러한 발달적 특성 때문에 일상생활에 익숙한 성인의 도움, 즉 교사의 지도가 필요하다. 하지만 한 가지 명확히 할 사안이 있다. 사실 영유아를 위한 일상생활지도의 궁극적 목적은 일상생활 적응 그 자체에 있는 것이 아니다. 엄밀히 말하면 일상생활 적응이란 일상생활지도의 궁극적 목적을 달성했다는 사실을 보여 주는 가시적 결과물이다. 이와 달리 일상생활지도의 궁극적 목적, 다른 표현으로 가시적 결과는 수준이 다른 심층적 결과란 영유아 스스로 일상생활 적응의 필요를 스스로 느끼고 그러한 필요성에 기반한 일상생활 내용의 온전한 이해를 뜻한다. 다시 말해, '내가 왜 외출 후 손을 씻어야 하는지', '어른에게 인사라는 것을 왜 해야 하는지', 혹은 '내가 하고 싶은 말이 있더라도 친구의 말을 왜 주의 깊게 경청해야 하는지' 등, 그러한 행위 이면에 담긴 이유를 영유아 스스로 온전히 이해하고 그 필요성을 느낄 수 있도록 도움을 주는 것이

7) 나선형 교육과정 모델(Bruner, 2017)에서 축을 중심으로 범위를 넓혀 가며 그려지는 나선이 곧 연령에 맞춘 교과 내용의 난이도 변화의 표현이다. 여기서 말하는 축이란 곧 특정 교과 영역의 분과적 특성을 부여하는 원리적 내용을 의미한다.

곧 교사 지도 본연의 목적일 것이다.

영유아의 생활사태 내용의 온전한 이해는 그에 합당한 인지적 성숙을 전제한다. 인지적 성숙의 다른 표현은 곧 논리적 사고의 성숙이다. 논리적 사고란 말 그대로 이치를 좇는 마음속 고민의 과정을 뜻한다. 이는 곧 추론을 의미하며 추론을 뜻하는 영어단어 reasoning도 어떠한 이유(reason)를 좇는 계속적인 사고 활동을 의미한다. 선생님이 안내하는 행위를 내가 왜 해야 하는지를 이해하는 과정이 곧 추론이라는 사고활동의 대표적인 예시이다. 그리고 그러한 추론적 사고 과정 안에는 비판적, 분석적, 창조적 사고와 같은 다양한 종류의 사고 과정이 이루어진다. 그렇다면 이렇게 다양한 종류의 사고 능력은 어떻게 발달하는 것일까? 당연히 교사의 도움으로 가능할 것이다. 하지만 교사와 영유아의 교수 · 학습관계를 매개하는 소재가 필요한 법이다. 소재란 곧 여러 종류의 사고 능력을 연마할 수 있는 재료를 뜻한다. 그 재료라는 것이 곧 다양한 교과서의 교과 내용일 것이다. 개정 누리과정의 5개 학습영역이 이에 해당한다. 누리과정 5개 영역의 다양한 경험을 통해 동시에 아이들은 자기 행위 이면에 담겨 있는 뜻을 온전히 이해할 수 있는 사고의 능력을 키워나가는 것이다. 이상의 이야기를 교과 학습의 당위성을 설명하는 '형식도야(formal discipline, 形式陶冶)' 이론이라고 말한다. 결과적으로 교과 학습의 당위성을 설명하는 형식도야론은 초 · 중 · 고 · 대학교 커리큘럼 운영의 목적에만 해당하는 것이 아니다. 유치원 · 어린이집 커리큘럼인 개정 누리과정 운영 목적에도 부합하며 나아가 교사의 일상생활지도의 효율성과 밀접한 관계를 맺는다.

2. 영유아 일상생활지도의 실제적 의미

지금까지 영유아 일상생활지도의 이론적 의미에 대해 살펴보았다. 교사의 지도 행위를 이론적으로 살펴본다는 것은 단순히 내가 해야 하는 특정한 행위가 무엇인지를 암기하는 일은 아니다. 이와 달리 '내가 영유아에게 하려는 혹은 하고 있는 행위의 이면에 감추어진 심오한 뜻'을 명확히 하는 일이다. 그러한 차원에서 우리는 영유아 일상생활지도를 위한 지도내용의 체계 및 그 체계가 가지는 의미를 심도 있게 알아보았다. 그렇다면 실제적인 차원에서 영유아를 위한 일상생활지도는 어떠한 방식으로 무엇의 구체적인 내용을 통해 진행될 수 있을까? 이 부분을 공부하기 위해 먼저 앞서 교과적 의미 차원에서 살펴본 일상생활지도의 목적을 감정절제를 위한 도덕적 판단의 성숙이라는 주제로 좁혀 설명하려 한다. 이후 이러한 목적을 달성하기 위해 유치원 · 어린이집 실제에서 활용할 수 있는 몇 가지 주제를 그 예시로 알아보도록 한다. 이 과정에서 교육의 전문가로 불리는 교사가 반드시 고민해야 할 '교육적' 지도 행위의 원리를 찾아보고 그 원리에 충실하기 위해 꼭 참고해야 할 학습에 있어서 고려해야 할 영유아의 발달적 특성도 알아보고자 한다.

1) 영유아 일상생활지도의 실제적 목적

앞서 영유아 일상생활지도란 곧 교양 있는 어른이 마련한 문화라는 세계에 영유아가 자연스럽게 입문할 수 있도록 도움을 주는 행위라고 설명했다. 여기서 말하는 문화라는 것은 자연과는 대척점에 있는 개념이다. 좁은 의미에서 말하자면 자연은 선천적 특성을, 문화란 인위적 특성을 뜻한다. 인간의 선천적 특성이란 곧 본능에 충실한 생물학적 존재로서의 특성을 말한다. 이와 반대로 인간의 인위적 특성이란 본능의 충동을 억제하는 이성적 특성을 의미한다. 이러한 설명의 대표적인 예시로 자연적인 존재로 태어난 신생아가 인지적 발달의 과정 안에서 나름의 이성적 능력을 발판으로 본능적 충동을 참아내는 능력을 키우는 일, 즉 감정절제의 역량을 성숙시키는 단계적 과정을 언급할 수 있다. 일상생활지도 본연의 목적 차원에서 말하는 영유아의 감정절제 역량의 발달은 단순히 감정절제에 관한 가시적 행동을 어른의 눈앞에서 보여 주는 일이 아닐 것이다. 영유아의 감정통제 행위 이면에 담긴 동기 차원에서 '왜 내가 특정한 상황에서 기분이 이끄는 방향으로 행동하면 안 되는지'에 관한 자기 나름의 합리화가 이루어져야 할 것이다. 그러한 의미에서 합리화란 내면에서 무의식적으로 올라오는 감정의 에너지로 인해 명확한 방향성 없이 무질서하게 밖으로 튀어나오는 행위의 고찰과정을 말한다. 그러한 고찰과정 안에서 영유아는 불쑥 출현하는 감정에 내용을 부여하고 점차적으로 교양인의 경로와 대척점에 있는 무익한 감정과 행위를 가지치기할 수 있다. 이상의 설명은 영유아의 도덕적 판단 과정의 성숙이란 말로 축약될 수 있다. 도덕적 판단이란 행위의 방향성을 잡는 고도의 사고 과정으로 그러한 판단을 위해서는 판단의 기준이 되는 도덕의 내용과 그 내용이 특정한 맥락에서 왜 필요한 것인지에 관한 자기 설득의 능력이 필요하다. 교양 있는 어른 수준의 도덕적 판단 능력을 갖춘다는 것은 다음의 두 가지 사항을 충족하는 일과 같다. 첫째, 도덕적 판단의 동기를 행위 주체인 자신의 밖에 두는 것이 아닌 자기 안에 두는 것이다. 이미 피아제(Piaget, 2000)의 연구에서 살펴볼 수 있는 바, 도덕적 판단의 성숙이란 판단의 이유를 외부에서 부과되는 벌이나 보상에서 판단 행위 자체로 둘 수 있는 인지적 능력의 발달에 해당한다. 둘째, 첫번째 내용과 겹치는 부분이 있지만, 자신이 옳다고 판단하는 행위의 정당성을 성인의 통제에서 자신의 자유의지에 위치시킬 수 있는 성숙의 과정이 필요하다. 결과적으로 어른의 기준에서 도덕적 판단이 성숙했다고 평가할 수 있는 영유아는 옳고 그름의 판단 기준이 되는 가치의 필요성을 스스로 느끼고 그러한 내용이 호소하는 권위의 명령을 자기 내면에 정착시킬 수 있는 영유아를 뜻한다.

2) 영유아 일상생활지도의 실제적 목적 달성을 위한 소재

영유아 일상생활지도 본연의 목적을 달성하기 위해서는 교사의 도움도 필요하지만 그러한 도움의 소재가 되는 내용 또한 필수이다. 앞서 교과 차원에서 살펴본 누리과정 5개 영역과 일상생활지도 내용 사이의 관계를 형식도야 이론과 같은 간접적 측면에서 설명할 수 있다. 하지만 누리과정 5개 영역에 자연스럽게 표현된 직접적인 일상생활지도 주제도 확인할 수 있다. 특히 영유아 일상생활에 관한 직접적인 지도 주제는 신체운동·건강 영역, 의사소통 영역, 사회관계 영역에서 쉽게 살펴볼 수 있다.

표 11-2. 개정 누리과정 신체운동 · 건강 영역 내용

내용범주	내용
신체활동 즐기기	신체를 인식하고 움직인다.
	신체 움직임을 조절한다.
	기초적인 이동운동, 제자리운동, 도구를 이용한 운동을 한다.
	실내 · 외 신체활동에 자발적으로 참여한다.
건강하게 생활하기	자신의 몸과 주변을 깨끗이 한다.
	몸에 좋은 음식에 관심을 가지고 바른 태도로 즐겁게 먹는다.
	하루 일과에서 적당한 휴식을 취한다.
	질병을 예방하는 방법을 알고 실천한다.
안전하게 생활하기	일상에서 안전하게 놀이하고 생활한다.
	TV, 컴퓨터, 스마트폰 등을 바르게 사용한다.
	교통안전 규칙을 지킨다.
	안전사고, 화재, 재난, 학대, 유괴 등에 대처하는 방법을 경험한다.

〈표 11-2〉는 개정 누리과정 5개 영역 중 신체운동 · 건강 영역의 내용범주와 내용에 해당한다. 해당 내용을 통해 누리과정은 "유아가 다양한 신체활동에 즐겁게 참여하고, 청결과 위생, 즐거운 식사, 적당한 휴식을 통해 건강한 생활습관을 기르며, 일상에서 안전하게 생활하는 방법을 배우고 실천할 수 있도록" 안내하고 있다(교육부, 보건복지부, 2019). 구체적으로 해당 영역은 '건강하게 생활하기' 내용범주를 통해 유아가 자신의 몸과 주변을 깨끗이 하고 몸에 좋은 음식에 관심을 가지며 적당한 휴식을 취할 줄 알고 질병을 예방하는 방법을 실천할 수 있도록 도움을 제공할 것을 강조하고 있다. 더불어 '안전하게 생활하기' 내용 범주를 통해 교실, 가정, 지역사회 주제와 연결된 안전의 세부적인 주제와 교사의 지도 방향을 제시하고 있다.

표 11-3. 개정 누리과정 의사소통 영역 내용

내용범주	내용
듣기와 말하기	말이나 이야기를 관심 있게 듣는다.
	자신의 경험, 느낌, 생각을 말한다.
	상황에 적절한 단어를 사용하여 말한다.
	상대방이 하는 이야기를 듣고 관련해서 말한다.
	바른 태도로 듣고 말한다.
	고운 말을 사용한다.
읽기와 쓰기에 관심 가지기	말과 글의 관계에 관심을 가진다.
	주변의 상징, 글자 등의 읽기에 관심을 가진다.
	자신의 생각을 글자와 비슷한 형태로 표현한다.
책과 이야기 즐기기	책에 관심을 가지고 상상하기를 즐긴다.
	동화, 동시에서 말의 재미를 느낀다.
	말놀이와 이야기 짓기를 느낀다.

〈표 11-3〉은 개정 누리과정 의사소통 영역의 내용범주 및 내용에 해당한다. 신체운동·건강 영역과 마찬가지로 영유아 일상생활지도에 관한 직접적인 주제를 찾아볼 수 있다. 예를 들어, 듣기와 말하기 내용범주 중 듣고 말하는 바른 태도와 고운 말과 같은 의사소통 예절이 그렇다.

표 11-4. 개정 누리과정 사회관계 영역 내용

내용범주	내용
나를 알고 존중하기	나를 알고 소중히 여긴다.
	나의 감정을 알고 상황에 맞게 표현한다.
	내가 할 수 있는 것을 스스로 한다.
더불어 생활하기	가족의 의미를 알고 화목하게 지낸다.
	친구와 서로 도우며 사이좋게 지낸다.
	친구와의 갈등을 긍정적인 방법으로 해결한다.
	서로 다른 감정, 생각, 행동을 존중한다.
	친구와 어른께 예의 바르게 행동한다.
	약속과 규칙의 필요성을 알고 지킨다.

내용범주	내용
사회에 관심 가지기	내가 살고 있는 곳에 대해 궁금한 것을 알아본다.
	우리나라에 대해 자부심을 가진다.
	다양한 문화에 관심을 가진다.

마지막으로 사회관계 영역 안에서도 직접적인 영유아 일상생활지도 주제를 찾아볼 수 있다. 나를 알고 존중하기 내용범주에서 자기 감정 조절 및 이해에 관한 내용과 더불어 생활하기 내용범주에서 타인의 감정에 공감하고 웃어른을 공경하는 일에 관한 예의범절 등이 그렇다. 이 밖에 예술경험 및 자연탐구 영역에서도 교사가 참고할 수 있는 영유아 일상생활지도에 관해 직접적으로 진술된 주제를 발견할 수 있다.

지금까지 유아 일상생활지도 및 학습 내용을 '직접'과 '간접'으로 구분해 직접적으로 누리과정 영역에 제시된 내용의 예시를 살펴보았다. 결과적으로 '직접'적으로 제시된 내용은 본 장의 서두에 설명한 '생활' 개념의 두 가지 차원에서 다시 나눠질 수 있다. 신체운동·건강 영역에 나타난 영유아 일상생활 내용은 유기적인 생명체로서의 생존에 필요한 혹은 그러한 생존에 요구되는 모든 활동을 일컫는 차원에서의 생활 주제일 것이다. 영양, 배변 및 청결의 주제가 그렇다. 이와 다르게 의사소통 및 사회관계 영역에 나타난 생활지도 내용의 주제는 단순히 생명체로서의 생존에 관한 것이 아니다. 두 영역에서는 문화적인 존재로서의 인간이라면 누구나 지켜야 할 품격에 관한 중요한 활동이 명시되어 있다. 사람다운 품격을 지키기 위해 우선 자기에 대한 이해가 필요하다. 자기 이해를 토대로 타인을 이해할 수 있는 능력을 만들어 감정을 조절하고 다른 사람의 관점에서 생각하려는 일련의 태도와 활동은 곧 사람됨을 위한 마음가짐과 실천을 의미한다. 그러한 내용을 기초로 가족 및 지역사회 공동체의 중요성을 인식하고 예의범절 및 법질서와 같은 사회적 약속의 뜻과 준법의 이유를 알게 된다.

표 11-5. 영유아 생활지도 내용의 두 영역

<table>
<tr><th colspan="2">영역 1</th><th colspan="2">영역 2</th></tr>
<tr><th colspan="2">생존을 위한 활동</th><th colspan="2">인간다움을 위한 활동</th></tr>
<tr><td>건강</td><td>• 식습관
• 운동</td><td rowspan="3">감정 조절
및
욕구 절제</td><td rowspan="3">• 식사 예절
• 수업 규칙 이해
• 놀이 규칙 이해
• 웃어른 공경
• 사회 질서 준수</td></tr>
<tr><td>청결</td><td>• 배변
• 질병</td></tr>
<tr><td>안전</td><td>• 교실 및 가정 안전
• 지역사회 안전</td></tr>
</table>

〈표 11-5〉는 누리과정에 직접적으로 나타난 생활지도 내용을 핵심 주제를 중심으로 정리한 내용이다. 첫 번째, 생존을 위한 활동 차원의 생활지도 내용은 건강, 청결, 안전으로 분류될 수 있다. 건강의 경우 영유아가 다양한 영양소를 골고루 섭취하는 일을 안내하고 나아가 스스로 할 수 있는 능력을 키워 주는 일이 중요하다. 섭취와 더불어 과다한 영양섭취로 인한 비만을 예방하는 활동도 강조되어야 할 것이다. 적당한 운동의 중요성을 이해하는 일에 교사의 도움은 매우 중요하다. 나아가 실제적인 실천을 지도하는 일도 지도에 있어 강조되어야 할 일이다. 건강에 관한 활동만큼이나 주의를 기울여야 하는 지도내용이 곧 청결일 것이다. 코로나 팬데믹 사태와 같은 시대적인 환경을 고려했을 때 질병을 예방할 수 있는 청결 활동지도 및 중요성을 이해시키는 일이 매우 중요하다. 외출 후 손을 씻는 습관 및 식사 후나 잠자리 전에 꼭 양치하는 습관을 지도하는 것이 좋은 예가 될 수 있다. 다음으로 영유아 안전에 관한 생활지도 영역이다. 영유아의 안전에 관한 지도내용은 교실 및 가정의 범위에서 지역사회의 범위로 확장되어 생각할 수 있다. 실내 활동에서 놀잇감을 조심스럽게 다루는 일, 실외 활동 중 놀이기구를 이용함에 자신과 친구의 안전을 위한 주요 사항에서부터 교통법규 및 낯선 사람과의 관계에서 준수하고 꼭 기억해야 할 사항 등을 예로 들 수 있다.

두 번째로 인간다움을 위한 생활지도의 내용은 근본적으로 자기 감정 조절 및 욕구 조절의 내용과 연결해 살펴볼 수 있다. 감정과 욕구는 생명체로서 가질 수밖에 없는 특성이지만 영유아는 '사회적 맥락'에 따라 통제와 절제가 가능한 잠재력을 가진 존재다. 예를 들어, 영양소별 균형 있는 음식물 섭취에 관한 식습관 지도는 영유아의 건강을 위한 기본적인 생활 주제에 포함된다. 이와 달리 식사 예절은 한 수준 높은 생활지도의 내용이다. '식사 중 큰 소리로 떠들지 않기' 및 '소리 내며 먹지 않기'와 같은 주제는 사람과 사람 사이에 지켜야 할 예의에 관한 내용이다. 예절에 관한 생활지도 내용은 영유아와 관계를 맺는 사람의 범위 및 관계의 내용에 따라서 놀이 규칙, 웃어른 공경, 공공규칙 준수 등으로 넓혀질 수 있다. 하지만 이와 같은 내용은 원칙적으로 타인에 대한 배려를 가정한다. 타인에 대한 배려는 타인의 관점과 감정의 고려를 전제한다. 타인을 배려할 줄 아는 능력은 곧 사회성을 의미한다. 이러한 의미에서 교사가 영유아의 사회성을 길러 준다는 것은 두 번째 영역에 해당하는 생활지도의 주제를 가르치는 일을 뜻한다.

3) 영유아 일상생활의 교육적 지도

지금까지 영유아 일상생활지도를 위한 참고자료의 차원에서 개정 누리과정에 나타난 구체적인 내용을 살펴보았다. 이후 해당 생활주제 내용을 두 영역으로 나눠 각 주제의 구체적인 예시를 알아보았다. 하지만 교사는 영유아를 위한 생활지도 내용의 올바름을 따지는 일과 마찬가지로 그 내용을 올바르게 가르치는 일에 관해서도 심층적으로 고민해야만 한다. 이러한 의미에서 '일상생활지도'와 '일상생활의 교육적 지도'는 엄밀히 구분되는 개념임에 틀림없다. 그렇다면 영유아를 위한 교사의 일상생활지도와 교육적 지도의 차이는 정확히 무엇일까? 어떤 차이에 근거해 영유아의 올바른 일상생활을 안내하는 것이 교육적 지도의 실천일까?

(1) 사회화(社會化)를 위한 교육적 지도

앞서 교사의 지도(指導)란 한자어 그대로 직역하자면 '아직은 모든 것이 익숙하지 않은 영유아를 교사의 가치관을 기준으로 올바른 방향을 향해 이끌어 주는 일'이라는 점을 확인했다. 교사는 그러한 일의 필요성을 인식해 영유아에게 제안하고 영유아는 그러한 제안을 받아들여 교사의 안내를 존중한다. 이것이 곧 유치원과 어린이집 교실에서 익숙하게 발견할 수 있는 교사와 영유아 관계의 특징이다. 그 관계를 맺는 구성원은 가르침과 배움의 일을 위해 관계로 모인(社會) 공동체이다. 이 말을 줄여 우리는 가르침과 배움을 위한 사회라고 말한다. 이러한 공동체 안에서는 다양한 주제를 매개로 먼저 경험하여 많이 알고 있는 사람의 가르침과 이제 막 배우기 시작해 세상에 적응하려는 사람의 배움이 진행된다. 우리의 경우 그 주제란 영유아의 생존과 인간다움을 위한 생활양식이다. 생활양식이란 가족, 지역사회, 국가, 문화집단이 함께 공유하는 집단의 약속이다. 유치원과 어린이집은 이제 막 세상에 태어난 영유아를 문화집단에 초대하는 첫 번째 플랫폼에 다름이 아니다. 교사를 비롯한 여러 어른의 노력을 통해 영유아가 올바르게 생활양식을 받아들이고 활용하는 상태를 사회화, 즉 공동체(社會)에서 공유하는 집단의 약속을 몸에 새겨 엄연한 구성원으로 됨(化)을 의미한다.

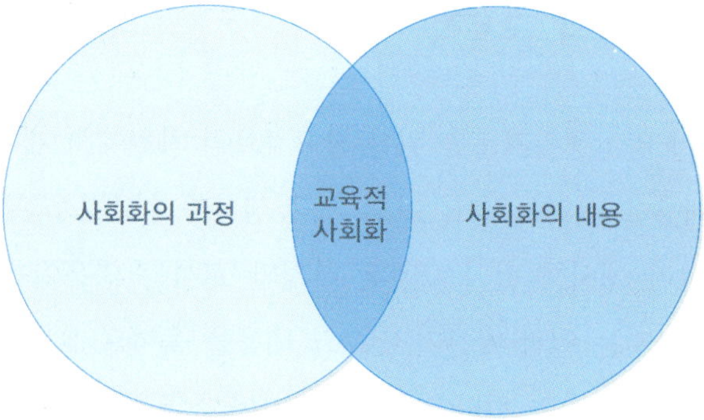

그림 11-1. 사회화와 교육적 사회화의 구분

하지만 영유아의 사회화라는 결과 자체가 그 과정의 정당성 차원에서 교육의 조건을 충족했다고 말하기는 어렵다. 다른 표현으로 굳이 교육적이지 않은 방법일지라도 사회화는 이루어질 수 있다. 그 예시는 우리 주변에서 쉽게 찾아볼 수 있다. 과거 전체주의 시절 특정 집단의 가치와 양식[8]을 사회화 대상자에 폭력적으로 강제했던 예가 그렇다. 더불어 처벌과 보상이라는 원칙에 따라 인간 세계의 규칙에 타율적으로 몸을 맞춰야만 하는 날짐승의 사회화를 언급할 수 있다. 육아 방송 프

8) 교육은 가르치고 배우려는 사람 사이를 매개하는 '내용의 타당함'과 더불어 그 '과정의 올바름'이 충족된 의사소통 관계의 한 종류다. 이러한 의미에서 전체주의 시절의 특정한 가치와 행동양식은 내용의 타당함 차원에서부터 그 기준을 충족하지 못하는 사례로 고려될 수 있다.

로그램에서 어른의 관점이 일방적으로 강요되어 고통받는 영유아의 사례도 교육적 사회화와 반대되는 예시이다. 결과적으로 사회화의 교육적 과정과 비교육적 과정을 구분하는 기준은 '사회화 내용'과 '사회화 과정'의 '올바름'이다. 사회화 과정의 올바른 기준이란 곧 교육적 과정을 의미한다. 그리고 그 교육적 과정을 규정하는 경계선은 사회화의 과정을 수용하려는 대상자의 자발적 동기 여부에 있다. 사회화 대상의 배움에 대한 자발적 동기가 이루어졌을 때, 우리는 사회화 내용과 그 내용을 전달하려는 사람의 '권위'가 인정받았다고 말할 수 있다. 하지만 반대로 배우려는 사람의 자발적 동기가 고려되지도 않은 상태로 전달하려는 사람의 방법이 강제적일 때, 혹은 그 내용 자체에 강압이 내포되었을 때, 우리는 그러한 내용과 그 내용을 전달하려는 사람의 관점의 '권위주의'를 발견할 수 있다.[9)]

(2) 교육적 일상생활지도를 위한 영유아 발달의 이해

교사의 일상생활지도 내용을 영유아가 자발적으로 받아들일 수 있도록 도움을 준다는 것은 곧 영유아 자율성의 존중을 의미한다. 이는 교사의 관점을 일방적으로 강요하는 권위주의적 태도 및 실천과는 완전히 다른 방식이다. 영유아 자율성의 존중이란 영유아가 무엇인가를 자발적으로 배우는 일에 있어 영유아기 특유의 특성을 이해하는 것을 뜻한다. 이러한 의미에서 영유아의 자율성 및 자발성 존중이란 어른 수준의 자율성 및 자발성의 정도를 뜻하는 것은 아니다. 어른은 자기의 주관을 통해 세상을 해석하며 자유의지를 가지고 모든 판단을 내린다. 성인 수준에서 말하는 주관의 명확성과 자유의지의 정도는 영유아기, 아동기, 청소년기, 성인기를 거쳐 일련의 순차적 발달과정상에서 성숙해 온 오랜 시간의 결과물이다. 이 점을 인정한다면 영유아기의 자율성 및 판단 능력의 발달은 이제 막 그 출발선에 위치한 수준일 것이다. 교사가 그 출발선을 어떠한 관점에서 바라볼 것인지를 선택하는

9) 개정 누리과정에 나타난 일상생활지도 내용은 국가적 차원에서 영유아교육 · 보육계 구성원의 논의를 통해 제시되었다는 점에서 그 내용 자체로 '권위'를 가진다. 그리고 그러한 '권위'를 영유아도 인정할 수 있도록 도움을 주는 가르침의 활동이 곧 교육적 생활지도라고 말할 수 있다. 결과적으로 영유아가 누리과정에서 제시하는 일상생활 내용을 받아들였을 때 해당 내용과 그 내용을 전달하는 교사의 가르침의 '권위'가 인정받았다고 말할 수 있다. 곧 교과 내용과 교사 가르침의 '권위' 형성은 그 대상이 되는 학습자, 즉 영유아에 달려 있다. 이러한 차원에서 여러분은 이제 '권위'와 '권위주의'의 개념적 차이를 명확히 이해할 수 있을 것이다.

일에서부터 영유아의 자율성과 자발성 존중이 시작된다. 이러한 의미에서 영유아의 발달적 미성숙은 결함을 뜻하는 것이 아니라 무궁무진한 잠재력을 의미한다. 결핍의 관점은 영유아를 타율적이고 수동적인 발달의 기계로 해석한다. 하지만 잠재력의 관점은 영유아를 자율적이고 능동적인 발달의 주체로 바라본다.

표 11-6. 영유아 일상생활지도의 논의를 위한 사례

만 5세로 보이는 남녀 영유아가 한적한 평일 오후 아무도 없는 카페의 2층에서 소리를 지르고 뛰어다니고 있다. 아이들의 어머니로 보이는 30대 중후반의 여성 두 분은 아이들을 제지하지 않고 이야기를 나누고 있다. 바쁜 일과 중에 조용한 카페에서 여유로움을 즐기고자 했던 회사원은 다른 사람과 함께 사용하는 공간에서 소동을 피우며 떠드는 아이들도 성가셨지만 이들의 행동에 아무런 훈육을 하지 않는 보호자의 반응을 이해할 수 없었다.

그렇다면 후자의 관점을 통해 일상생활에 대한 영유아의 자발성과 자율성을 존중하여 지도하는 일을 구체적인 사례를 통해 고민해 보도록 하자. 여러분은 어떻게 생각하는가? 개인의 공간이라면 타인을 배려하는 일은 신경 쓰지 않아도 되었을 상황이다. 하지만 카페라는 공간은 다양한 사람이 다양한 이유로 하나의 공간을 공유하는 공공장소이다. 회사원이 여유를 즐기거나 아이들이 에너지를 발산하고 보호자들도 각자의 이야기를 나눌 수 있는 권리는 존중되어야만 하는 공간이다. 하지만 나의 권리만큼이나 다른 사람의 권리 또한 존중해야 하는 것이 곧 공동체 생활의 원칙이다. 이 경우 그 원칙이란 암묵적이기는 하지만 누구나 따라야 할 공공규범에 해당한다. 공공규칙, 질서, 규범과 같은 개념은 물리적인 실체라기보다 특정한 행위의 정당성을 보장해 주는 가치 관념이다. 가치 관념이란 눈에 보이지 않는 가치의 체계로서 소위 교양인의 교양인다운 행동의 기반이다. 이런 의미에서 아이들의 아이들다운 행동 그 자체가 책망의 대상이 아니라 한 단계 높은 교양인의 예의범절을 안내하는 성인의 부재가 곧 비판의 대상이다.

사례에서 살펴본 만 5세 아이들의 행위 자체를 비난하는 것은 성인으로서 가져야 할 올바른 생각이 아니다. 왜냐하면 여러 가지 발달적 특성을 고려했을 때 아이들은 어째서 그러한 행동이 잘못된 것인지를 미처 알지 못할 수도 있기 때문이다. 공공질서는 질서 행위 그 자체에 본연의 목적이 담긴 것이 아니다. 공공질서를 준수하는 행위의 이면에는 타인에 대한 배려가 존재한다. 타인의 배려가 가능한 사람은 곧 타인의 감정과 입장을 충분히 상상하고 공감할 수 있는 능력을 갖춘 사람이다. 이러한 배려의 마음은 어느 정도의 논리적 사고력을 요구한다. 공공질서를 성인의 강제가 아니라 자기만의 필요성을 느껴서 스스로 활용할 수 있다는 것은 그 행위를 지켜야만 하는 논리적인 이유를 제대로 추론할 수 있는 능력을 필요로 한다. 논리적 사고란 특정한 행위에 있어 그것을 실천해야 하는 이유와 이유의 체계를 연결해 자기 나름의 논거를 마음속에 가지고 있을 수 있는 인지적 능력을 뜻한다. 여기서 한 단계 더 높은 논리적 사고란 구체물이나 특정 사건에 직접 존재하지 않아도 마음속에 미리 마련된 상황 안에서 그 이유를 묻고 따지는 사고 수준을 의미한다. 이게 곧 만 7세에서 8세에 해당하는 '구체적 조작기(具體的操作期, concrete operational period)'와 만 11세 이후에 해당하는 '형식적 조작기(形式的操作期, formal operational period)' 아동 수준의 사고 능력이다.

이상에서 설명한 논리적 사고에 도달하기 위한 가장 중요한 핵심은 '보존(conservation, 保存) 개념'의 획득 유무일 것이다. 여기서 말하는 보존이란 속성의 보존을 뜻한다. 예를 들어, 유리구슬 다섯 개를 한 번은 동그라미 모양으로 놓고 또 한 번은 일자로 놓는다고 해서 해당 유리구슬의 수량적 속성인 다섯 개가 변화하는 것은 아니다. 수량에 가감이 없다면 위치 변경이 수량적 속성에 영향을 미칠 일은 없기 때문이다. 필자가 방금 설명했듯이 어른의 사고 수준에서는 5개 수량의 보존이 어째서 가능한 것인지를 설명할 수 있는 논거를 설명할 수 있다. 보존개념의 획득에 관한 이상의 설명은 다른 유아교육 전공 강의 교재에서도 찾아볼 수 있는 설명이다. 수량적 속성 불변을 이해할 수 있다는 것은 공공질서를 지켜야만 하는 내재적 동기 형성과 연결될 수 있다. 다시 말하자면, 공공질서를 감시하는 어른이 없더라도, 혹은 준수하거나 준수하지 않았을 경우, 주어지는 보상과 처벌이 없더라도 비슷한 맥락에서 자기 통제에 의해 해당 질서를 지키는 상황을 상상해 보자. 이는 해당 유아가 겉으로 보이는 모습의 변화와 상관없이 관념적인 질서의 필요성을 이해하고 적절한 사회적 맥락 안에서 지켜야만 하는 원칙으로 받아들이고 있다는 사실을 말한다. 이러한 보존개념의 획득은 만 7살 정도가 되어야 가능하다. 하지만 사실 해당 시기 이전부터 영유아는 논리적 사고의 기초를 하나씩 형성하고 있다.

예를 들어, 생후 약 12개월에서 18개월 정도만 되어도 '대상의 영속성(permanence, 永續性)'을 획득하는 일이 그렇다. 교사가 영유아의 눈앞에서 빨간펜을 흔들다가 등 뒤에 숨겨도 해당 시기의 아이들은 당장에 사라진 펜이라 할지라도 영속하는 대상이라는 점을 파악하고 물건을 찾기 시작한다. 등 뒤에 숨겨진 펜을 당장에 이해하고 찾는 행위에 있어 미성숙함을 보이기는 하지만 기초적인 수준의 논리적 사고의 씨앗을 보여 주는 사건이라는 점에서 매우 중요하다고 볼 수 있다.

지금까지의 설명에서 활용된 사례는 앞서 구분하여 제시한 영역 2에 해당하는 인간다움의 추구에 관한 생활이었다. 하지만 영역 1에 해당하는 생활지도의 경우도 마찬가지다. 교사가 영양소 섭취 및 청결과 배변 등에 관한 일상생활을 가르치는 본연의 목적은 교사의 안내가 없더라도 자기 필요성에 의해 누가 보고 있지 않더라도 그러한 생활의 규칙을 습관화하는 것에 있다. 그런 경우 영유아는 내가 외출 후 손을 씻지 않았을 때, 야채를 싫어해 편식이 지속될 때, 혹은 꾸준한 신체활동을 하지 않았을 때 그 이후 어떠한 일이 자신에게 발생하는지를 예측할 수 있다. 이러한 앎이라는 것은 감각적인 자극에 따라 감각적인 반응을 도출하는 수준의 앎이 아니다. 굳이 특정한 상황을 직접 경험하지 않더라도 그 이면에 감추어진 결과를 추론하고 예방하는 수준의 고차원적인 앎을 의미한다. 앞서 설명한 것처럼 영유아는 출생과 동시에 어른 수준의 고차원적인 앎에 도달하는 것은 아니다. 몇 가지의 사고력 발달의 단계를 거치기 마련이다. 먼저 영유아는 '자기중심적 사고'의 수준을 극복해야 한다. 그래야 타자와 나의 관계를 이해하고 공동체에 관한 개념을 성립할 수 있다. 즉, 이러한 사고 수준의 극복을 통해 아이들은 타인의 관점을 수용할 수 있는 '조망수용능력'을 갖추게 된다. 더불어 물리적 세계의 모든 사물에는 생명이 깃들어 있다는 만 2세 수준의 '물활론적 사고'도 탈피해야 사물 세계의 인과율을 이해할 수 있다.

(3) 교육적 일상생활지도를 위한 교수전략 종류와 적용의 예시

앞에서 설명한 영유아기 인지능력의 성숙은 어떻게 가능한 것일까? 다음의 세 가지 사항을 고려해 볼 수 있다. 첫째, 누리과정 교과 영역과 일상생활지도의 간접적 관계에서 언급한 바, 다양한 논리적 사고의 형식을 기르기 위해서는 그러한 사고를 연마할 수 있는 소재로서의 교과 내용이 필요한 법이다. 둘째, 교과 내용의 직·간접적인 관계의 종류와 상관없이 교사가 가르치려는 교과 및 일상생활지도의 내용에 관해 영유아가 흥미를 느끼고 수용하려는 태도를 이끄는 교수전략이 필요하다. 셋째, 영유아의 안전과 관련한 상황에서는 부모와 교사의 직접적인 개입도 필요한 법이다. 그러나 아이들이 특정한 행위 이면의 의미를 온전히 이해하는 일을 돕는 차원에서 성인의 직접적인 개입에 대한 충분한 설명이 뒤따라야만 한다. 생활지도에 있어 직접 및 간접 교수 전략은 맥락에 따른 지도 효율성 차원의 전략이지 궁극적으로는 영유아가 왜 생활습관을 길러야 하는지에 관한 생각하는 힘을 키우기 위함이다. 그렇다면 각 전략의 구체적인 의미와 예시를 함께 살펴보도록 하겠다.

표 11-7. 직·간접 기준에 따른 교수 전략 분류

비지시적			중재			지시적
인정	모델(간접)	촉진	지원	비계	모델(직접)	지시

① 인정

인정의 전략은 말 그대로 교사의 사전적 의도와 상관없이 이미 벌어지고 있는 영유아의 행위 자체를 인정해 주는 가르침을 의미한다. 단, 인정에는 중요한 조건이 있다. 영유아의 행위 자체가 강화되어야 하는 행위인지를 판단해서 인정해야 한다. 영유아가 바깥놀이 상황에서 음악에 맞춰 자연스럽게 자신의 동작 창의성을 발휘할 때, 혹은 장난감 정리 정돈 상황에서 굳이 교사가 시키지 않아도 친구의 장난감을 제자리로 옮기는 행위는 강화될 필요가 있는 행위다. 가벼운 칭찬 등을 통해 영유아의 행위 자체를 인정하고 그러한 행위를 다음에도 반복할 수 있도록 도움을 주는 교사의 지혜가 필요하다.

② 모델(간접)

모델(간접) 전략은 반대편의 모델(직접) 전략과 반대되는 구체적인 교수법이다. 먼저 여기서 언급된 간접이라는 말과 직접이라는 말의 의미는 무엇일까? 인사라는 예의범절 교육의 예를 들어 생각해 보자. 여러분이 담임선생님이라는 가정하에 등하원 시 영유아가 보는 앞에서 학부모님이나 원장선생님과 인사를 주고받았다. 이때 영유아에게 인사 예절에 관한 직접적인 지시나 설명 없이 여러분은 자연스러운 상황에서 간접적인 모델이 되는 것이다. 차후 어른의 행동에 관심을 보이는 영유아의 질문을 통해 인사 예절에 관한 이야기 나누기를 통해 간접 모델이 되었던 상황을 논의할 수 있다.

③ 촉진과 지원

촉진과 지원은 비계와 지원의 교수 행위와 대비시킬 수 있다. 두 경우 모두 지원의 범주에 들어가는 교수 행위다. 다만 촉진과 비계는 어떻게 다른지 구체적인 구분이 필요하다. 먼저 촉진을 위한 교수법은 영유아의 실제 발달 영역(zone of 'actual' development) 안에서 이루어지는 모든 활동을 위한 지원으로 볼 수 있다. 영유아의 능력 범위 안에서 가능한 과업을 진행하는 과정 중에 교사가 보조하는 행위를 말한다. 청결에 관한 기본생활습관 지도 중에 교사는 양치질 순서와 시간을 설명하고 영유아는 그러한 설명을 충분히 숙지했다고 가정해 보자. 그런 경우 영유아가 순서에 따라 양치질을 진행하는 과정에서 교사가 칫솔의 방향과 칫솔질 부위를 다시 한번 직접적으로 짚어 주는 상황을 예시로 들 수 있다.

④ 비계와 지원

비계(飛階)의 비(飛)는 날아감을 의미한다. 계(階)는 계단의 계다. 직역하자면 영유아가 더 높은 곳으로 날아갈 수 있도록 단계(階)적으로 도움을 줄 수 있는 교수 행위를 뜻한다. 촉진과 지원의 경우와 달리 해당 교수 전략의 전제는 영유아의 근접 발달 영역(zone of proximal development)이다. 거듭남의 존재로서 인간의 이야기를 자주 언급한다. 여기서 말하는 성취 가능한 거듭남의 영역이 바로 근접 발달 영역이다. 가능할 것은 같지만 아직 이루어지지 않은 미래의 의미로서의 영역이다. 이 경우 교사는 단순히 영유아의 능력 안에서 진행 중인 과업의 보조자로서 역할을 수행하는 것이 아니다. 거듭날 수 있는 미지의 발달 영역을 상정해 거기에 알맞은 과업을 제시하는 것이 곧 비계와 지원 차원에서 말하는 교수 행위 전략이다.

⑤ 모델(직접)

이미 모델(간접) 전략에서 설명한 바와 같다. 암묵적 차원에서 가르침의 대상이 되는 영유아에게 시범을 보이는 것이 바로 모델(간접) 전략이라면 모델(직접) 전략은 정반대로의 시범 행위가 된다. 교사 스스로가 시범을 보이는 것은 맞지만 그 방법적인 면에서 영유아에게 특정 행위를 지시하며 그러한 행위를 하는 방법을 먼저 보여 주는 전략이다. 특정한 율동을 소재로 한 동작 수업의 경우, 점심시간에 필요한 젓가락 짚기 활동 등에서 활용할 수 있는 매우 실용적인 교수 전략이다.

⑥ 지시

지시 전략은 '지시적' 기준의 극단에 있는 교수 행위다. 말 그대로 교사가 특정 내용을 지시하고 교사 주도적으로 영유아의 행위를 유도하는 전략이다. 영유아의 안전과 관련한 위급한 상황에서 교사 주도의 지시적 전략은 매우 실용적이고 필요한 교수 행위다. 예를 들어, 영유아 또래 사이의 갈등 상황에서 한 유아가 다른 유아의 건강과 안전에 위협할 만한 행동을 한다면 교사는 먼저 즉각적으로 개입할 필요가 있다. 그 이후에 이해의 가르침 차원에서 여러 발문 전략을 통해 설명이 필요하다. 중요한 점은 교사의 주도적이고 직접적인 개입의 순서다. 추가로 우리가 조심해야 할 점은 다음과 같다. '교사 주도적', '교사 지시적', '행동주의'라는 말 자체를 부정적으로 해석하기보다 상황에 따른 실용성 차원에서의 이해가 필요하다.

12
Chapter

유아 실내·외 놀이지도

배울내용

1. 놀이의 이론적 의미
2. 놀이의 실제적 의미

학습목표

1. 놀이의 정확한 의미를 파악하고 이해한다.
2. 놀이의 정확한 이해를 바탕으로 누리과정 운영과의 관계를 파악하고 이해한다.
3. 실제의 차원에서 올바른 유아 실내 · 외 지도 방안을 고민한다.

개정 누리과정에서는 유아가 각자 자신에게 가장 적합한 방식으로 스스로 놀이하며 배운다는 점에 주목하여 유아가 주도하는 놀이를 강조하였다. 이는 유아의 놀이에 귀를 기울여 유아가 중심이 되고 놀이가 살아나는 교육과정을 만들고자 한 것이다. 이처럼 개정 누리과정은 교사가 유아 놀이의 가치와 의미를 이해하고, 유아의 놀이를 통한 배움을 지원하도록 하는 데 중점을 두었다(교육부, 보건복지부, 2020a).

〈2019 개정 누리과정 개정의 취지 中〉

2019 개정 누리과정은 개정 방향의 핵심으로 '놀이 중심'을 강조한다. 당연한 말이지만 이와 같은 놀이 중심 개정 철학의 공표는 과거 국가 수준 유치원 · 보육 커리큘럼의 한계점을 지적하는 말이기도 하다. 한편으로 개정 누리과정은 교사의 전문성과 자율성을 보장한다는 점을 주요 개편 사항으로 말하고 있다. 이 점에 입각한다면 예비 영유아 교사는 놀이 중심의 누리과정 개편 사항을 교육부 · 보건복지부라는 상급 기관에서 하달한 이유에 관해 살펴볼 필요가 있다. 영유아 교사의 자율성은 국가 커리큘럼에 관한 상급 기관의 하달 명령을 확인하는 수준에서 보장되는 것은 아니다. 그것은 개정 및 기존 누리과정 이전 국가 커리큘럼의 운영 방식인 하향(下向, top-down)식[1] 커리큘럼 원칙의 잔재에 가까운 소위 수동적이고 타율적인 태도에 다름 아니다. 타율적인 교사란 상급 기관에서 하달된 내용을 아무런 반성적 과정 없이 실행하고 상부로부터 확인받는 존재이다. 반면 자율적인 교사란 연구자[2]의 태도로 상부의 주요 권고 사항을 현장에 적용하기 위해 끊임없이 생각하고 실천하며 그 결과를 환류하는 능동적인 존재이다. 그 첫걸음으로 교사는 과거의 커리큘럼과 다르게 '놀이 중심'이라는 말이 개정 누리과정에 강조된 심층의 이유를 이해해야만 한다. 심층에 위치한 '놀이 중심' 개정 철학에 다가서기 위해 다음의 질문은 좋은 시작이 될 수 있다. 첫째, 놀이라는 것은 어떠한 이유로 강조되어야 하는 것인가? 둘째, 그러한 놀이란 과연 무엇이란 말인가? 셋째, 위 두 가지 내용을 고려했을 때 놀이 촉진자로서 교사의 올바른 역할은 무엇인가? 이상의 질문을 중심

1) 국가 중심 학교 시스템(上,top)에서 국가 수준의 커리큘럼이 개발되고 일선 현장(下에) 배포(down)되는 커리큘럼 운영 유형을 의미하는 용어이다. 이러한 운영 방식은 세부적이고 생동감 넘치는 현장의 이야기를 반영하는 일의 효율성에 한계점을 갖는다는 점이 2019년도 누리과정 개정의 주요한 배경 중 하나로 거론된 바 있다.

2) 연구자에 해당하는 영어단어 'researcher'는 탐구하려는 대상에 관한 선행 결과를 다시(re) 찾아(-searcher) 모자란 점을 확인하고 환류하려는 자의 의미를 담고 있다.

으로 본 장에서는 먼저 놀이의 명확한 이유를 살펴볼 것이다. 그 이후 누리과정이라는 국가 중심 커리큘럼과의 관계를 탐색하고 이를 바탕으로 개정 누리과정에서 놀이가 강조되는 이유를 알아볼 것이다. 마지막으로 영유아와의 실제 상호작용 안에서 놀이를 지도하는 일의 의미와 올바른 방법을 고민해 볼 것이다.

1. 놀이의 이론적 의미

1) '놀이 중심' 개정 누리과정에서 '놀이'란 무엇인가?

유아의 놀이를 중심으로 누리과정을 운영하는 일을 이해하기 위해 선행되어야 할 것은 운영의 중심이 되는 놀이 뜻의 정확한 규명일 것이다. '놀이란 무엇인가?'라는 질문은 표면적으로 단순해 보이지만 사실 심층적이고 복합적인 설명을 요구하는 철학적 질문이다. 철학적 질문에는 그에 상응한 철학적 답변이 요구된다. 철학[3]이란 곧 본질의 탐구이며 놀이의 본질을 설명하는 일은 'A는 B'라는 단순 명제 하나로 이루어질 수 없다. 놀이에 관한 본질적 설명은 구조물의 정교한 짜임새로 마련된 집을 짓는 일에 비유될 수 있다. 여기서 말하는 집이란 곧 언어적 구조물로 놀이의 본질을 설명하는 일은 놀이라는 언어의 집을 구성하는 언어적 하위요소와 그들 사이의 짜임새를 규명하는 것과 같다. 언어적 하위요소의 짜임새를 설명하는 것이 곧 놀이에 대한 심층적인 설명을 뜻한다. 또한 놀이에 관한 언어적 하위요소의 짜임새의 질이 놀이 본질의 화상도를 좌우한다. 놀이의 의미에 관한 설명의 화상도를 하나씩 높여가며 심층적 이해의 수준까지 도달해 보도록 하자. 일단 첫째, 놀이의 사전적 정의, 둘째, 누리과정 놀이 이해자료에서 말하는 놀이의 정의, 셋째, 이론적 현상으로서 놀이 의미의 세 단계 화상도로 구분해 하나씩 살펴보도록 하자.

---

3) 철학(哲學)의 '哲'은 빛을 의미하는 한자이다. 빛이란 곧 학문적 진리, 즉 본질의 비유적 표현이다.

(1) 놀이의 사전(辭典)적 정의

놀이 의미의 본질을 찾기 위한 첫 번째 순서로 살펴볼 내용은 사전에서 정의하는 놀이의 말뜻이다. 놀이의 사전적 정의란 놀이의 뜻에 관한 말(辭)의 규정(典), 즉 사회적으로 약속된 놀이에 관한 의미를 뜻한다. 이러한 사전적 정의는 놀이라는 말의 의미가 가지는 심층성의 정도가 아니라 사회적으로 자주 통용되는 익숙함을 근거로 정리된 뜻이다. 사전적 정의 차원에서 놀이란 곧 '여러 사람이 함께 즐거움을 느끼며 노는 활동'을 의미한다. 이러한 놀이 의미의 유의어로 오락, 유희, 장난 등을 찾아볼 수 있다. 놀이의 사전적 정의와 연관된 유의어를 살펴보았을 때 놀이란 놀이의 주체를 요구하며 주체가 느끼는 쾌락의 감정이 필요하다는 점을 확인할 수 있다. 주체와 쾌락의 감정이라는 두 요소가 놀이를 구성하는 핵심이라는 사실에 대부분의 사람은 동의할 것이다. 하지만 사전적 정의 수준의 설명은 놀이 활동이 유아에게 왜 중요하며 누리과정 운영과는 어떠한 관련을 맺고 있는지에 관해 충분한 설명을 제공하지는 못한다.

(2) 「2019 개정 누리과정: 놀이 이해자료」에서 말하는 놀이의 정의

놀이의 사전적 정의와 비교해 개정 누리과정 놀이 이해자료에서 말하는 놀이의 의미는 보다 구체적이다. 먼저 개정 누리과정 놀이 이해자료는 5개 학습 영역 운영에 있어 놀이 중심 방법의 사례를 제시해 현장의 개정 누리과정의 효율적 운영 증진을 위한 참고자료이다. 놀이 이해자료의 내용은 주제로 구분된다. 첫째, 놀이의 의미, 둘째, 놀이하는 유아의 특성, 셋째, 교사를 위한 놀이지도 지침이다(교육부, 보건복지부, 2020b).

표 12-1. 유아 놀이의 의미

놀이는 자유롭다.	놀이는 주도적이다.	놀이는 즐겁다.
• 목적으로부터의 자유 • 규칙으로부터의 자유 • 사실로부터의 자유 • 시간과 경계로부터의 자유	• 자발적 참여 • 능동성 • 내재적 동기	• 재미 • 몰입 • 감정의 해소 • 상상과 호기심 • 유머

이상의 내용을 살펴보면 해당 자료는 놀이의 핵심 요소로 '자유', '자율', '재미'를 제시하고 있다. 놀이의 사전적 정의에서 강조하는 '재미'의 요소 외에 '자유'와 '자율'을 강조하는 것이 특징이다. '자유'와 '자율'의 요소는 유능하게 놀이할 줄 아는 유아의 능력 측면의 요소이다. 결함의 존재로서 유아를 바라보는 관점과 달리 해당 자료는 유아는 자율적으로 자유롭게 놀 수 있는 주체적 존재임을 다시 한번 강조하고 있다. 누리과정 및 놀이 이해자료가 놀이의 중요성을 반복하여 제시하는 이유는 놀이야말로 올바른 발달에 도달하게 만드는 배움의 전형이기 때문이다. 배움의 전형으로서 놀이에 유능한 유아의 모습을 아래와 같은 구체적인 내용으로 뒷받침하고 있다(교육부, 보건복지부, 2020b).

표 12-2. 놀이하며 배우는 유능한 유아

유아는 몸을 움직인다.	• 놀이에서 유아는 감각을 사용한다. • 놀이에서 유아는 마음껏 움직인다. • 놀이에서 유아는 안전하게 몸을 움직이며 보호한다.
유아는 하고 싶은 것을 스스로 선택한다.	• 놀이에서 유아는 적극적으로 탐색한다. • 놀이에서 유아는 다양하게 시도한다. • 놀이에서 유아는 자긍심을 가진다.
유아는 상상한다.	• 놀이에서 유아는 호기심이 많다. • 놀이에서 유아는 창의적으로 탐구한다. • 놀이에서 유아는 세상에 대해 다양한 방식으로 표현한다.
유아는 재미와 기쁨을 느낀다.	• 놀이에서 유아는 감정을 표현한다. • 놀이에서 유아는 감정을 해소한다. • 놀이에서 유아는 아름다움을 느낀다.
유아는 주변과 관계를 맺는다.	• 놀이에서 유아는 도움을 주고받는다. • 놀이에서 유아는 사람과 소통한다. • 놀이에서 유아는 세상을 살피고 돌본다.

놀이의 유능함을 나타내는 유아의 특성은 본래 선천적인 능력에 해당한다. 하지만 중요한 점은 다음과 같다. 본 장의 제목에서도 이미 인정하고 있는바 유아의 놀이 능력에 관한 선천성은 씨앗의 개념 차원에서 이해하는 것이 올바르다. 씨앗은 보살핌과 지원이 필요한 개념으로 결국 선행자의 도움을 통해 물을 받아야만 싹을 틔울 수 있다는 점을 함의한다. 이 점에서 놀이하며 배우는 유능한 유아의 특성은 개정 누리과정에서 목표로 삼는 인재상과 자연스럽게 연결이 된다. 누리과정에서

제시하는 인재상은 누리과정의 철학과 학습 영역이 수렴되는 핵심 목표에 해당한다. 결국 놀이할 줄 아는 유아의 능력도 국가가 강조하는 인재상으로 수렴된다. 유아가 가지고 있는 놀이의 능력은 다음의 핵심 주제로 정리될 수 있다. 첫째, '활동성', 둘째, '판단력', 셋째, '상상력', 넷째, '재미', 마지막으로 '사회성'이다. 이와 같은 핵심 능력은 '건강한 사람', '자주적인 사람', '창의적인 사람', '감성이 풍부한 사람', '더불어 사는 사람'과 같은 인간상과 연결된다.

「2019 개정 누리과정: 놀이 이해자료」에서 제시하는 놀이의 의미를 통해 다음의 함의 사항을 살펴볼 수 있다. 첫째, 놀이의 사전적 정의의 수준을 넘어 단순한 단일 명제의 형식이 아닌 요소와 요소의 구조로 놀이를 설명하고 있다는 점이다. 이를 통해 놀이 중심으로 누리과정을 운영해야만 하는 교사에게 구체적인 방향을 생각해 볼 수 있게 도움을 주는 나침반이 될 수 있다. 둘째, 놀이의 구체적인 의미와 더불어 그러한 놀이를 충분히 진행할 수 있는 유아의 능력을 설명하고 있다는 점이다. 본 교재를 참고하는 예비교사 혹은 현직교사가 놀이 중심의 커리큘럼 운영과 유아의 놀이를 지도하는 방법에 관해 논의를 진행하고 있다. 하지만 놀이의 주체는 결국 유아라는 점에서 놀이의 의미와 더불어 그러한 놀이에 유능한 능력을 타고난다는 점을 충분히 숙지할 필요가 있다. 셋째, 누리과정이라는 국가 수준 커리큘럼에 있어 놀이가 어떻게 관련을 맺는지 제시하고 있다는 점이다. 배움이 필요한 존재로서 놀이를 학습의 전형으로 제시하고 그것을 이행할 수 있는 충분한 능력을 설명함과 동시에 그러한 능력을 국가에서 강조하는 인간상과 연결해 놀이라는 철학과 커리큘럼이라는 내용 사이의 관계를 설명하고 있다.

(3) 놀이의 학문적 의미

놀이의 학문적 의미는 놀이의 사전적 의미, 그리고 누리과정에서 제시하는 설명과 비교해 그 구체성이 더욱 명확하다. 앞서 놀이에 관한 심층적 설명이란 정교하고 짜임새 있는 언어의 구조를 제시하는 것이라고 설명한 바 있다. 이때 언어의 구조를 집의 구조에 비유해 보자. 놀이라는 집을 명확히 설명하는 것은 해당 건축물을 구성하는 요소와 요소를 최대한 자세하게 설명함과 동시에 요소 사이의 연결성을 설득력 있게 제시하는 것이다. 이 점에서 봤을 때 놀이의 사전적 정의는 복잡한 구조물을 뭉뚱그려 표현한 사례에 해당한다. 사전적 정의에 비해 내용의 구체성이 낮기는 하지만 놀이라는 말의 구조를 설명하는 요소와 그 짜임새를 모두 표현하는 일에 있어 추가적인 설명이 필요하다는 점에 있어 누리과정 놀이 이해자료도 제한점을 가진다.[4] 즉, 개정 누리과정 놀이 이해자료에서 설명하는 놀이의 모습은 실무적 참고 자료의 특성상 놀이의 의미체계를 구성하는 모든 요소가 아닌 핵심만을 간추려 나타낸다는 점에서 추가적인 설명을 요구받는다.

① 학문 주제로서 놀이의 의미

학문적 수준에서 놀이의 의미 구조를 이루는 추가적인 하위요소를 살펴보기 이전에 학문이라는 말 자체의 뜻을 간단하게 살펴보도록 하자. 학문은 불변 진리의 본질을 파악하기 위해 끊임없이 진리적 정체의 화상도를 키워나가는 인식개선 활동을 의미한다. 앞서 서두에 제시한 바 놀이가 바로 학문적 진리에 해당하는 작은 주제이며 그러한 진리의 정체를 파악하고자 본 장을 공부하는 여러분은 사회적 통념 및 사전적 정의로부터 지금에 이르기까지 학문적 탐구 활동, 즉 놀이의 본질을 파악하기 위해 놀이 정체의 화상도를 하나씩 높여가는 작업을 진행하고 있다.[5] 진리라는 말을 현상이라는 용어로 바꿔 표현할 수 있다. 여기서 말하는 현상이란 곧 이론의 다른 말이다. 이론에 해당하는 영어 'theory'의 어원 자체가 어떤 진리를 볼 수 있는 인식의 틀, 혹은 그러한 틀을 갖춘 능력을 의미하는 라틴어 'theoria'에 기원한다. 따라서 놀이란 단일 명제로 정의되는 개념적 사실이 아니라 다양한 개념적 사실이 하위요소로 모여 놀이의 현상을 볼 수 있게 만드는 인식적 구조물에 해당한다. 다시 말해 놀이를 색으로 비유하자면 놀이의 색을 볼 수 있는 색안경 구조물이 곧 놀이의 이론이라고 말 할 수 있다. 따라서 보편적 현상으로서 놀이를 발견할 수 있게 만드는 것이 놀이의 이론이며 놀이의 이론이 그 자체로 놀이 현상을 의미한다.

4) 실무적 차원의 가이드라인에 해당하는 해당 참고자료의 특성은 본 교재와 같은 전공교과목 교과서의 중요한 집필 이유이기도 하다.

5) 본질, 즉 진리를 탐구하는 활동이 곧 학문이라는 점에서 학문은 대학교 혹은 연구기관에서 연구하는 학자만의 전유물이 아니다. 사회적, 물리적, 수학적 원리를 깨닫고자 자기 나름의 수준에서 배움을 이어 나가는 유아의 탐구 능력을 고려한다면 학문이란 인간이 가진 선천적인 특성이며 능력이라고 보아야 마땅하다.

② 호모 루덴스를 통해 드러나는 고유한 현상으로서의 놀이

개정 누리과정의 핵심 철학인 놀이는 위에서 설명한 학문적 수준에서 다뤄졌던 이론적 주제이다. 이론으로서 놀이의 이야기를 다룬 대표적인 사람이 네덜란드의 사학자이자 인류학자인 요한 하위징아(Johan Huizinga)[6]이다. 그가 1938년에 출판한 「호모 루덴스」[7]는 이론적 수준에서 놀이의 이야기를 다룬 인문학의 고전으로 꼽힌다. 우선 그는 「호모 루덴스」 서론에서 놀이를 보편적 현상으로 규정한다. 보편적 현상으로서의 놀이란 불변하는 진리로서의 놀이를 뜻하며 이는 곧 이론적 현상으로서의 놀이를 의미한다(Huizinga, 2018). '불변하는 진리'로서의 놀이란 인류 문명사 안에서 놀이는 국적, 인종, 성별, 이질적 문화 배경과 상관없이 인간이 문명을 창조하고 발전시키는 과정에서 발견할 수 있는 '보편적 양식'임을 의미한다. '보편적 양식'이란 문명인의 활동을 통해 드러나기 마련이며 그 활동이란 놀이 이론의 하위요소를 충족한 특정 활동을 뜻한다. 놀이 이론의 하위요소를 충족한 특정 활동이라는 것은 아무런 의미가 없는 행동이나 다른 활동과는 구분되는 고유성[8]을 함의한다. 하위징아는 「호모 루덴스」 초반 장(章)에서 다양한 언어 안에서 나타나는 놀이 혹은 놀이 관련 용어의 사례를 모아 분석한다. 이후 언어 사이에서 나타나는 놀이 관련 의미를 구분하고 정리해 놀이의 현상을 포착하기 위한 하위요소를 제시하여 여가, 문학, 법학 등의 다양한 영역 안에 감추어진 놀이 활동을 드러낸다.[9]

---

6) 이하 '하위징아'

7) 호모 루덴스의 호모는 인간을 뜻하는 라틴어 'homo'에 해당한다. 최근 이스라엘의 사학자 유발 하라리(Yuval Harari)의 「호모 사피엔스」라는 책이 시중에서 큰 관심을 받고 있다. 여기서 말하는 호모도 라틴어 'homo'의 한국어 발음 표기이다. 호모 사피엔스는 '슬기로움'을 뜻하는 라틴어 'sapient'와 사람을 뜻하는 라틴어 'homo'의 결합어이다. 인간은 다면적인 존재로서 인간의 이해를 위해서는 다각적인 접근이 필요하다. 하라리는 인간의 이성적 능력을 키워드로 인류사의 변천 과정을 「호모 사피엔스」라는 제목의 저서에 담았다. 마찬가지로 놀이는 인간이라는 다면적 존재를 설명하는 핵심 주제이다. 'ludens'는 '놀이하다'라는 뜻의 라틴어로 하위징아는 그의 저서 「호모 루덴스」에서 '놀이'를 인간 삶의 방식으로 상정한다. 그리고 인류문명사에서 나타난 삶의 양식으로서의 놀이의 모습을 그려내고 있다.

8) 이 점의 이해를 위해 '경제활동'과 '정치활동'의 예를 들어보자. '경제활동'은 경제이론의 하위 요소를 충족한, 정치활동과 구분되는 고유한 활동이다. '정치활동'의 경우도 이와 마찬가지이다. 이후에 설명이 추가되겠지만 이 둘의 활동도 놀이의 하위 요소를 충족한다는 점에서 '경제활동'과 '정치활동'도 곧 놀이의 하위 유형에 포함된다.

9) 현상에 해당하는 영어 'phenomenon'은 '눈앞에서 나타남'을 의미하는 그리스어 'phainomenon'에 그 어원을 둔다. 인간의 활동은 다양한 의미가 혼재되어 있으며 놀이의 이론은 의미가 뒤죽박죽인 활동으로부터 놀이의 모습을 드러나게 해주는 역할을 한다.

하위징아가 제안하는 놀이의 구성요소 여덟 가지는 다음과 같다. 첫째, '자유', 둘째, '규칙', 셋째, '질서', 넷째, '재미', 다섯째, '몰입', 여섯째, '비일상성', 일곱째, '반복가능성', 여덟째, '내재적 가치'이다. 놀이를 구성하는 이상의 하위요소를 충족해야 비로소 놀이 활동이라고 부를 수 있다는 이야기의 뜻은 정확히 무엇일까? 재미있는 느낌을 주는 모든 활동이 전부 놀이로 치환되는 것은 아니다. 위에서 제시한 것처럼 '재미'는 놀이를 구성하는 하나의 요소에 불과하다. 놀이의 재미는 특정한 '규칙'에서 기원하는 것이어야만 한다. 또한 그 '규칙'으로 말미암은 '재미'를 위해 '반복'이 가능해야 한다. 이렇게 느끼는 '재미'는 특정한 '규칙'에 자발적으로 복종한 결과, 즉 타율이 아닌 자신이 '자유'를 가지고 선택한 결과이기에 가능하다. 그리고 그 '재미'를 동기로 진지한 '몰입'에 빠지게 된다. 더불어 물리적인 세계에 함께 존재하여도 특정한 놀이에 몰입한 주체와 그렇지 않은 주체는 서로 다른 세계에 놓여 있기 마련이다. 이 말인 즉, 놀이는 비일상적인 특성을 가지는 독특한 활동을 의미한다. 마지막으로 놀이는 내재적 가치 차원의 보상을 활력으로 삼는 고유한 활동이다. 놀이의 내재적 가치란 놀이를 지속하는 동기가 놀이 그 자체에 존재하는 가치를 말한다. 특정 놀이가 함의하는 규칙과 역할 그 자체에 재미를 느끼고 그러한 재미 때문에 해당 놀이를 또 즐기려는 동기가 바로 놀이의 내재적 가치를 의미한다. 반대로 외재적 가치란 놀이의 수단적 가치를 뜻하며 놀이를 도구로 놀이 자체의 즐김보다는 놀이 밖의 보상에 관심을 가지는 것을 말한다.[10] 놀이의 내재적 가치는 놀이의 중요성, 특히 개정 누리과정에서 강조하는 중요성과 연결될 수 있다. 놀이는 왜 중요한 것인가? 삶의 재미를 위해서 혹은 배움의 효율성을 위해서 등과 같은 다양한 이유를 말할 수 있을 것이다. 하지만 이는 놀이의 수단적 가치 차원에서의 중요성일 것이다. 왜냐하면 놀이는 놀이 그 자체로 중요하기 때문이다. 놀이 그 자체가 중요한 이유는 놀이의 하위요소를 충족한 인간의 활동 그 자체가 매우 인간다운 삶의 양식, 즉 인간성의 대표적인 모습이기 때문이다.[11] 인간은 다른 동물처럼 자연적인 존재로 세상에 태어난다. 하지만 인간은 놀이의 활동 양식을 통해 여타

10) 외재적 가치의 이해를 위해 들 수 있는 예가 바로 '내기'이다. '내기'라는 외적 보상에 과도하게 치우치면 놀이판이 깨지는 경우를 쉽게 생각할 수 있다. 놀이판이 깨지는 경우란 놀이를 구성하는 하위요소 중 하나 혹은 일부가 충족되지 못하는 상황을 말한다. 이러한 의미에서 '게임'과 '놀이'는 서로 구분되는 용어이다.

11) 이러한 이유로 인간이라는 존재는 곧 호모 루덴스, 놀이하는 존재이다.

날짐승 무리와는 비교할 수 없는 인류문명을 창조해 왔다. 문학, 과학, 예술, 건축 영역 등에서의 위대한 업적은 각 분야에서 두각을 나타낸 인물의 놀이를 통해 이루어졌음은 과장된 말이 아니다.

심화학습: 가치중립적 용어로서 놀이의 의미

이상에서 살펴본 놀이의 학문적 의미, 다시 말해 놀이를 보편적 현상으로 이해했을 때 살펴볼 수 있는 사항이 있다. 바로 보편적 현상으로서의 놀이라는 말은 '가치중립적 특징'을 갖는다는 점이다. 놀이 현상이 가치중립적 특징을 함의한다는 말은 무엇일까? 옳고 그름이라는 도덕의 기준과 별개로 존재한다는 의미이다. 이 말인 즉 놀이의 하위요소를 충족하는 놀이 활동 중에는 도덕적으로 올바른 활동도 있지만 그 반대의 활동도 있다는 뜻이다. 매스컴에서 심심찮게 목격할 수 있는 '규칙'이 있고 '반복적'이며 그 활동 '자체를 동기'로 삼아 자행되는 반인륜적인 범죄가 바로 그렇다. 이 점을 생각한다면 교육과 놀이라는 두 용어 사이의 관계를 보다 심층적으로 고민할 수 있을 것이다. 방금 언급한 사회적 범죄와는 그 정도가 다르지만 교실에서 교사가 제지해야만 하는 유아의 놀이 상황도 분명히 존재한다.

2. 놀이의 실제적 의미

지금까지 세 수준에 걸쳐 나타난 놀이의 이론적 의미를 살펴보았다. 놀이의 이론적 의미를 학문적 수준까지 살펴보는 일은 매우 중요하다. 현장에서 유아의 실내·외 놀이를 지도하는 일은 아무런 생각 없이 손쉽게 진행할 수 있는 것이 아니기 때문이다. 교사들의 마음속에 자리 잡은 전문적인 내용을 바탕으로 고민 끝에 조심스레 행해지는 것이 곧 전문가로서의 올바른 태도이며 실천이다. 이때 교사들의 마음속에 자리 잡은 내용이라는 것이 곧 실천 이전의 이론적 지식일 것이다. 이제 이상에서 살펴본 놀이의 학문적 의미를 바탕으로 전문적 실천의 방향에 관해 살펴보도록 하자. 이를 위해 놀이의 실제적 의미를 간접적 차원과 직접적 차원으로 나눠 공부하도록 하자.

1) 발달 정도의 척도로서 놀이 유형의 활용

간접적 차원에서 놀이의 실제적 의미로 언급할 수 있는 것이 바로 발달 척도로서의 놀이 유형의 활용일 것이다. 이는 현상으로서의 놀이의 양상이 다양한 양태로 분류된 놀이 종류를 통해 유아의 발달 정도를 확인하는 사례를 의미한다.[12)] 이상의 예시로 언급할 수 있는 것이 바로 놀이의 종류를 통한 유아 사회성 발달의 정도일 것이다. 인간은 사회적 존재로서 사회성의 발달 정도를 확인하고 촉진하는 일은 교사의 매우 중요한 역할 중 하나일 것이다. 이러한 역할을 효율적으로 진행함에 활용할 수 있는 것이 바로 놀이 종류에 따른 유아 사회성 발달 정도의 확인일 것이다. 먼저 태진미(2018)가 정리한 놀이의 종류를 아래의 표를 통해 살펴보도록 하자.

표 12-3. 사회적 놀이의 발달 단계

분류	주요특징
비참여 행동	놀이에 참여하지 못하고 잠깐씩 관심과 흥미에 따라 바라보기만 하는 수준의 행동을 보인다.
지켜보기	다른 영유아들이 노는 것을 지켜보며 시간을 보낸다. 간혹 친구들이 노는 것을 지켜보며 잠깐씩 말이나 질문, 제안을 하기도 하지만 실제로 놀이에 참여하지는 않는다. 비참여 행동처럼 참여하지 않는다는 점은 동일하지만, 일시적 · 순간적으로 쳐다보는 것이 아닌 의식적으로 특정 놀이집단을 지켜본다는 점과 말을 주고받거나 제안을 하는 등 사회적 교류는 있지만 놀이에 참여하지 않는다는 점이 다르다.
혼자놀이	다른 친구들과는 달리 혼자서 독자적으로 놀이하는 형태이다. 자신의 놀이에만 몰두하는 형태로 다른 친구와 대화나 교류가 없는 것이 특징이다.
병행놀이	다른 친구에게 영향을 주거나 상호작용을 하지 않고 독립적으로 놀이를 하지만 친구들 주변에서 비슷한 놀잇감을 가지고 놀이하는 경우이다. 즉, 같이 놀지는 않지만 친구 곁에서 비슷한 유형의 놀이를 하는 행동이다.

12) 여기서 말하는 놀이의 양상이란 보편적 현상으로서의 놀이를 의미한다. 놀이의 양상은 하위요소를 갖춘 현상으로서의 놀이가 아직 실제적인 형태를 갖추기 이전의 형이상학적 차원의 놀이를 의미한다. 하지만 이러한 양상은 실제의 활동을 통해 비로써 그 모습을 드러내기 마련이다. 실제로서 드러나는 모습으로서의 놀이란 바로 양태적 차원에서의 놀이를 뜻한다. 놀이 양태란 구체적인 맥락에 따라 그 형태가 달라질 수 있다. 하지만 이들은 그 모습이 제각각일지라도 보편적인 차원에서 놀이의 하위요소를 충족하고 있다. 양상과 양태의 의미를 쉽게 이해하기 위해 언급할 수 있는 예가 바로 물고기와 고등어, 금붕어 등의 개념 사이의 관계일 것이다. 전자의 물고기가 양상에 해당하는 말이며 후자의 고등어, 금붕어가 물고기 양상의 구체적인 사례로 언급될 수 있는 양태에 해당된다. 물고기라는 범주만 가지고 물고기 그 자체의 형태를 파악할 수는 없다. 고등어, 금붕어 등과 같은 구체적인 사례로 형태가 주어지는 양태를 통해 우리는 물고기를 이해할 수 있다. 전자의 물고기는 형이상적인 양상에 해당하고 후자의 고등어, 금붕어 등은 구체적인 양태에 해당한다. 물고기의 양태인 금붕어와 고등어 등은 그 형태는 각기 다르나 물고기의 양상으로 포함된다.

분류	주요특징
연합놀이	친구들과 함께 집단놀이를 하며, 놀이내용에 대해 대화도 하고, 놀잇감을 빌려주기도 하고, 구조물을 함께 만들기도 한다. 그러나 그 활동수행에 있어서 유아들 간에 어떤 역할 분담이나 분업구조, 조직화된 활동이 없이 단지 함께 노는 놀이이다.
협동놀이	어떤 놀이를 수행함에 있어서 유아들이 얻고자 하는 결과를 위해 서로 역할을 나누고 분업해서 조직적으로 놀이하는 것이다. 가장 발전된 형태의 사회적 놀이단계로 평가된다.

먼저 '비참여 행동'과 '지켜보기'는 놀이의 하위요소를 충족하는 놀이 활동의 종류라기보다 놀이를 할 수 있는 능력 이전에 나타나는 행동적 특징에 가까운 분류이다. 이 경우 놀이 활동이라고 부를 만한 규칙도, 그리고 그러한 규칙을 진지하게 느끼고 재미로 느낄 만한 요소가 아직은 발견되지 않지만 이후 놀이를 위해 거쳐야만 하는 중요한 과정에 해당된다. 이후 2세 전후로 '혼자놀이'와 같은 놀이 하위요소를 충족한 기초적인 놀이 활동을 관찰할 수 있다. 하지만 이 시기의 영유아는 사회성 발달이 미성숙한 수준으로 놀이의 규칙을 함께 공유하고 규칙에 근거한 역할에 따라 함께 놀이하는 일에는 어려움을 느낀다. '병행놀이'에 이르러 물리적인 한 공간에 여러 또래와 함께 있는 수준을 시작으로 점차 높은 수준의 놀이 활동이 가능해진다. 여기서 말하는 높은 수준이란 곧 사회성 수준으로 놀이를 매개로 하나의 집단을 형성할 수 있다. 결과적으로 '비참여 행동' → '지켜보기' → '혼자놀이' → '병행놀이' → '연합놀이' → '협동놀이'는 유아가 특정 시기에 걸쳐 경험할 수 있는 놀이의 질적 수준의 변화를 나타낸다. 놀이의 질적 수준의 변화란 놀이 양상의 차원에서 각각의 놀이 종류가 놀이의 하위요소를 충족하는 것은 동일하지만 놀이 규칙의 정교성, 놀이 역할 분담의 세분화 정도의 차이를 뜻한다. 이렇듯 영유아는 교실 환경에서의 놀이를 통해 의미를 추구하는 존재로서 인간 삶의 양식을 자연스럽게 배우고 발전시키는 경험을 하게 된다.

2) 유아 자유놀이 지도의 원리

교사의 유아 자유놀이 지도는 전문가적인 실천임을 다시 확인했다. 전문가다운 실천을 위해 현상으로서 놀이의 하위요소를 살펴보았다. 이후 교사의 유아 놀이지도가 왜 중요한지에 관해서도 논의하였다. 놀이는 인류문명사를 통해 찾아볼 수 있었던 인간의 보편적 활동이며 곧 이들이 문명을 창조하고 발전시켜 나가는 일에 있어 발견할 수 있었던 삶의 양식이었다. 문화란 문화집단을 통해 각자의 역할을 통해 각자의 영역 안에서 자유롭게 몰입하고 창조되며 협동을 통해 진보되어 온 것으로 이러한 문화적 산물은 곧 사회적 구성물에 해당한다. 놀이는 삶의 양식으로 그 자체로 가치있는 것이고 놀이를 통해 산출된 문명은 부산물에 해당한다. 하지만 그렇다고 놀이를 통해 성취한 인류사의 발전을 무시할 수는 없다.

태진미(2018)의 놀이 유형 분류를 통해 살펴본 함의는 다음과 같았다. 어떻게 보면 '비참여 행동'에서부터 '협동놀이'까지의 여정은 성숙한 문명을 창조해 온 인류 놀이의 역사와도 같다. 학문의 관점에서 생각하면 놀이 수준 발달 과정은 곧 인류 문명사 발전의 원동력을 가늠해 볼 수 있는 살아 있는 참고자료이기도 하다. 실제의 차원에서 고려한다면 이상의 놀이 분류는 성숙한 인간의 모습으로 영유아를 이끌어주는 일에 있어 효율적으로 활용할 수 있는 평가 기준이자 교사에게 길을 안내하는 가이드라인에 해당한다. 아직은 주어진 환경이 낯설고 그 환경에 적응해 문명으로 승화시킬 능력이 부족한 영유아는 문명이 꽃피우기 이전의 미숙했던 인간과 같다. 하지만 선천적으로 가지고 있는 놀이의 능력을 꽃피우고 놀이의 질적 수준을 달리할 수 있게 되면서 영유아는 환경에 적응함과 동시에 새로운 환경을 창조하는 성숙한 존재로 변화한다.

여기서 말하는 성숙함이란 자아를 탈피해 타인의 마음에 공감하고 타인의 이익을 고려할 줄 아는 사회적 능력의 발달을 의미한다. 여기서 놀이의 '규칙'을 사회성 발달의 기제로 두고 살펴보자. 유아는 자의식의 형성과 함께 자신에게 감각적 쾌락을 건네주는 반복적인 패턴을 발견하게 된다. 이후 지속적인 쾌락의 즐김을 위해 해당 패턴을 기억하고 활용하게 된다. 감각 수용기를 통한 만족보다 한 단계 더 높은 수준에서 이제 유아는 자신이 동경하는 대상을 모방하여 그 대상의 역할을 규칙으로 자존감 형성을 즐길 수 있다. 보다 높은 나의 자존감을 위해 또래의 도움이 필요할 수도 있고 그러한 도움의 필요성을 인지하기에 자신 또한 또래에게 협동할 수 있다. 이후의 관심사는 지금까지의 쾌락과는 차원이 다른 수준의 즐거움이다.

영유아는 협동의 목적을 역할 분담에 두는 것을 뛰어 넘어서 더 높은 재미의 정도를 높이고자 놀이의 규칙 그 자체에 관심을 가지게 된다. 해당 수준의 놀이 구성원은 더 높은 재미를 위해 놀이의 규칙을 변형하거나 새로운 창조를 시도한다. 그렇다면 이상의 과정을 촉진하는 조력자의 입장에서 교사가 실제적으로 고민할 수 있는 내용은 무엇인가? 우선 아래의 실외 자유놀이활동 사례를 살펴보도록 하자.

표 12-4. 유아 실외 놀이상황 사례

실외 자유놀이시간, 어린이집 앞뜰에서 3, 5 ,6세 유아 세 명이서 실랑이가 벌어졌다. 탈것을 두고 벌어진 갈등인데 자초지종은 다음과 같다. 5세 유아는 뜰에 한 대밖에 없는 탈것을 신나게 타고 있던 중이었다. 해당 유아가 즐겁게 타고 있는 모습을 본 3세 유아도 갑자기 해당 탈것을 타고 싶어졌지만 몸집이 큰 형에게 말 한마디도 못한 채 지켜보고 있을 뿐이었다. 이 모습을 지켜보던 또 다른 6세 유아는 자신도 타고 싶다며 탈것을 타고 있는 유아의 놀이를 방해하고 있었다. 이 광경을 목격한 3세 유아도 가세해 작은 소란이 발생했고 자기가 먼저 선점한 탈것을 빼앗긴 5세 유아는 울음을 터뜨리고 교사에게 도움을 요청한다.

이상의 사례를 가지고 교사의 입장에서 고민해 볼 수 있는 사항은 무엇인가? 우선 세 유아 사이의 갈등을 '생산적'인 방향으로 그리고 '효율적'으로 풀어가는 일에 '도움'을 주어야 할 것이다. 잠시 뒤에 「2019 개정 누리과정: 놀이 실행자료」에서 안내하는 교육적 지도의 원칙을 바탕으로 앞서 언급한 '생산적', '효율적', '도움'이라는 말의 자세한 의미를 살펴보도록 하자. 우선 해당 실외 자유놀이 상황은 세 주체의 아이들이 느끼는 서로의 놀이 욕구가 상충되면서 벌어진 갈등상황이다. 이러한 갈등은 누군가의 놀이에 훼방을 놓아 놀이 상황을 깨버릴 수 있는 가능성과 더불어 자신의 놀이 욕구도 충족하지 못하는 결과를 낳을 수 있다. 이처럼 또래 간 갈등이 부정적인 뉘앙스로 비칠 수 있다. 하지만 유아 사이의 갈등은 사회적 기술 습득 및 연습과 같은 사회성 발달의 계기를 제공한다는 점에서 매우 중요하다. 해당 경우에서의 갈등은 개인적 차원 수준의 놀이에서 공동체 차원 수준의 놀이로 발전시킬 수 있다는 기회라는 점에서 그러하다. 그렇다면 교사는 어떠한 원칙을 가지고 지원할 수 있으며 그에 따른 실제적인 방법은 무엇이 있는지 살펴보도록 하자.

표 12-5. 유아 놀이지원의 원칙 – 상호작용

1. 유아와 유아의 상호작용을 지원한다.	교사는 유아가 누구와 놀이하는지, 어떻게 놀이하는지, 어떤 관계를 맺는지 관찰함으로써 유아의 성향, 사회적 능력, 대인 관계 등을 파악하여 지원할 수 있다. 그러나 교사의 직접적인 개입이 유아 간의 상호작용을 방해할 수 있으므로 스스로 놀이를 전개하고 문제를 해결해보도록 기다려주면서 개입 시기를 신중하게 결정하여야 한다.
2. 제안하며 놀이를 지원한다.	교사의 제안은 신중해야 한다. 교사는 유아의 흥미와 상관없이 새로운 놀이자료를 일방적으로 제안하거나 교사 주도로 새로운 놀이방법으로 이끌기보다는 놀이 관찰에 기반하여 놀이를 지원하는 것이 좋다.
3. 유아의 놀이에 참여하며 지원한다.	유아의 놀이는 때로는 아이디어의 결핍이나 유아 간 상이한 요구와 의견 충돌, 공간이나 자료를 점유하기 위한 갈등 등에 의해 단절되거나 교착 상태에 빠지기도 한다. 이와 같이 유아의 놀이가 문제 상황에 부딪혔을 때에도 교사의 놀이 참여는 유아들이 문제를 명확하게 이해하고 문제해결을 도울 방법을 찾는 데 도움이 되며, 놀이 중 배움을 위한 적절한 순간에 즉각적으로 지원을 제공하는 데도 도움이 된다.
4. 질문하며 놀이를 지원한다.	유아는 놀이하면서 끊임없이 내면적 질문을 만나고 스스로 해답을 찾기 위해 놀이에 몰입한다. 유아와 능동적으로 생각을 나눌 수 있는 질문이 바람직하다. 이러한 질문은 유아로 하여금 보다 높은 수준으로 사고할 수 있도록 유도하며 새로운 상상을 놀이로 구현하게 하고, 다시 문제를 발견하고 해결해가는 선순환의 구조를 만드는 원동력이 된다.
5. 정서적으로 지원해준다.	교사는 유아가 놀이를 통해 성취감을 경험할 수 있도록 긍정적인 정서 지원을 해주어야 한다. 교사가 유아의 놀이에 긍정적인 지원을 함으로써 유아는 존중받는 느낌을 받게 되고 새로운 놀이를 좀 더 주도적으로 지속할 수 있다. 교사는 동시에 유아가 놀이하는 과정에서 느끼는 부정적인 정서에도 관심을 기울여야 한다. 유아는 놀이하면서 좌절감, 걱정, 불안 등의 감정을 느낄 수 있다. 교사는 유아의 정서를 인지하고 위안, 격려 등을 제공하고 놀이를 통해 스스로 원인과 해결방법을 찾을 수 있도록 도와주어야 한다.

위 〈표 12-5〉는 「개정 누리과정 놀이 실행자료」에서 제시하는 놀이의 교육적 지원 원칙 중 유아의 상호작용 촉진에 있어 교사가 기억해둬야 할 내용을 필자가 정리한 내용이다(교육부, 보건복지부, 2020c). 이상의 내용을 바탕으로 앞서 사례로 제시한 놀이 갈등 상황의 적절한 지원 방법을 생각해 보도록 하자. 먼저 해당 사례는 유아의 실외 놀이 지도에 있어 상호작용 촉진의 경우에 해당한다. 개별 놀이 욕구 충족으로 말미암은 갈등의 타협점을 찾을 수 있도록 교사가 유아의 상호작용을 이어주는 일은 매우 중요하다. 다만 표의 첫 번째 원칙에 해당하는 내용에서 강조하는 바와 같이 교사의 무분별한 직접적 개입은 오히려 유아주도의 타협을 위

협하는 요인이 될 수 있다는 점을 주의해야 한다. 두 번째 원칙과 관련해 교사는 세 놀이 주체 모두의 호혜적 관계 유지를 돕기 위해 유아의 주도성을 침해하지 않으면서 조심스레 제안하는 기술이 필요하다. 네 번째 원칙과 관련해, 방금 제시한 내용의 구체적인 방안으로 유아 사이의 대화를 면밀히 관찰해 의사소통 사이사이에 적절한 간접 질문 전략을 활용하는 것도 생각해 볼 수 있다. 정답을 곧장 알려주는 직접 질문 형식은 지양되어야 하며 수수께끼 같은 간접 질문의 형식으로 유아들이 서로의 이익에 부합되는 답안을 스스로 찾을 수 있도록 도움을 제공하는 것이 매우 중요하다. 세 번째 원칙과 관련하여, 경우에 따라서는 단순히 놀이를 지원하는 것이 아니고 놀이의 구성원으로 직접 참여해 이상의 전략을 펼치는 것도 효율적인 놀이 지도 방법 중 하나가 될 수 있다. 마지막으로 이러한 모든 지원 활동의 근간에는 당사자의 정서를 공감하고 존중하는 태도에서 이루어져야 한다. 놀이 지원자로서의 교사는 세 유아의 놀이 욕구 충족 불만에 관한 부정적 감정을 발달적 결핍이나 잘못으로 다루지 않아야 한다. 이와 달리 각각의 수준에서 시작해 한 단계 더 높은 사회성 수준으로 올라갈 수 있는 비계의 출발점으로 이해하는 것이 매우 중요하다.

이상의 원칙을 바탕으로 언급한 놀이 갈등 사례를 어떻게 해결할 수 있는지 살펴보도록 하자. 먼저 어린이집 앞뜰에 마련된 탈것은 특정한 유아의 개인 물건이 아니라는 점을 고려하자. 그 점에서 시작한다면 지금 탈것을 가지고 놀이하는 5세 유아의 억울한 정서와 자신도 탈것을 가지고 마음껏 놀고 싶어하는 나머지 3세, 6세 유아의 정서 모두를 존중할 수 있게 된다. 세 유아 사이 갈등의 기저에는 함께 협동하며 실외 놀이에서 활용할 수 있는 규칙의 미성숙 혹은 부재에 존재한다. '내가 선점했기 때문에 탈것에 대한 모든 권리를 가진다'는 규칙은 한 개인의 차원에서는 정당화될 수 있지만 공동체 차원에서는 전혀 그렇지 못한다. 따라서 해당 유아에게는 함께 공유될 수 있는 한 단계 높은 수준의 진보된 놀이 규칙이 필요한 것이다. 따라서 세 유아의 갈등은 타협의 경험을 통해 호혜적인 규칙을 만들어 낼 수 있는 유익한 계기점으로 바라보아야 한다. 호혜성의 필요와 현재의 규칙이 가지고 있는 문제점을 유아 스스로 깨달을 수 있도록 도움을 주는 교사의 수수께끼 같은 간접 질문이 필요하다. 가령 "먼저 탈것을 타고 있는 민우의 억울한 마음도 이해는

되지만 다른 친구와 함께 사용해야 하는 물건이라는 점도 생각해야 하지 않을까?", "신나게 타고 싶은 준수의 마음도 이해하지만 동생 민우를 밀친 행동에 대해서는 어떻게 생각해요? 민우가 많이 당황하지 않았을까?" 등의 간접 질문이 예시에 해당된다. 하지만 어린이집 놀이 도구는 모두의 것이라는 질서를 이해하고 그러한 기본 가정에서 다른 친구의 감정에도 충분히 이해하더라도 유아의 연령에 따라 기존 놀이 규칙을 고치거나 새로운 규칙을 만들어내는 일은 버거운 과제가 될 수도 있다. 당사자들이 스스로 해결할 수 있는 충분한 시간을 제공하는 것도 중요하지만 상황에 따라서는 "한 번씩 돌아가면서 타는 것은 어떨까?"와 같이 교사가 새로운 아이디어를 제공해 주는 것도 효과적인 전략이 될 수 있다.[13] 결과적으로 교사의 유아 놀이 지도 핵심은 첫째, 아직 놀이의 하위요소를 충족하지 못한, 다시 말해 단순히 유아에게 즐거운 기분만을 느끼게 하는 활동을 놀이 활동으로 발전시키는 일에 있다. 둘째, 놀이의 하위요소를 갖추고 있지만 놀이 구성원 각자의 욕구 충돌로 놀이판이 깨질 수 있는 상황을 방지하고자 기존에 유아가 가지고 있는 규칙보다 정교한 규칙을 제안하고 그 필요성을 이해하는 데 도움을 주는 일이다.[14]

심화학습: 교육의 놀이

우선 '놀이 중심 교육'이라는 말의 고찰을 시작으로 이야기를 진행해 보자. 이 말이 가정하는 바는 놀이와 교육은 별개의 용어라는 점이다. 별개로 존재하는 두 용어의 관계를 생각하면 교육은 놀이를 통해 연결될 수 있지만 그 반대로 놀이가 제외된 교육도 떠올릴 수 있다. 하지만 심화학습의 차원에서 이 두 용어의 명확한 관계를 고찰해 보도록 하자. 사실 교육과 놀이는 별개로 존재하는 관계라기보다 '놀이가 교육을 포함하는 관계'로 이해할 수 있다. 앞서 놀이의 양상과 양태의 구분을 살펴본 바 있다. 이 점을 활용하여 생각한다면 교육은 곧 양상으로서의 놀이에 구체적인 형태를 부여한 양태가 된다. 다시 말하자면 '교육이란 곧 놀이의 한 종류'인 것이다(장상호, 2020). 먼저 놀이와 마찬가지로 교육은 이론적 현상에 해당한다. 인종, 민족, 연령, 지리적 환경 등에 상관없이 교육의 주체가 교육의 하위요소를 충족한 활동을 통해 보편적으로 포착될 수 있다. 아래 그림은 교육 놀이의 두 주체와 각각이 맡고 있는 역할의 구체적인 내용이다.

---

13) '한 번씩 돌아가면서 타는 것'과 같은 규칙은 놀이 공동체 구성원이 함께 공유할 수 있는 수준 높은 호혜적 규칙이다. 어른에 눈에는 단순해 보이는 예시이지만 유아는 해당 놀이 경험을 통해 자신의 이익이 없어지지 않으면서 동시에 타인의 이익도 배려하는 사회적 기술을 연습할 수 있는 좋은 기회이다.

14) '한 번씩 돌아가면서 타는 것'과 같은 규칙 하나를 제안한다고 해서 모든 문제가 해결되기란 쉽지 않을 것이다. 규칙의 정교화란 놀이 상황에 알맞게 '연령순으로 돌아가면서 타기', 남아 있는 자유실외놀이 시간을 감안해 '일정시간씩 돌아타기'등의 세부사항을 덧붙이는 과정을 말한다. 교사가 주도해 직접 해결 방안을 알려주는 것보다 유아가 주도성을 가지고 고민해 볼 수 있는 전략을 생각해 보는 것이 중요하다.

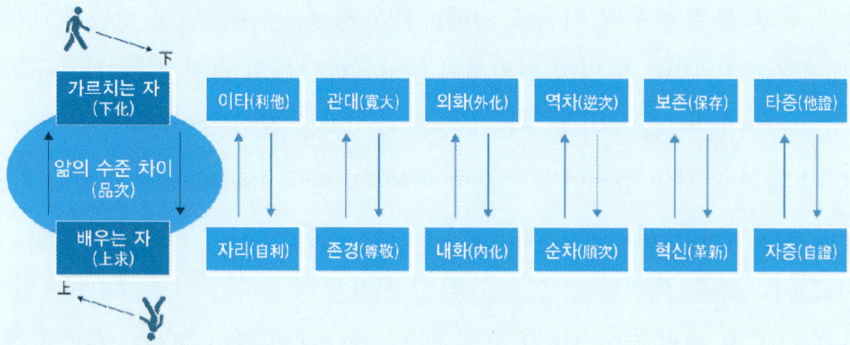

교육의 활동을 통해 현상을 드러내는 교육의 하위요소를 살펴보도록 하자. 교육은 교육적으로 가르치는 주체와 이에 상응해 교육적으로 배우려는 주체 사이의 협력활동이다. 교육적으로 가르치는 사람은 과거 자신이 교육적으로 배웠던 단계별 과정을 떠올려(역차) 아직 배움이 부족한 상대에 대한 사랑(이타)을 동기로 도움의 활동(원조)을 펼친다. 교육적으로 배우려는 사람의 현 단계를 파악해 비계 차원에서의 적절한 난이도(관대)의 문제를 제시(외화)한다. 이에 상응해 교육적으로 배우려는 사람은 깨우침이라는 자기 이익의 동기(자리)를 가지고 자신보다 앞서 배움의 길을 경험한 사람에게 존경(존경)의 마음으로 도움을 요청한다. 교육적으로 가르치려는 사람이 적절한 난이도로 제시한 문제를 소화(내화)하며 단계적인 발전(순차)의 과정을 경험한다. 이러한 혁신의 경험으로 자신의 발전을 확인(자증)하고 동시에 이러한 배움을 가능하게 도와준 가르침의 권위를 인정(타증)해 준다.

이상에서 설명한 교육의 내용은 교육의 내재율에 해당한다. 여기서 말하는 내재율이란 곧 놀이의 '규칙'을 의미한다. 그리고 내재율이라는 '규칙'을 바탕으로 교육적으로 가르치는 사람과 교육적으로 배우는 사람의 '역할'이 규정된다. 강압적인 가르침과 고통스러운 배움의 활동과 달리 교육의 활동은 배움이 모자란 사람에 대한 사랑과 깨우침을 얻으려는 자기 이익의 내적 동기, 즉 스스로 참여하고자 하는 '자유'의 동기를 전제한다. 교육의 주체는 자발적으로 교육의 내재율과 역할에 복종하며 두 활동의 '재미'에 몰입하게 된다. 이러한 '재미'는 각자의 역할에 대한 '진지'한 몰입을 가능하게 만든다. 따라서 교육의 놀이는 '일상과 구분'되는 고유한 활동이며 교육의 재미를 느낀 두 주체는 다른 매개를 가지고 교육의 놀이를 다시 '반복'할 수 있다.

13

Chapter

대·소집단활동 지도

배울내용

1. 이야기 나누기
2. 게임활동
3. 과학활동
4. 미술활동
5. 동극활동
6. 신체활동
7. 현장체험
8. 전이활동

학습목표

1. 대 · 소집단활동의 의의와 필요성을 안다.
2. 유아의 발달수준과 흥미에 기초한 교수학습방법에 대해 이해한다.
3. 대 · 소집단활동의 계획, 실행, 평가 과정을 이해하고 적용해 볼 수 있다.

대 · 소집단활동이란 한 반의 유아가 모두 함께 한 집단으로 모여 활동을 진행하거나 혹은 2~4개의 소집단으로 나누어 실시하는 집단활동을 말한다(김정원 외, 2008). 일반적으로 교육활동의 특성, 교사 대 유아의 비율, 일과 등에 따라서 유아들이 전체 또는 소집단으로 모여 활동하는 것을 의미한다. 대 · 소집단활동은 대집단활동과 소집단활동으로 구별하며, 유아의 현재 흥미 또는 놀이의 흐름과 관련하여 융통성 있게 계획하고 실행한다. 또한 대 · 소집단활동은 교사 참여가 크나 유아가 적극적으로 참여하여 아이디어를 교환할 수 있으며, 유아 스스로 실제 활동을 해 봄으로써 지식을 확장하거나 개별활동으로 연결시킬 수 있도록 하는 것이 바람직하다. 유아들은 대 · 소집단활동 경험을 통해 소통, 유대감, 소속감 등 정서적 안정감으로 이루어진 공동체의식을 공유하게 된다(이혜경, 2017). 유아기 공동체의식 발달은 유아가 민주시민으로서 공동체 안에서 다른 사람과 조화롭게 살아가는 데 필요한 지식과 기술 및 태도를 습득하는 기회를 가지게 된다.

효과적인 대 · 소집단활동을 위해 교사가 고려해야 할 내용을 구체적으로 살펴보면 다음과 같다(김운삼 외, 2018).

첫째, 교사는 즉각적이고 무계획적으로 활동을 진행하지 않아야 하며 미리 유아와 함께 할 활동과 환경을 계획하고 조직해야 한다. 미리 활동을 계획하고 조직하는 것은 대 · 소집단활동이 원활하게 진행될 수 있도록 도우며 유아들이 안정감 있게 활동에 참여할 수 있다. 교사는 자신이 준비한 수업을 통해 유아들에게 지식을 주입시키려고 하는 것이 아니라, 유아들의 활동과 놀이의 풍부한 경험을 바탕으로 사물이나 상황에 대한 지식과 태도, 다양한 기술을 학습하는 것을 중요하게 생각해야 한다.

둘째, 교사는 유아의 흥미와 요구, 발달 정도, 이해 정도 등을 고려하여 대 · 소집단활동을 계획하여 교수하도록 하며 계획된 활동 이외에도 놀이 흐름, 관심, 놀이상황 등에 따라 교구를 추가로 지원하거나 대체활동으로 진행할 수 있다. 즉, 교사는 유아의 흥미, 요구, 발달, 이해 정도 등을 고려하고 활동을 통해 유아가 기쁨, 만족감, 성취감을 느껴보는 것에 초점을 두어야 한다.

셋째, 유아는 자신의 흥미와 요구, 필요에 의한 자발적인 학습의 맥락에서 효과적으로 학습하게 된다. 이는 유아들 스스로 배우고자 하는 능동적이고 자발적인 동기

유발이 촉진될 때 효과적으로 학습할 수 있게 된다. 따라서 동기유발을 위해 유아 스스로 참여하고 있는 활동에 대한 목적을 가질 수 있도록 교사는 교재 및 교구 활동을 유아의 발달단계와 흥미를 고려하여 선정하여야 한다.

넷째, 유아는 발달특성상 추상적인 개념이나 원리보다는 구체적인 실물, 자료를 통해 사물에 대한 지식을 보다 쉽게 학습할 수 있으므로 대·소집단활동을 계획할 때 반영되어야 한다. 다양한 교구, 구체적인 실물자료의 제공은 효과적인 교수학습을 실행하는 데 도움을 줄 수 있다.

다섯째, 유아는 성숙 정도, 발달특징, 기질, 흥미, 호기심, 경험, 부모의 양육방식 등에 따라 이해 정도가 다르므로 모든 면에서 유아의 개인차를 고려한다. 즉, 대·소집단활동의 효과적인 교수학습을 위해 교사는 유아의 고유하고 개별적인 특성을 이해하며 개별 유아 모두가 참여할 수 있도록 배려하며 활동을 진행할 필요가 있다.

여섯째, 교사는 대·소집단활동을 하면서 유아에게 닫힌 질문과 기계적이고 단순한 칭찬을 하기보다는 열린 질문과 진심 어린 칭찬을 한다. 즉, 구체적으로 칭찬해 주는 것이 효과적인 교수학습을 위한 전략이 될 수 있다.

1. 이야기 나누기

이야기 나누기는 유아와 교사가 함께 모여 앉아 새로운 놀이자료 및 활동 소개, 하루 일과 계획 및 평가, 놀이주제에 대한 생각이나 느낌, 주말 지낸 이야기, 새로운 소식 등을 이야기하고 듣는 시간이다. 이야기 나누기의 효율적인 운영을 위해 교사는 집단의 크기, 대상연령, 소요시간, 장소와 대형을 고려하고(서동미 외, 2015), 유아와 교사가 서로의 생각과 말을 존중해 주는 분위기를 조성하여 유아들이 생각을 나누는 과정을 즐길 수 있게 한다. 이야기 나누기 활동의 구체적인 예는 〈표 13-1〉과 같다.

표 13-1. 이야기 나누기 활동의 구체적인 예

활동명	골고루 먹어요
활동목표	• 몸에 좋은 음식과 몸에 나쁜 음식을 구분한다. • 몸에 좋은 음식에 관심을 갖고 바른 식습관을 형성하여 건강하게 생활한다.
활동자료	동화책, 몸에 좋은 그림자료(김치, 우유, 당근, 호박, 오이), 몸에 나쁜 음식 그림자료(사탕, 햄버거, 콜라, 과자, 피자), 융판 등
누리과정 관련요소	• 신체운동 · 건강>건강하게 생활하기>몸에 좋은 음식에 관심을 가지고 바른 태도로 즐겁게 먹는다. • 의사소통>듣기와 말하기>자신의 경험, 느낌, 생각을 말한다.
활동방법	1. 그림책 『난 토마토 절대 안 먹어』를 들려주고 동화 내용을 이야기 나눈다. – 동화 속 주인공은 누구였나요? – 찰리와 롤라는 어떤 관계인가요? – 동생 롤라는 어떤 음식을 싫어했나요? – 친구들은 어떤 음식을 좋아하나요? 2. 몸에 좋은 그림자료를 보면서 이야기 나눈다. – 친구들은 김치를 좋아하나요? – 김치를 먹어 본 경험이 있나요? – 김치는 몸에 좋은 음식일까요? / 몸에 나쁜 음식일까요? – 김치는 우리 몸에 어떤 도움을 줄까요? – 친구들에게 우유, 당근, 호박, 오이의 그림자료를 제시하면서 이야기를 나눈다. 3. 몸에 나쁜 음식 그림자료를 보면서 이야기 나눈다. – 피자를 먹어 본 적이 있나요? – 피자는 우리 몸에 좋은 음식일까요? / 몸에 나쁜 음식일까요? – 피자는 많이 먹으면 몸이 어떻게 변할까요? – 친구들에게 사탕, 햄버거, 콜라, 과자의 그림자료를 제시하면서 이야기를 나눈다. 4. 오늘 활동에 대해 이야기 나눈다. – 몸에 좋은 음식과 나쁜 음식은 무엇이 있나요? – 건강하게 지내려면 어떻게 해야 할까요? – 오늘 가장 기억에 남은 것은 무엇인가요?
활동사진	 
유의점	• 모든 유아들이 자신의 경험, 느낌, 생각을 말할 수 있게 기회를 제공한다. • 이야기 나누기 활동시간이 너무 짧거나 길지 않게 주의하여 운영한다.

확장활동	• 몸에 좋은 음식과 몸에 나쁜 음식을 먹었을 때 우리 몸이 어떻게 달라지는지에 대해 유아들의 생각을 글과 그림으로 표현한다. • 우리 주변에 볼 수 있는 음식들로 건강밥상 차려보기 활동으로 전개한다.
활동평가	몸에 좋은 음식과 몸에 나쁜 음식을 구분할 수 있는가?

2. 게임활동

게임은 규칙에 따라 과제를 수행하고 성공하기 위해 경쟁하는 활동으로 자유대형 게임, 원 게임, 편 게임 등으로 나누어 볼 수 있다. 게임의 원활한 진행을 위해 계획단계에서 유아의 신체적 조건이나 인지능력과 흥미를 고려하여 대상연령과 발달수준에 맞는 게임을 선택한다. 편 게임의 경우, 게임선정, 교재 · 교구 준비 등을 위한 사전 준비, 양 팀으로 나누어 앉기, 팀별 인원 수 확인하기, 팀 이름 정하기, 응원해 보기, 게임 방법 정하기, 게임 시 지켜야 할 약속 정하기, 게임하기, 승부 확인하기, 평가하기 순으로 진행할 수 있다(박찬옥 외, 2022). 게임활동의 구체적인 예는 〈표 13-2〉와 같다.

표 13-2. 게임활동의 구체적인 예

활동명	징검다리 건너기
활동목표	• 게임의 규칙과 약속을 알고 지킬 수 있다. • 친구들과 서로 협력하고 즐거운 마음으로 게임에 참여한다.
활동자료	개구리 머리띠, 부직포 잎, 점수판, 반환점 등
누리과정 관련요소	• 신체운동 · 건강>신체활동 즐기기>실내 · 외 신체활동에 자발적으로 참여한다. • 사회관계>더불어 생활하기>약속과 규칙의 필요성을 알고 지킨다.
활동방법	1. 준비된 자료를 보며 어떤 놀이를 할 수 있는지에 대해 이야기 나눈다. 　– 무엇이 준비되어 있나요? 　– 이것으로 어떤 놀이를 할 수 있을까요? 2. 오늘 할 게임을 안내한다. 3. 게임 때 지켜야 할 약속과 규칙, 주의점에 대해 이야기 나눈다.

	4. 두 팀으로 나누고 각 팀에서 한 명씩 나와 게임을 시연한다. 5. 게임 대형으로 앉은 후 게임을 실시한다. 6. 게임이 끝난 후 사용한 물건을 정리한다. 7. 점수판을 확인한다. (게임을 이기고 지는 것보다 규칙을 지키며 최선을 다했는지가 중요함을 강조하고 모두를 칭찬한다.) 8. 게임을 하면서 느낀 점을 이야기 나눈다.
활동사진	 
유의점	• 게임의 규칙을 유아들이 탐색하고 이해할 수 있는 충분한 시간을 준다. • 게임의 규칙과 결과에 대한 판정 근거는 유아들이 인지하고 수용하기 쉽게 눈에 보이는 것이어야 하며 합리적이어야 한다.
확장활동	• 잎에 숫자 카드를 붙인 후 숫자가 보이지 않게 뒤집어 두고 교사가 부르는 숫자를 찾는다.
활동평가	게임의 규칙과 약속을 지키며 게임을 하는가? 유아들이 서로 협력하여 게임을 진행하였는지?

3. 과학활동

과학활동은 일상생활 속에서 매일 경험하는 현상과 사건을 포함하여 유아가 이해할 수 있는 수준의 개념을 다루어야 한다. 유아에게 흥미와 호기심을 불러일으키며 실생활에도 유용한 것으로 구성되는 것이 필요하며 그 내용으로 생명과학, 물리과학, 지구과학으로 구분할 수 있다(신은수 외, 2006). 교사는 유아의 말에 귀를 기울여 유아가 관심을 갖는 사물이나 현상에 대해 적극적으로 관찰하고 조사하여 실험해 볼 수 있도록 다양한 크기의 실험도구를 포함한 물리적 환경을 구성해 준다.

과학활동의 구체적인 예는 〈표 13-3〉과 같다.

표 13-3. 과학활동의 구체적인 예

활동명	물에 뜨는 것과 물에 가라앉는 것
활동목표	• 궁금한 것을 탐구하는 과정에 즐겁게 참여한다. • 물에 뜨는 것과 물에 가라앉는 것에 호기심을 가질 수 있다. • 중력과 부력에 대해 경험한다.
활동자료	물, 투명한 통, 다양한 물건 및 놀잇감, 바구니, 수건 등
누리과정 관련요소	• 자연탐구>탐구과정 즐기기>주변세계와 자연에 대해 지속적으로 호기심을 가진다. • 자연탐구>탐구과정 즐기기>궁금한 것을 탐구하는 과정에 즐겁게 참여한다. • 자연탐구>생활 속에서 탐구하기>물체의 특성과 변화를 여러 가지 방법으로 탐색한다.
활동방법	1. 물이 담긴 투명한 통, 일상생활에서 유아들이 가지고 활동했던 놀잇감과 물건을 준비하여 이야기 나눈다. – 무엇이 준비되어 있나요? – 준비된 것으로 무엇을 할 수 있을까요? 2. 물에 뜨는 것과 가라앉는 것에 대해 이야기 나눈다. – 물에 뜨는 것은 무엇일까요? – 물에 가라앉는 것은 무엇일까요? – 물에 뜨는 것은 무엇 때문일까요? – 물에 가라앉는 것은 무엇 때문일까요? – 활동을 할 때 주의해야 할 점은 무엇이 있나요? 3. 소그룹 활동으로 우리 반에 있는 물건 및 놀잇감을 자유롭게 가져와서 유아들이 직접 탐색과 예측 후 실험한다. 4. 활동한 교구 및 자료를 정리하고 오늘 활동을 이야기 나눈다. – 물에 뜨는 것과 물에 가라앉은 것은 각각 무엇이 있었나요? – 물에 뜨는 것은 무엇 때문일까요? – 물에 가라앉은 것은 무엇 때문일까요? – 활동에서 가장 기억에 남은 것은 무엇인가요?
활동사진	 
유의점	• 물을 흘릴 경우 미리 준비한 수건으로 닦을 수 있게 한다.

확장활동	• 물에 뜨는 것을 가라앉게 하는 방법, 물에 가라앉는 것을 물에 뜨게 하는 방법에 대해 알아본다. • 물에 소금이나 설탕을 넣어 물의 농도를 다르게 하여 물건을 넣어보고 관찰한다.
활동평가	주변 사물이나 자연세계에 대해 호기심을 갖고 궁금한 것을 알아보는 과정에 즐겁게 참여하였는가?

4. 미술활동

미술활동은 유아에게 적합한 다양한 재료, 매체, 도구에 대한 예술적 요소를 탐색하는 '탐색', 그림 그리기, 만들기, 꾸미기 등 생각과 느낌을 표현하는 '표현', 주변 환경이나 미술 작품에 대한 생각과 느낌을 공유하는 '감상'으로 구분할 수 있다(심성경 외, 2007). 대·소집단활동으로 미술활동을 할 경우, 주어진 주제에 대해 유아들이 서로의 의견을 나누고 역할을 정하고 협력하는 과정을 즐길 수 있게 한다. 미술활동의 구체적인 예는 〈표 13-4〉와 같다.

표 13-4. 미술활동의 구체적인 예

활동명	쌀 염색놀이
활동목표	• 재료의 특성을 알고 활동에 적극적으로 참여한다. • 염색이 되어가는 과정을 이해한다.
활동자료	쌀, 벼 수확하는 동영상, 접시, 보드마카 펜, 요플레 통 또는 종이컵 등
누리과정 관련요소	• 예술경험>아름다움 찾아보기>예술적 요소에 관심을 갖고 찾아본다. • 예술경험>창의적으로 표현하기>다양한 미술 재료와 도구로 자신의 생각과 느낌을 표현한다. • 자연탐구>자연과 더불어 살기>생명과 자연환경을 소중히 여긴다.
활동방법	1. 벼 수확하는 동영상을 시청한 후, 쌀, 보드마카 펜, 접시를 보면서 이야기 나눈다. – 이것이 무엇일까요? – 이것을 본 적이 있나요? – 준비된 자료로 무엇을 할 수 있을까요? 2. 쌀을 염색하는 방법에 대해 이야기 나눈다.

	– 보드마카 펜과 쌀이 만나면 어떻게 변할까요? – 쌀에 여러 가지 색깔이 나오게 하려면 어떻게 해야 할까요? – 쌀이 어떤 색으로 변했으면 좋겠어요? – 염색을 진하게 하려면 어떻게 해야 할까요? – 활동을 할 때 주의해야 할 점은 무엇이 있나요? 3. 준비물로 쌀 염색하기 활동을 자유롭게 해 본다. 4. 활동 자리와 재료를 정리하고 이야기 나눈다. – 염색 활동할 때 어떤 점이 가장 기억에 남았나요? – 어떤 색의 쌀 색깔이 아름답나요? – 쌀 색깔의 변화는 무엇 때문일까요?
활동사진	 
유의점	• 종이컵에 많은 양의 쌀을 넣지 않도록 한다. • 보드마카 펜이 잘 나오는지 확인한다.
확장활동	• 염색된 쌀로 가을 들판 꾸미기 협동활동을 한다. • 자연물, 열매, 곡식으로 자연물 물감 만들기 활동을 한다.
활동평가	쌀의 특성을 알고 있는가? 염색이 되어 가는 과정에 호기심을 갖고 활동에 참여하였는가?

5. 동극활동

유아교육기관에서 동화, 동시, 동극은 유아를 대상으로 대 · 소집단활동을 경험할 수 있는 문학 활동이다(김정원 외, 2013). 구연동화, 그림동화, 융판동화, TV동화, 앞치마동화, 테이블 인형동화, PPT 동화, 막대 인형동화 등 매체를 선택하여 동화를 듣는 유아들의 반응을 관찰하며 들려준다. 동극은 유아들이 동화의 줄거리를 중심으로 대사, 동작, 감정을 극화하는 활동이다. 동극활동의 구체적인 예는 〈표 13-5〉와 같다.

표 13-5. 동극활동의 구체적인 예

활동명	아기돼지 삼형제
활동목표	• 동화 내용을 이해하고 동극에 필요한 소품을 만들 수 있다. • 즐거운 마음으로 동극에 적극적으로 참여한다.
활동자료	아기 돼지 삼형제 머리띠, 활동 장면, 배경 등
누리과정 관련요소	• 사회관계>더불어 생활하기>서로 다른 감정, 생각, 행동을 존중한다. • 예술경험>창의적으로 표현하기>극놀이로 경험이나 이야기를 표현한다. • 예술경험>예술 감상하기>서로 다른 예술 표현을 존중한다.
활동방법	1. 그림책 『아기돼지 삼형제』 내용을 이야기 나눈다. – 동화에 나오는 인물은 누가 있나요? – 첫째 돼지, 둘째 돼지, 셋째 돼지는 각각 무엇으로 집을 지었나요? – 늑대는 셋째 돼지의 집 어디로 들어갈 계획을 세웠나요? 2. 역할을 정한다. – 등장인물은 누가 필요할까요? – 어떤 역할을 해 보고 싶나요? 3. 그림책 『아기돼지 삼형제』 대본을 연습한다. – 이 부분은 어떤 목소리로 하면 좋을까요? – 이 장면에서는 어떤 동작을 하면 좋을까요? 4. 동극에 필요한 소품을 만든다. – 동극을 하려면 무엇이 필요할까요? – 어떻게 만들면 좋을까요? – 무엇으로 만들면 될까요? 5. 동극을 준비한다. – 동극 무대를 어디로 하면 좋을까요? – 나오는 곳과 들어가는 곳은 어디로 할까요? – 입장권은 어디서 받을까요? 6. 동극을 한다. 7. 동극 소품과 무대를 정리하고 동극을 평가한다. – 어떤 부분이 가장 기억에 남았나요? – 어떤 부분이 재미있었나요?
활동사진	 
유의점	• 동극을 할 때 유아들이 대사와 동작을 자유롭게 표현할 수 있게 한다. • 동극에 필요한 소품, 대본은 사전에 유아들과 함께 만든다.

확장활동	• 현장학습으로 어린이 도서관 견학을 한다.
활동평가	유아들은 동극에 적극적으로 참여하였는가?

6. 신체활동

유아에게 적합한 신체활동에는 기본운동능력을 중심으로 한 동작활동과 신체표현 활동이 있다. 동작활동은 유아가 자신의 몸과 동작에 대한 탐색과정 후, 안전하고 넓은 공간에서 기본이동 동작과 비이동 동작, 도구를 이용한 동작 활동에 참여할 수 있다. 신체표현 활동은 주제와 관련된 내용 및 대상물의 특성과 움직임을 탐색하고 창의적으로 표현할 수 있다. 교사는 효율적인 신체표현 활동을 위해 집단의 크기, 활동의 시간, 창의적 신체표현을 위한 학습자료를 준비한다. 신체활동의 구체적인 예는 〈표 13-6〉과 같다.

표 13-6. 신체활동의 구체적인 예

활동명	전기의 힘
활동목표	• 자신의 몸을 인식하고 자유롭게 움직여 볼 수 있다. • 신체나 도구를 활용하여 움직임과 느낌을 창의적으로 표현해 본다.
교구 및 활동자료	전자제품 그림 도안(믹서기, 선풍기, 세탁기 등), 음악, 천 등
누리과정 관련요소	• 신체운동 · 건강>신체활동 즐기기>신체를 인식하고 움직인다. • 신체운동 · 건강>신체활동 즐기기>기초적인 이동운동, 제자리 운동, 도구를 이용한 운동을 한다. • 예술경험>창의적으로 표현하기>신체나 도구를 활용하여 움직임과 느낌을 표현한다.
활동방법	1. 선풍기 그림 자료를 보며 이야기 나눈다. – 선풍기는 어떻게 돌아가나요? – 선풍기에 바람의 세기는 어떠한가요? – 선풍기가 움직일 때와 움직이지 않을 때 어떤 모습인가요?

	2. 믹서기와 세탁기 그림 자료를 보며 이야기 나눈다. – 믹서기는 어떻게 움직이나요? – 믹서기의 속도가 달라질 때 어떤 변화가 있나요? – 세탁기 안에 빨래는 어떻게 돌아가나요? – 세탁기 안에 물과 옷이 만날 때 어떤 모습인가요? 3. 상황에 맞게 신체표현을 해 본다. – 양말, 수건, 바지, 모자가 세탁기 안에 들어가 있어요. – 세탁기 안에 물이 쏟아지고 있어요. – 세탁기가 빨리 돌아가요. / 천천히 멈춰요. – 믹서기에 토마토, 우유를 넣어요. – 1단계 버튼을 눌러요. / 2단계 버튼을 눌러요. / 제일 빠른 3단계 버튼을 눌러요. – 믹서기의 정지 버튼을 눌러요. 4. 오늘 활동을 이야기 나눈다. – 어떤 활동을 하였나요? – 어떤 부분이 재미있었나요? / 어떤 점이 어려웠나요?
활동사진	 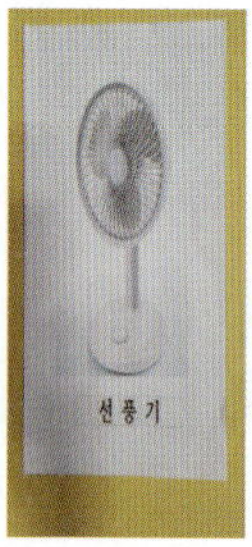  
유의점	• 신체표현을 할 때 소집단을 구성하여 수업을 진행한다. • 교사는 다양한 목소리를 내어 신체활동을 즐겁게 구성한다.
확장활동	• 움직임에 대한 유아의 감정 및 느낌을 글과 그림으로 표현한다.
활동평가	전자제품의 특성을 인식하여 움직임(속도, 높낮이)을 표현하였는가? 신체의 일부 또는 전체를 활용하여 움직임을 표현하였는가?

7. 현장체험

현장체험은 유아를 둘러싼 세계에 대해 직접적이고 구체적인 경험을 제공하는 활동이다. 현장체험은 유아를 지역사회와 연결하고, 생생한 경험을 제공함으로써 교실 학습에 특별함이 되어준다(김진영 외, 2011). 교사는 체험학습의 효과를 높이기 위해 사전 활동, 본 활동, 사후 활동에 이르는 일련의 경험을 제공한다. 현장체험의 구체적인 예는 〈표 13-7〉과 같다.

표 13-7. 현장체험의 구체적인 예

활동명	소방서 현장체험
활동목표	• 소방서에서 하는 일에 대해 알고 체험활동에 즐겁게 참여한다. • 우리에게 도움을 주는 분들에게 감사하는 마음을 가질 수 있다.
활동자료	이름표, 비상약품 등
누리과정 관련요소	• 신체운동 · 건강>안전하게 생활하기>안전사고, 화재, 재난, 학대, 유괴 등에 대처하는 방법을 경험한다. • 사회관계>더불어 생활하기>내가 살고 있는 곳에 대해 궁금한 것을 알아본다.
활동방법	1. 소방서에서 하는 일에 대해 이야기 나눈다. – 소방서는 무엇을 하는 곳일까요? – 소방서에 가 본 경험이 있나요? – 소방서에는 어떤 분들이 계실까요? – 견학 시 지켜야 할 약속은 무엇이 있나요? 2. 소방서에 도착한 후 현장체험을 한다. 3. 유치원과 어린이집으로 돌아온 후 소방서에서 본 것을 이야기 나눈다. – 소방서에서 무엇을 보았나요? – 소방서는 어떤 분들이 계셨나요? – 소방서에서 어떤 일을 하는 곳인가요? – 소방서에서 가장 기억에 남은 일은 무엇인가요? – 안전하게 지내려면 어떻게 하면 좋을까요?
활동사진	 
유의점	• 공공기관에서는 지켜야 할 약속을 사전에 이야기를 나눈다. • 유아의 인원을 수시로 확인한다.
확장활동	• 소방서에서 가장 기억에 남은 것을 글과 그림으로 표현해 본다. • 유아들이 소방관이 되어 놀이와 연계할 수 있도록 한다.
활동평가	소방서에서 하는 일은 무엇인지 알고 있는가?

8. 전이활동

전이활동은 유아들이 유아교육기관에서의 하루 일과 생활 속에서 진행되는 활동 가운데 실내 자유놀이, 실외놀이, 간식 및 식사 등에 이르는 주요 일과 중에서 일상적인 일과로 옮겨 갈 때 실행할 수 있는 간단한 놀이 및 활동을 말한다. 즉, 하나의 활동으로 옮기는 과정에서 유아들이 어떠한 활동을 해야 될지 모르는 경우에 문제 상황이 발생할 수 있기 때문에 교사는 전이활동에 알맞은 여러 가지 활동들을 구상하여 즉각적으로 시도할 수 있어야 한다. 전이활동의 구체적인 예는 〈표 13-8〉과 같다.

표 13-8. 전이활동의 구체적인 예

활동명	노래부르기
활동목표	• 즐거운 마음으로 노래를 부른다. • 예술적 요소에 관심을 갖고 찾아본다.
교구 및 활동자료	가사판, 피아노
누리과정 관련요소	• 예술경험>창의적으로 표현하기>노래를 즐겨 부른다. • 예술경험>아름다움 찾아보기>예술적 요소에 관심을 갖고 찾아본다.
활동방법	1. 음악을 들려준다. – 어떤 노래일까? – 이 노래를 들어본 적이 있나요? 2. 유아들과 함께 노래를 부른다. 〈가사〉 한겨울에 밀짚모자 꼬마 눈사람 눈썹이 우섭구나 코도 삐뚤고 거울을 보여 줄까 꼬마 눈사람. 하루종일 우두커니 꼬마 눈사람 무엇을 생각하고 혼자 섰느냐 집으로 들어갈까 꼬마 눈사람. 3. 한 음으로 노래를 부른다. 4. 노래와 율동을 함께 하면서 부른다. 5. 다음 활동으로 이동한다.

활동사진	 
유의점	• 활동시간이 길지 않도록 주의한다. • 유아들이 알고 있는 노래를 부른다.
확장활동	• 노래에 익숙해지면 노래 가사를 바꾸어 부른다. • 친구들 앞에 나와 노래 부르기 활동을 시도해 본다.
활동평가	활동시간은 적당하였는가?

참고문헌

강민정, 김민희, 배소연(2021). **2019 개정 누리과정에 기초한 영·유아 교수-학습 방법.** 공동체.

강혜경, 김이영, 김정신, 서예석, 손원경, 윤란호, 정정옥, 조메리명희, 최순자, 최진원(2020). **어린이집 장기 미종사자 직무교육.** 양성원.

고정곤(2019). **영유아교수방법론.** 양성원.

고정곤, 고선영, 이영희, 최철용(2016). **보육교사론.** 양성원.

고정곤, 이영희, 남은영, 장지현, 홍성희, 한현지(2020). **영유아교수방법론.** 양성원.

곽병선(1986). 21세기를 대비한 한국 교육의 목표와 질. **한국교육, 13**(1), 19-36.

곽정희, 이정화(2002). 교사의 발문유형에 따른 이야기 나누기 프로그램이 유아의 창의성에 미치는 효과. **신라대학교 논문집, 51**, 129-145.

교육과학기술부(2011). 유치원 평가 매뉴얼.

교육부(2019). 2019 개정 누리과정 놀이운영지원, 관찰에 기반한 유아놀이지원자료.

교육부, 보건복지부(2019). 2019 개정 누리과정 놀이이해자료.

교육부, 보건복지부(2019). 2019 개정 누리과정 해설서.

교육부, 보건복지부(2019). 놀이실행자료.

교육부, 보건복지부(2019). 놀이이해자료.

교육부, 보건복지부(2019). 누리과정해설서.

교육부, 보건복지부(2020a). 2019 개정 누리과정: 해설서.

교육부, 보건복지부(2020b). 2019 개정 누리과정: 놀이 이해자료.

교육부, 보건복지부(2020c). 2019 개정 누리과정: 놀이 실행자료.

국립국어원(2022). **국립국어원 표준국어대사전.**

권낙원, 최화숙(2010). **현장 교사를 위한 수업모형.** 동문사.

김경회, 김선영, 김신영, 김지은, 김혜금, 문혁준, 서소정, 안선희, 안효진, 이희경, 정선아, 황혜원(2006). **보육학개론.** 형설출판사.

김근주(2016). 만 2세 영아 자유놀이에 대한 교사의 의미탐색. 남서울대학교 석사학위논문.

김문희(2011). 보육시설의 조직문화와 교사의 직무만족도에 관한 연구. 중앙대학교 대학원 석사학위논문.

김민선(2015). 유아교사의 전문성 인식과 직무스트레스가 교사-유아 상호작용에 미치는 영향. 덕성여자대학교 교육대학원 석사학위논문.

김운삼, 김소윤, 김재현, 양은경, 전대성(2018). **영유아교수방법론**. 양성원
김은지(2020). 교사의 발문에 따른 유아 영어 글쓰기 양상. 서울교육대학교 교육전문대학원 석사학위논문.
김재춘, 박소영, 김재현, 변호종, 최손환(2007). **교실수업개선을 위한 교수학습활동의 이론과 실제**. 교육과학사.
김정원, 김유정, 이효정(2008). **영유아를 위한 교수–학습방법**. 공동체.
김지성(2021). 놀이중심 교육과정 운영에서 교사들이 마주하는 어려움과 배움. 한국교원대학교 대학원 석사학위논문.
김진영, 백혜리, 최윤정(2011). **유아를 위한 교수학습방법론**. 양서원.
김효영(2023). 2019 개정 누리과정에서 평가에 대한 유아교사의 인식 및 지원방안. 부산대학교 교육대학원 석사학위논문.
김희진(2017). **발현적 교육과정에 기초한 영아 프로그램의 이론과 실제**. 서울: 파란마음.
남선민(2014). 유아 과학활동에서 교사발문에 대한 교사의 이해와 오해. 숙명여자대학교 교육대학원 석사학위논문.
문주련(2021). 놀이중심 교육과정 실행에서 유아교사가 인식한 유아-교사 간 상호작용에 관한 연구. 성결대학교 교육대학원 석사학위논문.
민현지(2021). 2019 개정 누리과정 실행과정에서 나타나는 교사의 어려움: 공립유치원 교사를 중심으로. 중앙대학교 교육대학원 석사학위논문.
박보영, 정선아(2021). 영유아교육에서 관찰과 기록의 차이 탐구. **어린이교육비평, 11**, 71-105.
박장미(2022). 유아평가에 대한 유치원 교사들의 이해와 실천에 대한 인식. 한국교원대학교 대학원 석사학위논문.
박찬옥, 정남미, 곽현주(2016). **놀이지도**. 양서원.
박찬옥, 최현경, 노희연, 김성숙(2022). **영유아교수방법론**. 양성원.
보건복지부(2013). 어린이집 표준보육과정에 기초한 영아보육프로그램.
보건복지부(2020). 제4차 어린이집 표준보육과정 해설서.
보건복지부(2020). 표준보육과정 해설서.
보건복지부, 중앙육아종합지원센터(2022). Q&A로 알아보는 제4차 어린이집 표준보육과정.
보건복지부, 한국보육진흥원(2019). 제3차 어린이집 평가인증 안내(통합지표).
보건복지부, 한국보육진흥원(2022). 2022 어린이집 평가 매뉴얼(어린이집용).
브루너(Bruner, J. S.) 저(1960), 이홍우 역(2007). **브루너 교육의 과정**(*The process of education*). 배영사.
서동기(2020). **교육평가**. 동문사.

서동미, 엄은나, 이혜경, 박성희(2015). **유아교과교육론**. 공동체.

성은영(2010). 예비유아교사의 발문 능력 향상을 위한 프로그램 구성과 적용 후 나타나는 발문 변화 탐색. **유아교육연구**, 30(5), 121-150.

시옥진, 강성순, 김녹현, 김재현, 김진희, 이용환, 전대성, 한현지(2023). **보육학개론**. 양성원.

신애선, 임경례(2022). **영유아 교수–학습방법**. 양서원.

신은수, 안경숙, 김은정, 안부금(2006). **영유아과학교육**. 양서원.

심성경, 백영애, 이영희, 이효숙, 박지애, 박주희(2007). **유아미술교육**. 공동체.

양옥승, 이은정, 양유진(2022). **영유아 교수 · 학습방법**. 공동체.

위영희, 문혁준, 이희정, 박찬화, 석은선(2021). **영유아교수방법론**. 창지사.

유상희(2020). 놀이중심 2019 개정 누리과정에 대한 유아교사의 인식과 교사교육 요구. 숙명여자대학교 교육대학원 석사학위논문.

유혜령(2012). 해석학적 텍스트로서의 레지오 기록의 의미: 교육적 불안과 희망의 양면성. **유아교육연구**, 32(5), 415-433.

윤미숙 외(2023). **영아보육(특별직무교육과정)**. 서울: 마이에듀교사자람.

이강훈, 황해익(2020). 빅데이터를 통해 살펴본 누리과정 평가 담론 분석. **미래유아교육학회지**, 27(4), 77-109.

이경미(2016). 어린이집 저경력 교사가 경험하는 영유아와의 상호작용의 어려움. 중앙대학교 교육대학원 석사학위논문.

이경화(2019). 2019 개정 누리과정의 성격과 그 실천을 위한 유아교사의 역량 탐색. **어린이교육비평**, 9(2), 5-33.

이기숙(1995). **유아교육과정**. 교문사.

이미화(2020). 잘 놀아야 잘 자란다, 놀이 중심 표준보육과정 개정. 육아정책포럼 64, 15-22.

이숙재 (2011). **영유아 놀이활동**. 서울: 창지사.

이순복(2021). 놀이중심 유아교육과정의 계획, 실행, 평가의내용과 과제에 대한 탐색. **아동교육**, 30(1), 139-155.

이순복, 권현조, 김래은, 심재연, 윤미승, 탁정화(2022). **영유아교수방법론**. 창지사.

이승희, 최영숙(2004). 공립유치원 특수학급 운영의 현황 및 향후방향에 관한 연구. **한국특수교육문제연구소**, 5(1), 389-414.

이윤옥(2013). **누리과정에 기초한 영유아 창의성 교육**. 신정.

이인지(2022). 영아반 교사의 자유놀이 인식이 운영에 미치는 영향. 배재대학교 대학원 석사학위논문.

이재민(2020). 유치원교사의 놀이성이 교사-유아 상호작용에 미치는 영향: 놀이교수효능감의 매개효과를 중심으로. 중앙대학교 교육대학원 석사학위논문.

이종일, 권오현, 김상룡, 김영민, 김창식, 송명섭(2006). **교육적 질문하기**. 교육과학사.

이진희(2016). 유아교육 및 보육 현장에서 경험하는 유아평가의 딜레마와 도전. **어린이교육비평**, 6, 1-28.

이진희, 신은미(2019). 놀이와 배움을 잇는 유아평가의 방향성 탐색. **한국유아교육학회 정기학술발표논문집**, 2019(1), 69-86.

이현내(2021). 2019 개정 누리과정에 기초한 놀이의 의미와 요구: 유아교사들의 포커스 그룹 인터뷰를 중심으로. 중앙대학교 교육대학원 석사학위논문.

이혜경(2017). 토의를 통한 나눔활동이 유아의 의사소통 능력 및 사회적 기술, 공동체 의식에 미치는 영향. 중앙대학교 교육대학원 석사학위논문.

이홍우(2017). **교육과정이론**. 교육과학사.

임미선, 박성희(2018). **(한눈에 쏙 보이는) 유아교육과정**. 공동체.

임부연, 김성숙, 성영실, 손연주, 양혜련, 이정금(2023). **놀이중심 유아교육과정에 기반한 영유아교수학습**. 동문사.

장명림, 김은영, 박수연(2011). 유치원의 질관리 기제로서 장학과 평가의 실태와 인식. **육아정책연구**, 5(1), 1-28.

장상호(2020). **교육학의 재건**. 교육과학사.

전성연 외(2007). **협동학습 모형 탐색**. 학지사.

정미라, 이명희, 이영미(2010). 확산적 사고를 촉진하는 교사의 발문이 만5세 유아의 창의성에 미치는 영향. **육아지원연구**, 5(2), 137-156.

정혜욱, 김은영, 윤진주, 송정아, 안정원, 정혜원(2019). **놀이 중심 교육과정에서의 교사 역할 바로 알기**. 창지사.

제희선, 황해익(2019). 누리과정 유아교육평가 비평연구. **유아교육연구**, 39(3), 115-140.

조성경(2021). 2019 개정 누리과정에서 평가에 대한 유아교사의 인식과 어려움. 성결대학교 교육대학원 석사학위논문.

중앙육아종합지원센터(2022). 제4차 어린이집 표준보육과정. 놀면서 자란다. 영아(0-2세 보육과정).

최미애(2000). 유치원 교사-유아의 상호작용에 영향을 미치는 제 변인에 관한 연구. 이화여자대학교 교육대학원 석사학위논문.

최연철(2012). 또래관계 분석방법 비교: 또래지명법, 또래평정법과 사회연결망분석을 심으로. **유아교육학논집**, 16(3), 291-317.

최윤희, 고은희, 김성경, 김혜영, 남궁선혜, 류하나, 시옥진, 오새니(2018). **보육교사인성론**. 양성원.

태진미(2018). **놀이지도**. 정민사.

한국교육심리학회(2000). **교육심리학 용어사전**. 학지사.

한국보육진흥원(2015). 공공형어린이집 교사연수 심화과정 교육자료.

한국보육진흥원(2018). 어린이집 장기 미종사자 교육과정.

한국보육진흥원(2022). 2022 어린이집 평가 매뉴얼(어린이집용).

한은숙(2014). **영유아교수 · 학습의 이론과 실제**. 정민사.

허명희(2021). 이야기 나누기 활동에서의 교사 발문 실행연구. 동국대학교 교육대학원 석사학위논문.

현지현(2021). 유아교사 직무스트레스가 유아 놀이성에 미치는 영향: 교사-유아 상호작용의 매개효과. 중앙대학교 교육대학원 석사학위논문.

현혜정(2018). **창의 · 인성 활동 중심 동작교육의 실제**. 서울: 동문사.

황해익(2022). **유아교육평가의 이해**. 정민사.

황해익, 제희선, 이은정(2021). 2019 개정 누리과정 평가에 대한 이야기: 놀이에서 배움을 발견하는 평가를 위하여. **유아교육연구, 41**(5), 5-32.

황해익, 최혜진, 권유선(2021). **(개정 누리과정을 반영한) 아동관찰 및 행동연구**. 공동체.

Barnes, D.(1969). *Language in the secondary classroom. Language, the learner, and the school.* Portsmouth, NH: Boyton/Cook.

Blosser, P. E.(1991). *How to ask the right questions.* Washington, DC: National Science Teachers Association.

Bruner, J.(2017). **교육의 과정**. [*The procsee of Education*] (이홍우 역). 서울: 배영사(원저출간: 1976).

Comelius, G.(1987). Critical skills for the early childhood education. Document Reproduction Service.

Corey, S. M.(1971). *The nature of instruction.* NJ: Prentice Hall.

Dewey, J.(2007). **민주주의와 교육**. [*Democracy and education: an introduction to the philosophy of education*] (이홍우 역). 서울: 교육과학사(원저출간: 1916).

Huizinga, J.(2018). **호모 루덴스: 놀이하는 인간**. [*Homo Ludens: A Study of the Play-Element in Culture*]. (이종인 역). 고양: 연암서가. (원전 1938 출판)

Johnson-Laird, P. N.(2000). Thinking: Reasoning. In A. Kazdin(Ed.), *Encyclopedia of psychology* (pp. 75-79). Washington, DC: American Psychological Association.

Kearsley, G. P.(1976). Questions and question asking in verbal discourse: A cross-disciplinary review. *Journal of Psycholinguistic Research, 5*(4), 355-375.

Long, M. H., & Sato, C. J.(1983). *Classroom oriented research in second language acquisition.* MA: Newbury Hous.

Piaget, J.(2000). **아동의 도덕 판단**. [*The moral judgment of the child*] (송명자 역). 울산: 울산대학교출판부(원저출간: 1948).

Richards, J. C., & Lockhart, C.(1994). *Reflective teaching in second language classrooms*. New York: Cambridge University Press.

Slavin, R.(1983). Student teams and comparison among equals: Effects on academic performance and student attitudes. *Journal of Educational Psychology, 70,* 532-538.

Weber, E.(2001). **유아교육 사상사**. [*Ideas influencing early childhood education*] (이영석 역). 서울: 교육과학사(원저출간: 1984).

찾아보기

저자 소개

▪ 김은나

경북대학교 대학원 이학박사(아동학전공)
현, 수성대학교 유아교육과 교수
〈저서〉 유아교육개론 외

▪ 김미정

경기대학교 대학원 교육학박사(유아교육전공)
현, 두원공과대학교 유아교육과 강사

▪ 김성환

Indiana University Bloomington 교육학박사(유아교육전공)
현, 국립안동대학교 아동사회복지학부 교수
〈저서〉 교직 역량의 올바른 이해 외

▪ 김순란

경기대학교 일반대학원 교육학박사(유아교육전공)
현, 신성대학교 유아교육과 강사
더푸릇교육연구 연구원
〈저서〉 아동권리와 복지, 보육학개론 외

▪ 윤영순

안양대학교 교육대학원 교육학석사(유아교육전공)
전, 부천대학교 유아교육과 겸임교수
현, 소망유치원 원장

▪ 윤은정

경기대학교 대학원 교육학박사(유아교육전공)
현, 장안대학교 유아교육과 겸임교수
〈저서〉 유아과학교육 외

▪ 현혜정

계명대학교 대학원 유아교육학과 박사수료(유아교육전공)
현, 호산대학교 Life휴먼사회복지학부 교수
〈저서〉 유아과학교육, 영유아교사 인성론, 유아수학교육 외

영유아교수방법론

1판 1쇄 인쇄 — 2024년 2월 20일
1판 1쇄 발행 — 2024년 2월 25일

저 자 - 김은나 김미정 김성환 김순란 윤영순 윤은정 현혜정
발 행 인 - 강철원
발 행 처 - 양성원
주 소 - 경기도 파주시 검산로 173번길 29-12
전 화 - 031-946-3861(代)
팩 스 - 031-946-3864
이 메 일 - tnwpub@naver.com
홈페이지 - tnwpub.co.kr
출판등록 - 2015년 8월 31일 제 2015-000211 호

ISBN 979-11-6126-564-3

정가 22,000원